発達のひかりは時代に充ちたか？

田村　和宏
玉村公二彦
中村　隆一
編著

Kazuhiro Tamura
Kunihiko Tamamura
Ryuichi Nakamura

療育記録映画『夜明け前の子どもたち』から学ぶ

プロローグ

【『夜明け前の子どもたち』再び】

　本書は、滋賀県にあるびわこ学園を舞台にして撮影された療育記録映画『夜明け前の子どもたち』を現代的視点で問い直したものです。映画の世界では、古今東西で多くの名作が生みだされてきましたし、障害のある人たちを取り上げた映画ももちろんたくさんあります。

　たとえば、二通諭さんの『映画で学ぶ特別支援教育』（全国障害者問題研究会出版部、2011）には、なんと211本の映画が取り上げられています。ただ、この211本の内、重度の重複障害（重症心身障害とここでは呼んでおきます）をとりあげたものは、たった２本、この『夜明け前の子どもたち』と『ロレンツォのオイル　命の詩』の２作のみです。

　ただ、人間のねうちに軽重がないのと同じように、障害にも上下があるわけではありません。そして、今も昔も、重症心身障害のある人たちは、いわば極限状態のいのちを生き、人間社会の進歩の最先端で人生を積み上げているということは、断言できると思います。「人間社会の進歩の最先端で」、と述べるのは、重症心身障害のある人たちのいのちが社会的な条件整備に大きく支えられているからです。たとえば、河添邦俊・清水寛・藤本文朗による『この子らの生命輝く日』（新日本出版、1974）では、不就学の状況におかれた重度の障害児の死亡率の高さを実態調査のなかから指摘しています。また、定員60人のある療育教室では、毎日登園になって重度障害児の死亡が激減したという事実も報告されています（社会福祉法人びわこ学園編『生きることが光になる――重症児者福祉と入所施設の将来を考える』クリエイツかもがわ、2014）。

　もちろん、そうした社会的な条件の整備には、財政面での裏打ちが欠かせません。にもかかわらず、福祉・社会保障にかかわる財政支出が国によって問題視され、福祉充実をとるか負担増をとるか、という二者択一がもちこまれています。思いおこせば20世紀初頭、イギリスで福祉制度が充実をする中で、同様の議論がおこり、税負担を求められる人たちが既得権を確保する論理として、優生学を生みだしました。その優生学がなにを引き起こしたかはご存じのことと思います。こうした優生学に対して、経済学者のピグーは、「健康が一番なのか」と批判しました。つまり、健康かどうかだけでなく一人ひとりの人生の内実がどうであるのかを、当事者の目から捉え直そうとしたのだと思います。

　『夜明け前の子どもたち』は、重症心身障害のある人たちの生の一端に迫ろうとした希少な映画です。完成から今年で半世紀を迎えますが、この映画をごらんいただくことで、あらためて人間の生を見つめ直すきっかけが得られるのではないか、と思うのです。いや、

福祉の市場化や、教育統制の強まりの中で、「味方のはずが敵になってしまう」という状況が再び危惧される中で、いまこそもう一度見てほしい映画の一つなのだと考えたからです。

そして、うれしいことに、『夜明け前の子どもたち』は、社会福祉法人びわこ学園によって、DVD化され市販され、手軽に見ることができる条件がある、このことも『夜明け前の子どもたち』を今（あるいは再び）見ていただきたいと考える理由の一つです。

＊問い合わせ先／社会福祉法人びわこ学園
　　TEL 077-587-1144　HP：http://www.biwakogakuen.or.jp/

【半世紀の時をへだてて】

　映画は瞬間瞬間によって構成される刻(とき)の流れが、音声と映像によって再現される芸術です。そのような芸術ですから、作品それ自体が完結をしていて、その意味は映画を鑑賞する一人ひとりにゆだねられるのが本筋だと思います。しかし、記録映画にとっては、制作後経過した半世紀という時間はあまりにも長く、そのままでは大きなへだたりを若い方たちに感じさせるのではないでしょうか。

　同時に、この半世紀という時間は、『夜明け前の子どもたち』という映画を対象化する可能性を私たちに与えてくれます。映像と音声による臨場感あふれる媒体のよびおこす共感は重要な要素かもしれませんが、時間が経つに従って、そして、何度も鑑賞されることによって作品を対象化して、その意味を再定義する作業が可能になってきます。本書の編者の三人は、『夜明け前の子どもたち』にのめり込み続けています。それだけの魅力がある映画であるのは確かですが、意味や値打ちを若い方たちに伝えるためには、半世紀という時間の流れがあまりにも大きいことに何度もぶつかりました。それを埋めようというのが本書を編むにいたった大きな理由です。

　同時に、この作業は「今しかできない」ものであることも痛感しました。人間発達研究所は 2016 年に 30 周年を迎え、田中昌人（初代所長　2005 年没）と田中杉恵（2006 年没）両氏の業績の整理の作業にも力を入れています。その過程で、この『夜明け前の子どもたち』関連の資料——たとえば録音テープやシナリオ制作用のノート、撮影時のスチール写真など——が発見され、そこに記されているものの確認作業をしようとするのですが、すでに当時の関係者の多くが亡くなっておられることがわかりました。

　映画制作スタッフで直接お会いできたのは、音声を担当された大野松雄さん、助監督の梅田克己さん、スチールを担当された田村俊樹さんなどごくわずかです。職員の方たちも、多くの場面で活躍しておられた森敏樹さんや池沢俊夫さんは、亡くなっておられます。

　半世紀の時を経て、『夜明け前の子どもたち』をあらためて対象化するにあたり、私たちは、園生、職員、撮影スタッフのそれぞれの想いや願いをどう再構成するかに注力をしました。職場にどんな課題があったのか、それを職員たちはどうとらえていたのか、映画スタッフはびわこ学園での刻をどう切り取ろうとしたのか、さらにこの映画撮影を通じて、

──障害のある子どもに向き合うことによって──映画制作スタッフにどのような変化があったのか、などなど。

本書は、『夜明け前の子どもたち』を、現場の実態と職員、映画撮影スタッフ、子どもという3つの次元から迫ろうとしたものです。

【読者へのお願い】

すでに述べたように、本書が『夜明け前の子どもたち』を使っての学習会や講義の中身を深める一助になれば、と願っています。特に『夜明け前の子どもたち』を見て生じてくる疑問──たとえば「あの場面の背景に流れている音声や音楽にはどんな意味がある？」「あのとき職員はどんな現場の状況の中で働いていたの？」などなど──にできるだけ迫ろうとしました。

もちろん、本書だけではそのすべてはわかりません。本書以外にも参考にしていただきたい資料を最後にあげて読者へのプロローグにかえたいと思います。

【さらに学びたい方に】

- 田中昌人の1970年代までの著作を学びたい方に
  大泉溥編『日本のこども研究──明治・大正・昭和──第13巻 田中昌人の発達過程研究と発達保障論の生成』クレス出版、2011。詳細な年譜や解説が巻末にあります。
- 田中昌人『講座・発達保障への道 ①児童福祉法施行20周年の証言』『講座・発達保障への道 ②夜明け前の子どもたちとともに』『講座・発達保障への道 ③発達をめぐる二つの道』全国障害者問題研究会出版部、1974。
  これは、1970年から『みんなのねがい』誌に連載されたものに大幅に加筆して単行本化されたものです。『夜明け前の子どもたち』の時代を田中昌人がどうとらえていたのか、探る手掛かりになります。
- 田中昌人「全障研の結成と私の発達保障論」(全国障害者問題研究会編『全障研三十年史』全国障害者問題研究会出版部 1997)
  これは前出の大泉溥編『日本のこども研究──明治・大正・昭和──第13巻 田中昌人の発達過程研究と発達保障論の生成』にも再録をされています。
- 田中昌人「講座 人間の発達」『みんなのねがい』誌上で1985年から1990年までで54回にわたって連載されたもの。『夜明け前の子どもたち』にかかわる貴重な記録が多く記されている。
- 田中昌人『障害のある人びとと創る人間教育』大月書店、2003年。
  ここでも『夜明け前の子どもたち』にかかわって、35年を経たとらえなおしが試みられています。

発達のひかりは時代に充ちたか？　療育記録映画『夜明け前の子どもたち』から学ぶ　もくじ

プロローグ　1

第1部　発達保障の実践を築く

第1章　「夜明け前」につながる重症心身障害児施設の胎動 ── 8
1. 法の谷間におかれた重症心身障害児　8
2. びわこ学園と島田療育園と秋津療育園　9
3. 重症心身障害児観・施設の取り組み方針の相違　11
4. 「暫定的」同意　15
5. びわこ学園の開設当初　16

第2章　『夜明け前の子どもたち』と実践をつなげたリーダーの教え ── 19
1. 困難の船出　19
2. 「土曜会」の議論の質　20
3. 2人のリーダー　22
4. ふたりを見て育つ次代のリーダー　35
5. 「多様な一貫性」をつくっていくリーダーのあり方　38

第3章　いま、療育は ── 40
1. 「支える医療」と多職種連携によるパーソナルな生き方　40
2. 発動機がかかる生活に光をあてる　41
3. 喜びの輪をつくる集団・組織づくり　42

●コラム／白石正久　『夜明け前の子どもたち』と私の思い出、そして今　44

第2部　『夜明け前の子どもたち』の製作過程と映画スタッフたち ── 異色のドキュメンタリーとその波紋

はじめに ── 独自性と歴史的な位置、そして次世代へつなげる　48

第1章　『夜明け前の子どもたち』への序奏
　　　　　近江学園・びわこ学園と映像記録 ── 50
1. 近江学園の創設と研究活動　50

2　発達の把握と映像記録 ──『三歳児』から『一次元の子どもたち』へ　51
　　3　びわこ学園の創設 ── 糸賀一雄の意図　53
　　4　柳沢寿男の「療育」との出会い　56

第2章　『夜明け前の子どもたち』の製作過程
『進歩における極微の世界』からの出発　58

　　1　映画づくりの出発と『進歩における極微の世界』　58
　　2　製作委員会と映画スタッフ　60
　　3　製作過程の概要　62

第3章　療育実践と記録の歯車　撮影の過程を中心に　64

　　1　映画班の提案と新しい療育への試み ── 製作趣意書　64
　　2　「新たな試み」と撮影の進展　67
　　3　撮影 ── 記録の目　69

第4章　ぶつかりあう思いと編集の過程　72

　　1　フィルム編集の過程　73
　　2　ぶつかりあう思い ── 保護者の思いと参加　75
　　3　事件　77
　　4　重なり合う映像、音響・音楽、そしてナレーションと解説 ── 協奏と交響　79

第5章　『夜明け前の子どもたち』の上映とその後のスタッフたち
それぞれの『夜明け前の子どもたち』　85

　　1　上映運動　85
　　2　柳沢寿男の屈折と大野松雄の「負債」　87
　　3　瀬川順一と『奈緒ちゃん』　90
　　4　秋浜悟史とあざみ・もみじ寮の寮生劇「ロビンフッドの冒険の冒険」　92
　　5　未使用フィルムと梅田克己 ──『びわこ学園療育記録』『びわこ学園1967』　93

むすびにかえて ──『夜明け前の子どもたち』を受け継ぐもの　97

　●コラム／木下孝司　『夜明け前の子どもたち』を何度も味わい直す　102
　　　／西垣順子　『夜明け前の子どもたち』が語るもの　教養教育科目での活用　104

第3部 あらためて『夜明け前の子どもたち』の発達の世界に迫る

第1章 「心の発見」から目をそらせることなく…… ——— 108
1. 『夜明け前の子どもたち』とは一体どんな映画だったのだろうか？ 108
2. 現場で「心についての発見」がなぜ欠かせなかったか？ 110
3. 「石運び学習」という観察場面の構造 112
4. 「心の発見」から「心の窓」に 118

第2章 「心の窓」を吹き抜ける風をもとめて ——— 121
1. 「心の窓」から実践における発達的交流関係論の展開に 121
2. 発達と実践における発達的交流関係 123

第3章 しもちゃん・りょうちゃん・なべちゃん・うえだくん、そして私たちの発達…… ——— 129
1. しもちゃんが笑った 129
2. りょうちゃん——極微の世界をとらえる顕微鏡 138
3. なべちゃん——実験と実践は大違い 153
4. うえだくんの「心の杖」と発達保障 165
5. おわりにかえて——「発達保障」と「実践における発達的交流関係」 168

●コラム／河合隆平 『夜明け前の子どもたち』の社会史にむけて 170

資料編 記録映画『夜明け前の子どもたち』ナレーション 172

エピローグ 194

写真・図版出典一覧 196

第1部 発達保障の実践を築く

田村 和宏
Kazuhiro Tamura

第1章 「夜明け前」につながる重症心身障害児施設の胎動

1 法の谷間におかれた重症心身障害児

　まずはじめに、『夜明け前の子どもたち』がつくられた1950～60年代の時代背景について触れておきたい。この頃は、1955年から神武景気・岩戸景気・オリンピック景気・いざなぎ景気と好景気が続いていく高度経済成長の真っ只中にあった。1956年の『経済白書』では、「もはや『戦後』ではない」と戦後経済からの脱皮を宣言し、それが流行語となった時代だった。

　だが、本当にそうだったのか。一方で国民生活に目を向けると、多くの国民は経済成長の影で依然として低い生活水準にあり、同じ年の『厚生白書』では、そのテーマを「果して『戦後』は終ったか」として、生活保護水準すれすれの状態にあるボーダーライン層が1千万人近くに対し、国は依然その施策の改善や充実をしない矛盾にあったことがわかる。したがって、国立岡山療養所に入所していた朝日茂さんが、厚生大臣を相手どり、日本国憲法第25条に規定する「健康で文化的な最低限度の生活を営む権利」（生存権）と生活保護法の内容が矛盾することを告発した「朝日訴訟」は、このような劣等処遇の原則を貫こうとする社会との矛盾の象徴でもあり、ある意味必然のように起きたといえる。白書発行から間もない1957年2月のことだった。福祉が、人間の尊厳を侵害するばかりか、そういう状況を拡大再生産していく時代だった。

　このような社会保障のまだ貧しい時代のなかで、当時、自宅で生活することが困難な重症心身障害児はどうしていたのか。

　病院に入院するか、あるいは重症心身障害児施設は当時はまだ存在していなかったため、障害児入所施設に入所するしか生きる術はなかった。自宅で生活している重症心身障害児もいなくはなかったが、ただその多くは柱につながれているか、「座敷牢」に閉じ込められていた。国は、自宅以外の生活の術を締め付けていく。1955年に日赤病院小児科に入院していた子どもたちに対し、健康保険の取扱い廃止を行い、1957年には医療扶助の停止措置を行うという暴挙に出る。重症心身障害児は「治療に値しない障害児」[1]「不治永患」児だからという理由だった。医療保険のきかない入院費用の全額を自己負担するとなれば、ほとんどが支払うことなどできない状況に陥る。つまり、医療費を支払えないようにして、病院を退院せざるをえない状況に追い込んだのだった。福祉ばかりでは

---

[1]『島田療育園のあゆみ』第4号（1970）

なく、医療分野における劣等処遇の原則の拡大だった。治療に値しない、国にとっては無駄遣いとなる重症心身障害児を病院から"追い出す"施策を当然のごとく推進した。国に重症児施策充実の陳情にきた母に対しても、その考えを直接浴びせた。「障害が重くて社会の役に立たない者には国の予算は使えません」[2]と。

　病院に入院する以外に、障害児入所施設での対応が考えられた。その障害児施設は、1947（昭和22）年児童福祉法によって知的障害児施設（当時は精神薄弱児施設）として誕生した。だが、その施設の最低基準・人員体制とそれを財源である国の予算は、あまりにも貧しいもので、そのような運営体制のなかで、より介護の人手が必要な重症心身障害児を受けとめることは、施設にとっては存続の大問題だった。したがって、障害児施設からも門前払いを受けることになった。『中央公論』1963年6月号に掲載された水上勉の「公開書簡」「拝啓総理大臣池田勇人殿」にもあるように、重症心身障害の子どもたちは「ダブル・ハンディキャップといわれて、人一ばい手がかかるために、一般の児童福祉施設や精薄児や盲、ロウアの施設などからしめだしをくった」のだった。重症心身障害児は、病院だけでなく福祉施設からも門戸を閉ざされ、人間の尊厳を守る砦のない状態となっていた。

　高度経済成長をさらにすすめるためには、教育や治療に値しないものを社会から排除することで国の発展が支えられるとする時代に、重症心身障害児は、まさに「社会の谷間」「法の谷間」に置かれ、その尊厳や人権さえも認められない無権利・権利侵害状態で、さらには、生かさず殺さずではなく、生きることすらも許されないようななかに置かれていたといえる。

　そういう時代に、くさびを打ち込むかのように『夜明け前の子どもたち』の映画製作は立ち向かっていくことになる。

2　びわこ学園と島田療育園と秋津療育園

　『夜明け前の子どもたち』の舞台となったのが、近江学園の実践によって重症心身障害児の施設として立ち上がったびわこ学園だった。同じ頃にびわこ学園と同じように重症児のために施設をつくったのが、東京の島田療育園、秋津療育園だった。

　重症心身障害児は、先にも述べてきたように当時、その存在を守る法律も制度も施設もなかったが、それでも子どもたちの現状と将来を考えて、放置することなくなんとか施設をつくりたいとすすめていた。だがいずれの施設においても、

---

2) 髙谷清（2005）『異質の光——糸賀一雄の魂と思想』大月書店、pp.251-255

第1部　発達保障の実践を築く

制度がないところでの施設づくりだから、当然その設立までの過程というのは「苦痛は言語に絶するものがあった」[3]。

(1) びわこ学園

1946(昭和21)年に開設された近江学園は、糸賀一雄らが設立当初から知的障害児の社会参加、社会的自立をめざしていた。糸賀は「人間のほんとうの自由と平等は、この(異質の＝知的障害のある人びと)を光としてお互いに認め合うところにはじめて成り立つ」[4]と、「この子ら

開設当初のびわこ学園(大津市)の全景(『夜明け前の子どもたち』より)

を世の光に」とすることが学園の仕事だと提唱していた。近江学園では、1950年頃から重度重症の心身障害のある子どもたちが増えてきていた。1953(昭和28)年の12月に近江学園で神経性下痢を伴う障害児が入り、学園の医局で対応することになることにはじまり、1954(昭和29)年4月に医局の直属に「杉の子組」という療護グループを併置し、体制面では医師(岡崎英彦)、保健師(下村美智)、保母(伊藤貞子)、調理室担当を置いた。

設備面では、医局に接続する10畳の部屋を用いて「杉の子組」の教育空間と調理室を設け、不断の研究と専門的な取り組みを試行錯誤することになる。杉の子組での療育の実践と研究を基盤として、独立した施設建設の必要性が自覚化されていく。つまり、専門的とはいえ精神薄弱児対策として定められた最低基準の枠内での設備や体制などの配慮は限界を超えていたのである。「この子たちには、もっと必要な環境施設や体制がいる」と、糸賀は「医療教育施設」という施設の新設が必要だと考えはじめるのである。1958(昭和33)年5月の財団法人大木会の理事会で、糸賀は「医療教育施設」としての重症心身障害児施設の建設を具申し、翌1959(昭和34)年2月に仮称「滋賀育成園」の建設を法人として決定し、検討の具体化がはじまった。後に施設の名称は、1960(昭和35)年に田村一二の案である「びわこ学園」に決まることになる。びわこ学園の工事は、1962(昭和37)年5月に着工、翌1963(昭和38)年3月に竣工し、同年6月2日開園式にたどりつく。

---

3) 田中昌人(1974)『講座・発達保障への道』第二分冊、全国障害者問題研究会、pp.52
4) 糸賀一雄(1972)『糸賀一雄著作集II』日本放送協会

(2) 島田療育園

　同じ頃、日赤産院の医師である小林提樹が、日赤産院に乳児院を併設して障害児を受け入れていた。乳児院では2歳になると退院しなければならない、それが問題だった。それを打開しようと、1957（昭和32）年1月、全国乳幼児研究協議会で「重複欠陥児の処理と対策」を訴え、5月には全国社会福祉大会で、重症心身障害児が「児童福祉法によって措置されない矛盾」を訴えていた。さらにその年の10月、世田谷区の児童福祉司の協力で福祉事務所相談課長や厚生省母子課、養護課、母子衛生課の計68人の出席を得て重症欠陥児対策懇談会を開催するところまでこぎ着ける。

　懇談会で厚生省から「法的には措置が決められないので、適当に担当者が見てやっていくことが臨時的に許されるであろうし、それ以外に当面の解決手段はない」という発言を引き出し、グレーゾーンとして、継続入院という形が非公式に認められるということになった。1956年から「収容施設並びに運営上の基本要項」をつくり、子どもたちの施設づくりに動き始めるものの、なかなか土地を決めるのに苦労をした。そして、施設は1960（昭和35）年9月に建設にとりかかることができ、翌1961（昭和36）年3月に竣工し、5月より「島田療育園」として出発するに至った。

(3) 秋津療育園

　1958（昭和33）年には、草野熊吉がキリスト教の信仰に拠って、当時あらゆる福祉の谷間に置かれた重症心身障害児のために楽園の建設を願い、同志の協力を得て障害児のための昼夜保育所の名目で「秋津療育園」を開設した。

3　重症心身障害児観・施設の取り組み方針の相違

　ほぼ時を同じくして重症心身障害児の施設について、島田療育園は病院形態で出発し、びわこ学園は近江学園という精神薄弱児施設を母胎として発達保障という観点から出発をした。島田療育園とびわこ学園、それぞれの経過の背景にある重症心身障害児観とその必要な対応の違いは、重症心身障害児施設をつくっていく経過や、その後の法制化において制度的な分岐点となる議論だった。この経過は後でも述べるが、結果的に基本は病院形式で進めていくことになるのだが、そういう結果以上に、この結果が、これ以後長く重症心身障害児を障害福祉の制度の中で「特別扱い」をしながら、障害福祉の制度のかやの外に置く形になっていくことにつながっていった。

　島田療育園は、重症心身障害児を「不治永患」ととらえ、その対策として医療的な保護を重視しようとした。重い障害があり、生命維持のために濃厚な医学

的管理のもとで生きる子どもたちにとって、発達や教育は優先すべき目標ではないとし、「死と面した医学」「看取るための医療」(死の医学・第五の医学)[5)6)]と「家族の救済」こそが重要なのだと主張していた。また、重症心身障害児の死後解剖による医学への貢献が、「何ら社会に貢献することのない」重症心身障害児の存在価値だとも述べていた[7)]。『夜明け前の子どもたち』でみついくんの入園に際して解剖承諾書の説明がされるシーンがあるのは、こういう生きている間にはその存在価値がなく、死亡してから価値が出るといった考え方に反発する映画班やびわこ学園の強いメッセージが隠されているのではないか[8)]。

ではびわこ学園では、重症心身障害児の存在をどう位置づけていたのか。糸賀はこの島田療育園との施設の法制化に向けた協議を通して、「不治永患という考え方を捨てた」と述べている[9)]。島田療育園の考え方というのは、「肢体不自由児対策は整形外科手術によって回復し、社会復帰する」という考えに基づくものであるから、「それにのれない脳性小児麻痺は不治永患として一応除外しなければならない」というものであって、そうであればそれは重症心身障害児に取り組んだときにも除外することになる。したがって病院形式で出発するということは「軽視できない問題をはらんで」[10)]くることになり、結果的に、親のすくいのために重症心身障害児施設は役割を果たすということになってしまうと糸賀は警鐘を鳴らしていた。

それではいけない、重症心身障害児に取り組むということは、特殊なこととしての対策ではなく、「社会のなかでつながりを強めていく契機[11)]」であって、子どもたちが権利主体となっていくことにつながる一つとしてとらえていた。だから、障害のある子どもたちの発達と教育ということにかかわっても、その立場を貫いている。

糸賀は、「子どもたちの発達の側からの追求がなされないうちに、社会の、あるいは学校教育の側からの規定がなされ、それについていけないものは就学免除することであるならば、われわれは承服いたしかねるという気持ちである。子どもの発達の権利を保障するために体制をとるのではなく、現行の体制の側が教育を選ぶ権力者になってしまうのでは、子どもの権利は無視されるのではあるまいか」[12)]といい、障害児の発達の可能性と教育の必要性を社会に強く発信・要請

---

5) 小林提樹（1973）「生命科学とは何か――心身障害児・者問題の立場から」『理想』No.482、理想社
6) 高谷清・加藤直樹編（1975）『障害者医療の思想』医歯薬図書出版、pp.20-24
7) 小林提樹（1971）「医師としてのあり方の願い」『看護技術 17（1）』p.39-44
8) 当時のびわこ学園の資料や制作会議の資料等には、そういう考えであることの主張が示されているものはない。これはあくまでも前後の情勢とびわこ学園の理念からの判断であり、筆者の推測である。
9) 糸賀一雄（1967）『福祉の思想』日本放送協会、pp.170-172
10) 前掲9)
11) 前掲9)
12) 糸賀一雄（1972）『糸賀一雄著作集Ⅲ』日本放送協会、p.160

をしていた。

　もちろんそれは「不治永患」ではない重症心身障害の子どもたちを念頭に置いてのことでもあった。したがって、糸賀は「あくまで患児の教育とか指導が問題で、人格的な陶冶が中心」であり、「そのためにこそ必要な生理学や精神医学や生活を規定する建築様式の技術までも活用」[13] した施設が、重症心身障害児にとっては必要なのだと主張していたのである。それは、知的障害児施設とはちがう「治療と教育と保護」が統一された新しい施設として重症心身障害児施設の創設を求めていたのだ。

　このように法の谷間に置かれた重症心身障害児の対策をすすめていくところで、重症心身障害児観や教育の必要性などの考え方において、医療的看護を主体とする島田療育園と、医療と教育を統一的に保障することが必要とするびわこ学園との間には、特に重症心身障害児であっても生存＝発達の権利主体だとする糸賀の発達保障の考え方のところでは大きな相違が存在していたといえる。

　この島田療育園とびわこ学園との重症心身障害児観による対策の方向の相違が、重症心身障害児の社会における福祉や医療、教育や生活からの排除の考えと相まって、びわこ学園がいう発達保障の考え方による重症心身障害児への対策というのは、国の方向と相いれない、むしろ対立的立場として描き出されていく。そのことが、重症心身障害児の対策の法的整備をすすめるなかで、重症心身障害児を医療や福祉の対象にしていくけれども、逆に医療を伴わない身体機能に障害のない"動く重症心身障害児"と呼ばれる重度の知的障害で行動障害を伴う子どもたちについては、重症心身障害児の枠組みから排除するということにすりかえられてしまうことになった。

　これまで課題であった強度行動障害の人たちについては、重症心身障害児の施策をすすめるために重症心身障害児以外のこととして、そぎ落とさざるをえないことになった。そういう苦渋の選択もこの過程には起こっていた。1967（昭和42）年7月に重症心身障害児施設が児童福祉施設として規定される時のことである。結果それは、法的に"動く重症心身障害児"たちを、重症心身障害児施設ではなく知的障害児施設での対応に押し込めることにもなる[14] わけだが、実際上は、知的障害児施設での"動く重症心身障害児"の対応が困難であったことから、金網や「鍵のかかる部屋」での対応ということによる対応となり、重症心身障害児の人権を取り戻していく動きによって、一方で人権の暗闇に"動く重症心身障害児"を引き替え的に落とし込んでいく結果になってしまった。ただ、このような社会の重症心身障害児に対する見方や、島田療育園とびわこ学園の

13）前掲9）p.152
14）加藤直樹「重症児対策の危機」『朝日ジャーナル』

矛盾が深まることによって、発達保障の考えが、より確かなものとして変化を遂げていくことになるのだった。

重症児対策の危機　　　　　　　　加藤直樹（朝日ジャーナル1967.4.2）

　3月13日付『朝日新聞』で、重症心身障害児施設の入所基準がせばめられようとしていることがキャンペーンされた。

　われわれ民間重症児施設に従事する職員は、この4年間、子どもたちに接してきた者として、この問題を黙認することはできない。

　重症心身障害児と呼ばれる子どもたち——精神発達の面や身体機能に重い障害をもつ子どもたちは、長い間、福祉の谷間で放置されたままになってきた。重度の精薄児を扱う施設からも取扱い不可能として締めだされ、肢体不自由児施設からも断られ、病院からも追い出されてきたこれらの子どもたちに、国がはじめて措置を講じたのは、昭和38年7月の厚生次官通達であった。

　明確な法的裏づけの上に立つものではむろんなかったが、そこには、どんな施設からも、病院からも締めだされてきた子どもたちを、包括的に受入れる精神がもりこまれていた。

　さらには、わが国では今までかみあうことのなかった「福祉」と「医療」が結合されたという意味で画期的なものであった。われわれは、ひとりも福祉の網の目からこぼれおちないように、また子どもたちの必要に応じた形の措置を、というこの通達の精神を大切にして、重症児たちに取り組んできた。

　ただ収容するだけでなく、この子らにみあった治療と育てていくための指導——療育——を常に追求し、児童二人に対し現場職員一人という割合でもまだまだ不十分であることを感じながらも、赤字つづきの経営をみやりながら、改善策がはかられていくことを期待してきた。

　ところが、立法化に伴って、重症児の規定が大幅にせばめられようとしているのである。

　今回の規定に従えば、現在各重症児施設に入所している子どもたち、あるいは入所該当と判定されて待機しているケースの6割またはそれ以上が規定外となり、ふたたび行先を失ってしまうことになる。これは昭和38年通達の精神を大きく後退させるものであるといわねばならない。

　この規定で重症児の対象外とされるのは、主として身体機能障害が比較的軽く、重度の精神薄弱と頻発するてんかん、顕著な行動異常をあわせもつ子どもである。

　そしてこれらについては、精薄施設重度棟、小児精神棟などの対象として扱われることになるという。たしかに法文の字づらの上では、ひとりももれない配慮がなされているのである。

しかしそれはわれわれの実績や重症児の実態を無視した配慮である。われわれの現場での経験によれば、今回規定外とされる重症児の方がむしろ多くの人手を必要とするのであり、現状でも毎日子どもに振りまわされて、思うこともできずにいるというのに、職員が半減してしまう重度棟や精神病棟にまかせろというのは、一体どんなつもりなのであろうか。

　先日訪問した兵庫県のある重度棟をもった精薄施設では、20人の子どもに4人の保母と一人の指導員しかおらず、どうしても人手が足りずに一般精薄棟から人手を借りている。しかもそれでも扱いかねる子どもを重症児施設にひきとってもらおうと話しあっているところであった。このような重度棟の現状の中で、現在重症児施設にいるような子どもを逆にひきとらすことになったらどうなるであろうか。

　今回の規定は、さらに、医療と福祉の結合の中に措置された重症児を、医療から切りはなされた重度棟に、あるいは福祉から切りはなされた小児精神病棟に、再び投げこむことを意味する。

　このことは、実態が無視されていることもさることながら、せっかく施設の中に医療をとりこんだ福祉行政を逆行させるものといわざるをえない。われわれは、重症児施策のなかみを向上させていくことが、むしろ、重度対策や、小児精神病対策を、より密度の高いものに変えていく励ましとなることを願ってきたのである。

　法律のための障害児ではなく、障害児のための法律であるはずである。今回の立法化にあたって現実をふまえることに忠実であろうとするならば、重症児の規定をせばめるのではなく、むしろ重度、精神病その他の対策に真剣に取り組むべきなのではなかろうか。

　「重症児」というレッテルは、もとよりかれらに必要なものではない。けれども、われわれの療育の結果、ようやく歩けるようになった子どもが、その途端に対象からはずされてしまうならば、今回の規定が押し通されていくかぎり、この子どもたちも「重症児」なのだと叫ばないわけにはいかないのである。

　（大津市・第一びわこ学園・小池清廉＜専任医師・33歳＞、森敏樹＜指導員・35歳＞、小沢すみ江＜ソーシャルケースワーカー・24歳＞、文責・加藤＜心理判定員・25歳＞）

4　「暫定的」同意

　少し話を戻そう。そういう紆余曲折がありながらも、島田療育園、びわこ学園、秋津療育園と重症心身障害児施設ができ、動き始めていく。しかし、出発当初から法的に施設が認められたというわけではなく、国としても考えが出せずにいた。国としては、1961（昭和36）年から島田療育園に重症心身障害児の療育の研究委託費という名目で予算計上をして、その方向性を探っていた。そして、いつ

までも研究の段階でとめておくのではなく、施策に乗せようと国として施設の位置づけや予算について協議する段階になっていた。1962（昭和37）年のことである。そして、ついに重症心身障害児施設の法制化に向けて動き始めることになる。次年度予算編成に向けて、12月に当時の厚生省黒木児童局長から、びわこ学園に連絡があった（経営上有利と判断するので）。「びわこ学園も母子衛生課の管轄で、島田療育園と同じように、病院形式でやってはどうか」とすすめられたのだ。

　糸賀は賛成というわけではなかったが、「暫定的な意味」で同調することにした。翌1963（昭和38）年2月には、施設の入所基準案などについて、東京都と滋賀県、島田療育園、びわこ学園の関係者を呼んで協議が行われ、その結果まとめられたほぼその内容のまま7月の「重症心身障害児療育に対する次官通達」となった。4月ではなく7月にまでずれ込んだ理由として、予算を捻出する財政部分が病院形式で出発することにおいても、重症心身障害児が「不治永患」的な存在で、「社会に役に立たない子ども」への支出であることに対して、大きな抵抗があった[15]ともいわれている。次官通達がでる前の4月に、糸賀に対して厚生省から「発達保障の考えは相いれない」との見解を口頭で示すという引き締め的な言動はその表れでもあった。

　このことは、待ち構える重症心身障害児実践の困難さを暗示していた。次官通達では、補助基準である重症心身障害児指導費はあまりにも低いもので、生活保護法による結核患者一人一か月の日用品費と同水準というものだった。そういう重症心身障害児に取り組むことの価値や認識の低さは大きな課題ではあったが、それでも国として施策展開をし、病院形式による施設として何とか法制化への道が開かれたのだった。

5　びわこ学園の開設当初

　びわこ学園の1963（昭和38）年開設からの5年間という時期は、『びわこ学園20年誌』によれば、第一びわこ学園では新しい入所者をつぎつぎと迎え入れ、その一方で第二びわこ学園をつくり、第一から第二への入所者の異動もしながら、またそのぶん全国各地からの新たな入所者を受けとめる、といった「園児の集団も職員の集団も落ちつかない時期」にあった。第二びわこ学園は、「理念はともかく、眼前の子どもの実態把握と、そこからとらえられた問題の改善」をしながら療育を模索していた時期だと記されている。

　そんななかの1967（昭和42）年に『夜明け前の子どもたち』の「映画が療育に参加した」のだ。「法の谷間」に置かれている重症心身障害児への取り組みは、

---

15) 前掲3) pp.53-55

第1章 「夜明け前」につながる重症心身障害児施設の胎動

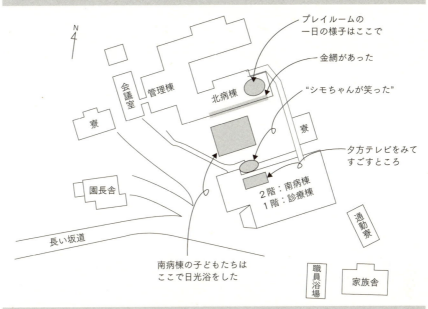

『夜明け前の子どもたち』撮影時の第一びわこ学園

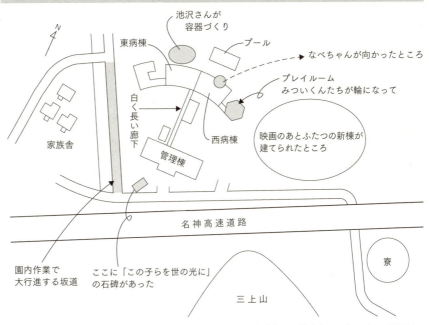

『夜明け前の子どもたち』撮影時の第二びわこ学園

＊第一びわこ学園は、1991年に大津市から草津市に、第二びわこ学園は、2004年に野洲市南桜から北桜に移転している。

　まさに「血まみれ」の状態で、65年3月には3000万円を超す運営赤字もあり、職員の配置基準の裏打ちもないがゆえに療育現場は職員が定着しないなど厳しいものがあった。

　67年10月には職員の6割が腰痛を訴えるという状況に陥る。当然のごとく12

17

月には第一びわこ学園で、68年3月には第二びわこ学園で労働組合が結成(日本社会事業職員組合)され、職員の健康を守るたたかいが利用者の処遇改善、生活と権利を守るたたかいにつながるものとして活発化していく。園長である岡崎英彦は、この5年について自身も「無理無体に」計画を進めてきたと述べているほどだった。

したがって、実際のところ「療育の模索」をしているということばで簡単にすまされない状況だった。職員配置がままならない厳しさと社会的使命のはざまで、管理職・現場職員それぞれが苦しんだ時期だった。経営は赤字が膨らんでいく。職員の健康は先述したとおり腰痛症が多発し、なおかつ2対1の定員に欠員が相次ぎ、求人難もあって、その状態が常態化する、そのことから欠員補充なしの療育内容を低下させる方向での方針提案しか解決の糸口が見えないという状況だった。

したがって『夜明け前の子どもたち』は、重症心身障害児療育の実践の事実と実態をもとに問題を社会に訴えるひとつの取り組みであったといえるが、逆にそのことを通して療育の目的を再確認していくものでもあったと思われる。

当時のびわこ学園における療育の方向というのは、「びわこ学園資料」(1968年5月)によれば「療育の方向」として、次のように記されている。

①療育のはたらきは、医療と教育のはたらきが、その内部でしっかりと手をにぎりあい、子どもたちがもつ要求実現への道すじで主体的に障害をのりこえさせていくことである。
②その道すじで、この子どもたちは育つ。"育つ"とは、関係が育ち変革することである。
③そのことは療育者集団と子ども集団の関係が育ち、変革することでなければならぬ。関係を通してひきおこされるくいちがい点を、みずからのものとして、のりこえていくところにさらに新たな関係がつくりだされる。
④そのためには、療育条件の一つとして、屋内空間から屋外空間へ、病棟間、施設間の方向へさらには地域社会へと限りない課題を用意していく必要がある。

この「療育の方向」が公表された時期が、映画の完成(大津での上映)時期と同じということからもわかるように、この映画を通して厳しい状況下における法人の療育に対する考え方と、あてがいぶちや飼い殺し思想[16]を克服する方向を示すものでもあった。発達保障を貫いていく姿勢を明確にしたものといってよい。

---

16) 糸賀一雄(1970)「発達保障の考え方」『福祉の思想』日本放送出版協会、pp.167-188

この壮絶な5年間を支えてきた中心は、森敏樹、池沢俊夫という2人の現場のリーダーではなかったかと考える。田中昌人がよく使っていた「生活のどろどろしたものを大切にする」といわれる文脈も、たぐっていくと森、池沢がよく使っていた言動に遭遇する。そこで、発達保障の実践を構築されていくその源泉に分け入って、2人の実践家像に迫ってみることにする。

第2章　『夜明け前の子どもたち』と実践をつなげたリーダーの教え

1　困難の船出

　病院形式による重症心身障害児施設の出発は、実践づくりにおいて困難を極めることになった。当時の医療施設の組織形態は、医療にかかわる職種が強固なタテの系列をもち、そのラインの下に児童指導員、保母（以下、保育士とする）などの教育職が加わって構成されるという形が一般的だった。だから「病院だったら、保育士は看護婦（以下、看護師とする）に従え」という論理がびわこ学園にも持ち込まれることになった。施設の位置づけが病院形式で出発するという「暫定的」同意によって、職場や療育をすすめていく組織上の困難さが、たとえ近江学園から発展し教育や発達を施設の柱として掲げているびわこ学園であっても、医療による管理的側面の強さという"難関"は例外とはならなかった。

　子どもの問題から出発をしつつも、近江学園時代のような職種間における対等な関係は、びわこ学園の創設当初は、医療による管理という壁が大きく立ちはだかり、ゼロから、いやマイナスからの職種間連携の構築となった。指示命令系統ばかりではない。それは、実際の日々の生活においても、白衣を着た看護師が生活の場で看護をし、外へ出ての取り組みなども健康上の理由から制限を余儀なくされ、糸賀にとってみれば近江学園時代より「病院臭く」なったように映っていた。重症心身障害児の対策は、今までの障害児施設の枠組みを超える新しい施設の創造をすすめようとするところで、能力主義や効用論などの社会の価値観との間で困難さにぶちあたることになるわけだが、それだけではなく病院形式をとるということによって起こってくる職員集団における特に医療と教育・発達の関係にあって、発達観や重症心身障害児観の違い、そこを再構築していく課題が新たに大きく立ちはだかってきたのだった。

　職員体制は必要な人員にはほど遠い直接介護の人員条件のなかではあったが、

子どもたちの変化を引き出して、その価値を発見して、職員のリーダーを中心に職員会議の場で粘り強く医師・看護師などの医療・看護職の職員にその価値を説明・共有し、そして子どもたちの次の姿へ導く取り組みを確認しながらすすめていく、そういう地道な努力が積み重ねられていった。子どもたちの発達の可能性を信じて、けっしてあてがいぶちにしない、飼い殺しにはしない、そういう思想が、立ちはだかるいくつもの壁を前にしてでもぶれることなく実践を展開していた。

そこには、実践現場のリーダーの存在がたいへん大きな役割を果たすわけだが、じつはこの存在については多くは語られていない。たいへん厳しい実践現場の状況の中で、重症心身障害児たちの輝きをつくるために職員集団として、そこにどういう努力があったのか、そのことを抜きにして『夜明け前の子どもたち』や発達保障の創生期の実践を語るわけにはいかない。それほど大切なキーマンだからこそ、その存在については明確にしなければならない。

『夜明け前の子どもたち』では、映画班が「療育に参加し」、映像のラッシュを病棟スタッフと見ながら療育のあり方について意見や提案を行い、病棟スタッフはそれを受けながら、取りこむところは取りこんで、そんな「外の力」を借りながら療育をすすめていく。映画班の子どもの姿の見方や療育の工夫への提起を、現場の職員の見方や課題とつなぎあわせ練り合わせながら、びわこ学園としての療育としていく2人のリーダーの存在があった。この2人のリーダーがいたからこそ、びわこ学園の発達保障の実践が覚醒していったともいえるし、常に人間の発達や生きる営みに尊厳をもって向きあう実践からぶれないものになっていった。

ここではその2人のリーダーについて触れていく。この2人のリーダーが、どのような療育観をもって職員を牽引していたのか、そのことについて迫ってみることで、今日の実践をまた実践現場の職員集団を励ますものにつながるのではと考える。

2 「土曜会」の議論の質

2人のリーダーの存在に迫るには、まず近江学園のなかで、時代の変化や障害のある子どもたちの重度化にともなって行き詰まりを感じていたところから、新たな実践の発展を導き出そうとする「土曜会」の議論を抜きにはできない。

「土曜会」というのは、赤松正之・池沢俊夫・桑野司・須藤博通・田中昌人・森敏樹の6人が、田村一二副園長の了解を得て呼びかけ、近江学園が新たな年度（1962年度）に向けて、「教育内容の問題」や「それからくる体制の問題」（呼びかけ文より）について、定期的に毎週土曜日夜8時半からもたれた自主的に話し合う場のことである。そこでは、「部長会などを否定するのではなく、部長会

などでとりきめられた本質とその具体化について勉強をし、それを自分たちのものとして深めていこうとする」[17]ことを目的とした、自主的な議論の場であった。

この頃は、18歳以上の青年成人期の障害者のための近江学園にかわる次の施設をつくっていく時期、またびわこ学園の建設に着手していく時期で、近江学園の指導体制が、そのたびに中核職員が転出することで不安定になっていた[18]。「土曜会」は、1961（昭和36）年1月から3月まで計6回行われ[19]、当時ヨーロッパ視察に出かけていた糸賀一雄も帰国後は「有志の一人」として参加をした。

発達研究という側面でみると、1961年11月に第11次大阪教育研究集会がひらかれ、その特殊教育分科会の助言者として田中昌人が参加をし、発達の質的転換期について、また教育の果たす役割と発達保障について報告をしている[20]。田中も「障害児教育における発達保障の考え方が初めて近江学園の外で障害児教育にたずさわる教育労働者の吟味を受けることになった思いがした」と述べている[21]。1961年という年度が近江学園にとっても、また日本の障害児教育にとっても、発達研究という点においても、質的な転換期という時期を迎えていたといえよう。「土曜会」の開催は、そういう意味で転換期を迎えていく近江学園や障害児教育の世界にとっては、その過程における必然的なものであり、かつ節目を乗り越えていく原動力が生まれていくものであったといえる。

「土曜会」は、子どもの問題からはじまった。「指導内容の問題」や「指導内容にともなう指導体制が考えられ」そのうちにそれに加えて、「職員のいろいろな問題」について議論をしている。「職員の問題」は、「①勤務体制　②研究活動と文化サークル　③各部の部活動と相互関係　④組合活動の問題　⑤対外的な問題――（ⅰ）アフター・ケア　（ⅱ）対保護者　（ⅲ）対見学者　（ⅳ）地域社会との連携　（ⅴ）P・Rの問題　⑥職員の福祉の問題」[22]におよぶ内容だった。これは、労働者の権利を守るため、労働条件をよくするための要望のとりまとめということではなく、これらの諸問題についての位置づけ方は、「こどもの問題を抜きにして職員の問題は考えられないという観点に立つ」[23]ていた。さらにいえば、子どもの療育体制や内容整備の課題と労働者の権利とを切り結ぶとともに、権利保障とその体制整備を社会の必要条件としていく考え方に立っていた。

この点は重要な点である。『夜明け前の子どもたち』は、療育記録映画として重症心身障害の子どもたちの中に見る発達的変化に着目しながら、一方で療育

---

17) 『近江学園年報』第10号（1964）pp.46
18) 『近江学園年報』第9号（1962）pp.17-24
19) 1961年3月で一区切りのあと、同年6月〜7月再開されている。
20) 大阪教職員組合編（1994）『大教組運動史　第2巻』大阪教職員組合、pp.230-242
21) 田中昌人（1994）「全障研の結成と私の発達保障論」『全障研三十年史』全国障害者問題研究会出版部
22) 前掲21) pp.45
23) 前掲21) pp.46

現場の状況をリアルに記録することで、社会のなかでのあり方を問うている映画である。したがって、この映画を解読しようとすればするほど重症心身障害の子どもたちの姿を追い、そこにひっぱられてしまいがちになるのだが、それを子どもの問題からはじまって、そのことを施設の最低基準や人員基準の劣悪さによって、保障されるべき生活の質とかけ離れた低いものになっているかということと結びつけながら、無差別平等な社会へのねがいを発信している映画として解読されなければならない。そういう実践の目標や展開、総括が、じつはこの時代の近江学園における「土曜会」の議論や実践の総括にその源泉をたどることができる。まさに『夜明け前の子どもたち』製作に向けての胎動の核心は、「土曜会」の議論にはじまっているといっても過言ではない。

　この「土曜会」の議論中心には、田中昌人の他に森敏樹と池沢俊夫という、びわこ学園の療育の礎を築く２人のリーダーがいた。このことが、子どものこと－集団編成－職員体制－社会のあり方をつなげながら、さまざまな厳しい状況下の中にあっても、体制という枠ありきによる実践ではなく、矛盾と葛藤はありつつも、あくまでも子どもの問題から出発して社会が決めた枠との間には激しく大きな矛盾が生じることにはなるものの、軸をぶらさないびわこ学園を立ち上げていく実践の構えをつくりだしていくのである。

3　2人のリーダー

　「土曜会」の議論を引っぱる存在の中に、前述したようにびわこ学園の療育をつくり上げていくリーダー森敏樹と池沢俊夫がいた。森は重い障害の子どもたちに対してどういうかかわりが求められてくるかなど、どちらかといえば教育的視点について深く追究しながら現場の指導者たちを育成する人であったし、池沢は障害者も社会の一員となるためにどういうしかけが必要なのかというような、広い考えを現場の職員間で話し合うことを大事にする組織者的なところがあった。

(1) 森敏樹

①野郎部屋の面々

　森敏樹は、1956（昭和31）年に東北大学を卒業後、近江学園の児童指導員となる。この頃の近江学園では、森も含め年齢の若い職員たちが住み込みで働いており、子どもたちのことを熱心に語り合う日々だった。森らは、男性4人部屋で生活をしており、近江学園の保母からはその部屋は当時「野郎部屋」と呼ばれていた。4人の「野郎」は、森、天津肇、田中昌人、三浦了という面々だった。そこでは、その日早く勤務を終えて帰ってきた人が、部屋の4人の食事の準備をし、できた食べものを囲みながら子どもの話を語り合っていた。いつもちょうど食事がで

きたころに、4人のうちで一番最後に部屋に帰ってくるのが、近江学園での勤務を終えたあと大学にいき研究室で研究を終えてまさに"いいタイミング"に帰ってくる田中昌人だったと、三浦了は語っている[24]。

連日夜遅くまで、障害のある子どもの指導方法や自閉症の勉強会を開き熱心に語り合っていた。まさに「野郎部屋」は、重い障害の子どもたちの存在価値やその行動の意味や発達について語りながら、実践をつくっていく源泉空間でもあったといえる。この森も含めた「野郎部屋」の議論から、生活のゆたかさと集団編成や近江学園における指導体制の再検討について、職員全体で話し合う土曜会へと発展していくことになると同時に、その議論がびわこ学園の療育へも引き継がれていくことになるのである。

②びわこ学園への道

森がびわこ学園に異動することになった経緯はどういうことだったのか。びわこ学園建設が決まり、1962（昭和37）年の冬にびわこ学園へ異動する職員の公募が行われた。森は、当初よりびわこ学園をつくることへの参加の意思について、びわこ学園の園長となる岡崎英彦に申し出ていた。しかし岡崎は、「あんたを連れて行くつもりはないよ」[25]と即座に森にかえしていたという。森は当時の近江学園では、第三教育部という「知能年令が7歳から11歳」[26]の子どもたち集団の責任者であり、かつ教育部全体においても欠かせないまとめ役であった。そのため岡崎は、森を近江学園からいま抜くことで、近江学園の実践や運営が不安定になることにつながると考えたのではないだろうか。森自身は、その時は岡崎の一言でびわこ学園行きについては引き下がることにした。

少し時間が経過し、開園が近づいてくるもなかなか中心となる職員が決まらない。開園直前の1963（昭和38）年3月になって、突然という感じで糸賀と岡崎から森に「（びわこ学園に）行ってくれないか」と要請があった。近江学園の実践のなかで、職員を公募したことはしたけれども、そこで担当者を中心にびわこ学園開設に向けての準備がされていくということにはならず、入園希望者への訪問活動以外で、担当者を中心に療育のあり方や職員体制など、びわこ学園への着地準備が着々とすすめられているということではなかったようである。開設に向けての土壇場で療育方針をとりまとめていく、かつ新たな展開を託せるという人物を見渡したとき、やはりそこに森敏樹の存在が再浮上したのかもしれない。森は、なんの心の準備もないに等しい状態で、びわこ学園にいく決断をした。

---

24) 三浦了（2012）「発達保障論を生み出した近江学園－自由な気風と職員の意気込み」人間発達研究所通信 No.130、pp.4-10
25) 森敏樹（1989）「初期の頃」『岡崎英彦追想集』岡崎英彦著作集刊行会、pp.105-107
26) 前掲17) p.198

③実践を対象化する指導者集団のリーダー

　森敏樹と田中昌人はともに1956（昭和31）年4月に近江学園に入職し、先にあげたような「野郎部屋」ですごしてきた仲間である。ふたりの関係について何かしら書かれているものはない。田中は研究者で、森は教育畑の実践の組織者・リーダーといった感じである。田中は森のことを、あるいは森は田中のことをどう思っていたのだろうか。今では知る由もないが、推察するにお互いが深いところでつながっている仲間関係にあり、自分にはないものをもっている存在として一目置いていたのではないだろうか。

　『近江学園年報』第10号で、森が当時部長をしていた第三教育部の実践報告について研究部長の田中が解説している。だが、田中はそこで森に対してかなり厳しく批判的なことばを連ねている。この年の第三教育部という子どもたち集団の指導においては、職員間において見方やすすめ方の共有ができず対立をしており、どちらかというと部の実践としては失敗をした「ちみどろな」実践となってしまっていた。その原因として田中は、いくつかある一つに「部長の指導性」をあげ総括している[27]。

　近江学園における「新しい指導体制を具体化する……まとめ役にあたってきた」森だからこそ、この年の「最も問題の多さが予想された部門のまとめ役」として期待されていた。ところが、この第三教育部の実践が、糸賀や田中の期待とは裏腹に子どもたちの生活における生産教育や生活指導や学習指導において、どの指導でも一貫した子どもの姿を発達的にとらえ、それに基づいて指導がすすめられるという実践にはほど遠い状態だったのである。

　森としては、個々の担当職員の主体性の発揮や職員の育成という観点からの配慮ということもあったのかもしれない。しかし、担当部分の実践について職員集団として議論もできないままで、なかには極端な指導法を議論されないまま放任的な状態となり、結果、子どもがどの指導者を信じてよいかわからないような状態になっていた。この状況に田中は、職員集団の責任者である森が、リーダーとして個別に職員指導はしたかもしれないが、職員集団として統一した子どもたちの姿のと

野洲川での園外活動での森敏樹（『夜明け前の子どもたち』より）

27）前掲17）「第3教育部報告の解説および新たな課題」pp.247-254

らえ方と、それに基づいた指導となるように集団的に議論を重ねることへの指導性を発揮しなかった。そのことによって、結果として担当部分の寄せあつめの実践にしかならず、子どもたちが困惑する形になってしまった。だから、集団指導体制の責任者が指導性を発揮しなかったことの誤りは重大だと批判したのだ。

　田中は、集団指導における指導性を「指導者の了解点の重積の上に、はじめて指導が成り立つ」ものだとくくっているのだが、それは実践における「多様な一貫性」の課題を明確化することにあわせ、どちらかというと森への実践のリーダーとして、認めているがゆえの叱咤激励のメッセージでもあったようにも感じる。厳しく相互批判をする関係だったことを垣間見ることができる。

　そういう森の集団指導体制におけるリーダーとしての失敗の経過があって、今度はその課題を『夜明け前の子どもたち』の製作過程のなかで克服していく森に田中は賞賛を送っている。野洲川の石運びの場面で、うえだくんに対して映画制作班のスタッフが紐を手放すために試行錯誤して取り組むところで、紐を学園から持ってこないようにして、石を運んだら紐をあげることにした場面である。田中のナレーションで「それはちょっと難しいぞと先生はそんなふうにおっしゃっていました」とあるが、「難しい」そう述べたのは森だった。つまりそういうやり方は問題で、それを森はわかっていたのである。紐が見つかったらいったん与えるべきで、怒ったうえだくんに対してはかなりの無理を強いてきたことも含めていねいにかかわる必要性があることが、森の判断だった。だが森は、失敗してたいへんなことになることがわかっていて、あえてその運んだら紐をあげる役を買って出た。その場面をフィルムに残し、紐をおいてきたうえだくんの気持ちやうえだくんにとっての紐のもつ意味などを、映画のためではなく、後日映画のラッシュを職員間で見ながら議論をうえだくんへの取り組みを深めていくためである。そうやって「指導者の了解点の重積」へとつなげていこうとしていた。

　それだけではない。そういう実験的設定でつらい思いをさせてしまったうえだくんに対して、しっかりとその気持ちによりそうということが、現場の責任者の責任だと考えていたのである。田中は「子どもへも、指導者へも、それぞれの人への信頼がなければこういう指導責任のとりかたはできない」として、民主的なリーダーだと賞している[28]。『夜明け前の子どもたち』の中では、職員会議や岡崎園長との議論、労働条件については、映画の背景にあるものとして少し触れられていたが、職員集団として実践をすすめるということや実践を対象化していくそのいわば発達保障の実践の構築過程について、あるいはそれをすすめる職員集団のリーダーの役割などについてはあまり触れられていない。

---

28) 田中昌人（1990）「講座人間の発達　第49回生後第二の新しい発達の力が飛躍していくところでの障害　その5」『みんなのねがい』No.255、全障研出版部、pp.68-73

④森敏樹の療育観

　どう実践を集団討議を経ながら対象化するか、という職員集団のリーダーとしての姿以外に、子どもたちとのかかわりによって、相互に響きあい、共鳴しあうというような活動を、毎日の生活の中で展開していくにはどうしたらいいのかということを、厳しい現実の中で、森はいくつかのキーワードをつくりながら、森なりの療育観を形成していく。

ⅰ.「発動機をかける」

　森の療育観を表す言葉に「発動機をかける」ということがある。『夜明け前の子どもたち』で野洲川の石運びにおける森の指導コメントにでてくる。

> （『夜明け前の子どもたち』でのうえだくんへの取り組みのナレーション）
> 「やっぱり園外活動なんかで、石をひろってポトンボトンと容器に入れることはできる。しかしある程度入れ終わったところで、その容器を持って運びだすにはやっぱりその子自身にとってみれば、なかなかこう、―なんていうんですか―、発動機がかからんという場合があるんです。
> 　そこで職員がちょっと手をそえてやるとか、"サァ運ぼうか"と声をかけてやるとか、そうすると持ちあげることができる。それから容器をもって、運んでいる途中で職員が前に立って笛を吹いたり、手をたたいたりしなければ途中で缶をポトンと落としてサッサと遣うところへ逃げてしまう、と。
> 　しかしそこで職員が声をかけて、またあらためて持ちなおすとか、ひろいなおすとか、そしてまた運び始める。そうゆう職員と子どもとのかかわりがあって、子どもが逃げない訳ですよね。
> 　ヒモで縛る場合には職員がそうゆうかかわりを、もう、放棄してしもうとる訳ですよね。
> 　そうゆう意味で、それはいろいろな条件があります。そうゆう中で縛らざるを得ない条件もありますけれども、そうゆう中で、できるだけ縛ることにかわる、ヒモにかわる何かが見いだせんか、これが絶えざる悩みですよね」

　森は、近江学園での実践での失敗から、紐でしばって行動を抑制するという指導は、指導者がその問題に取り組んでいくことそのものを放棄することだと学んでいた。強制的、そして一方的な指導によって行動を他動的に外側から変えさせるという指導は、「発動機がかかる」ことのない貧しい指導だと考えていた。また田中は、そういう指導について「その問題を考えていくことについての自分（指導者）の心を閉ざしてしまうこと」だとも位置づけていた。

森も田中も、発達の主体として子どもたちが自己変革をしていくには、子どもの「発動機をかける」ことこそが鍵になると考えた。その「発動機をかける」ということにはふたつの意味があり、ひとつは子どもたちの自発的な心のエンジンをかけるという意味であり、もうひとつは指導者側が子どもたちのエンジンがかかるように、セルモーターを回す（教育的かかわりをする）ということだった。こういう双方向の関係性というかかわりあいによって、子どもが積極的に自己を変革していくことをなしとげていくものだとした。

　森は、当時の実践上の課題として、「紐に代わる何か」を、指導者や子どもたちとのかかわりのなかで"間"のような取り組み・かかわりをどう意識してつくるのか、あるいはかかわりの中での「たのしい」「うれしい」「おもしろい」などの活動によって生じる感情などを共感することが大切だと感じていた。そして、「いっしょにまきこみ、まきこまれる」場としての集団の渦の中心に保育者が立ちながら、意図的意識的に目と目や、耳と耳や、子どもたち同士をつないで、保育者の教育的な営みを介して生まれていくいきいきとした活動をゆたかに展開することによって、子どもたちが自発活動をしていく土台となって、子どもたちが新しい対象に立ち向かうことができるようになっていくと考えていた。さらに、このような"間"を生活のなかで織り込みながら、"光"がある日常の暮らしの土壌がゆたかであってこそ、生活と教育あるいは生活と労働の結びつきが統一的にしかも具体的に展開をしていくものだとも考えていた。

ii．「したくてたまらないことからはじめる」

　森は「発動機をかける」こととして、「したくてたまらないことからはじめる」ことをあげている。当たり前のことのように思えることだが、当時は当たり前にはならないほど重症児施設の厳しい現状だったことは先にも述べてきた。そういう状況では、重症児施設における寝たきりの子どもたちの保育のところでは、次のような情景が日常になりつつあった。

　「この子らの病棟では、毎日が、食事の介助とおむつの交換という職員の側からの一方的な活動で明け暮れしてしまっていることが多い。たとえば食事では、かれらは、一人では食べられないのだからと、とにかく職員の食べさせやすいように食べさせてしまう、しかも一人でも多くの子どもに一分でも早く、1スプーンでも多くの量を、てきぱきと流し込んでしまうことが、有能な保育者の資格条件でもあるようなみなされかたが、されるようになっているのである」

　背景には、確かにそういうように保育者を追い込んでいる厳しさがある（ある意味で被害者でもある）にせよ、その食事の時間は、「保育者主体」ではあっても「子どもたち主体の生活日課の中で大切にされた食事時間であるとはけっし

ていえない」と森は厳しく現状を自己批判する。そしてそこには、障害が重度になればなるほど、子どもたちがやれていることや、やりたがっていることを見逃してしまうことになりがちになり、ますます生活を保育者によって「こなす」というものになっていくことに深く問い直しをする必要があるとしていた。

職員会議での森敏樹（撮影・田村俊樹）

　「被害者でもありながら、いつのまにか子どもたちの前には加害者」になっていることに保育者自身が気づき、そしてその「矛盾の対象になりかわること」、いいかえると、生活の主人公である子どもたちの、その目に見えない自己変革の願いを、矛盾の中に埋没させないで目に見えるように代弁者となり、子どもたちを被害者にさせない取り組みが必要だというのだ。このことは、小さな実践の具体的なことのみをさすのではなく、むしろ実践の総体として、どこに向かって実践をすすめているのかということも含めて、常に問いかえしながら実践をすすめなければ、子どもや施設をとりまく条件が厳しければ厳しいほど主客の逆転が起きてしまうということでもあろう。だからこそ、「保育者自身の生き方や保育者集団のあり方がきびしく問い直されなければならない」あるいは、民主的な指導員集団の形成が当面の緊急課題[29]と森は述べている。

　さらに森は、「したくてたまらないことからはじめる」ことは、子どもたち自身の「したくてたまらないこと」からのみはじめるというだけではなく、そこに子どもたちとともに保育者も本気で楽しみながら取り組んでいく、そういう活動をこそ創りだすことが重要だとした。それは、障害のある人たちは、保育者とともに楽しいと感じる活動のなかで「まきこまれ、引き込まれながら」、やがて子どもたち自身も夢中になって取り組みはじめるようになるというのである。保育者の専門性を発揮しながら「したくてたまらないことへの子どもたち一人一人の取組みや活動をすすめることが、むしろ、その内側から自発する中で、子どもたち同士がぶつかりあい、そのぶつかりあうことをとおして集団がふくらむ、しかも、そのふくらみがさらに新たな周辺の子どもたちをもまきこんで」「いっしょにまきこみまきこまれる場としての集団」[30]から育ちあう集団へ発展していくことにつながっていくことになると、森はいうのである。

29）森敏樹（1972）「精神薄弱者の教育」『リハビリテーション医学全書22　精神障害』医歯薬出版、pp.313-359

ⅲ.「ゆさぶる・ひきだす・たしかめなおす」

つぎに「ゆさぶる・ひきだす・たしかめなおす」である。これは、びわこ学園の療育の基本になっている。

「ゆさぶるはたらき」とは、「子どもたちにとっては一つ一つ新しい体験であり、発見であり、獲得への転機でもあるような自発的活動を呼び起こす働き」をいう。

「ひきだすはたらき」とは「このゆさぶるはたらきをとおして、あらたに呼び起こされた諸活動や、その方向を転じて見せた諸活動の中で、特にいきいきとした活動を、さらに子どもたちの育ちの方向とかかわる状況で、ふたたび引き起こさせるようにするはたらきかけ」をいう。

また、「たしかめなおす」とは、「できたことを同一状況の中で繰り返し繰り返しやり続けてみることではなく、できたことを別の状況の中でそのつど取り組みなおしてみるはたらき」である。

1966年当初、森はこの「たしかめなおすはたらき」ではなく「育てるはたらき」を3番目にあげ、「量的なちがいから質的なちがいに転換させていくこと」としていわゆる「タテへの育ち」ということを療育の基本としていた[31]。が、重症心身障害児の実践の重点が「タテへの育ち」ではなく、その前にあるいはそこに向かっていくために「ヨコへの育ち」[32]という生活における多様な姿をゆたかに、そして力強くしていくことが実践の中心課題に移ってきていることから、3番目を「たしかめなおす」というように変更をしている。生活「実践力」の育ちとも森は表現している。

ⅳ．関係（ペア）活動のもつ意味

『夜明け前の子どもたち』では、野洲川の石運びでの2人一組の石運びの場面がある。べっきくんといくまくんを組ませて石を運ばせる場面である。入れ替わり立ち替わりに園外活動に入る職員。はじめて参加する職員は子どもたちを押してみたり、引いてみたりと動かそうとしている。そのうちにペアを組む子どもたちの動きなどから教えられて、その子との関係が変化をしてきて、うまく石運びができるようになる。そんなことから、今度は職員と子どもではなくて子どもどうしの石運びが設定された。そのことのねらいについて「秋浜ノート」にはこう記されている。

30）森敏樹（1971）「問題になる子の保育」『問題になる子』、朝倉出版、pp.138-161
31）森敏樹（1966）「重症心身障害児の保育活動」びわこ学園新任職員研修会資料
32）近江学園の実践では、「横への発達」という言葉で示されている意味とほぼ同じ意味で使われていると考えられる。しかし、なぜ「発達」ではなく「育ち」という言葉をあえて用いたのだろうか、自発的な諸活動の重要さを強調したかったのか。あるいは、生活と療育や教育のかかわりあいや日常の生活の中での仲間や指導員等とのかかわりあいのなかで、その関係性の変化と共にその人自身の生活のありようも変わっていくことを「育つ」と表現したかったのではないか、筆者は後者ではないかと考える。

> （秋浜ノート）
> 「おたがい同士が共通の仕事をしていくなかで、共通の感情をかみあわせあう。
> 　手をつなぐだけでなく、仕事を通して心をつなぐ。
> 　さっきは別のことでつないだその心を、今度はこの子とつなぐ。
> 　作業は石ころをひろえなかった子がひろえるようになるだけでなく、心をつなぐ。
> 　そのことの教育の場である」

　このノートは、撮ったシーンを見ながら脚本の秋浜と解説の田中らが、その場面の意味などを説明・議論したことを秋浜が走り書きしたものである。『夜明け前の子どもたち』の脚本の素のようなノートである。

　森は、そこに加わっていたかどうかは定かではないが、共同作業のようなペア活動や小集団活動による相互関係について、その後の知的障害児の実践活動においてもとても重要視をしている。特に自立ということとかかわって、「自立」とは、「①自立に向かって必要な『援助』を選択していくという働きとともに、②そのような依存に副いながら、自分自身にできる『援助』は逆に返していこうとする働きの両面からとらえていくべきではないだろうか。……仲間同士が、相互に依存しあい、援助しあう、そのような相互関係の成り立ちこそが、『自立』なのである。ペア活動に始まるこのような関係の成立は、また、共に生き、共に育ちあう関係の始まり」[33]だとしている。

(2) 池沢俊夫

①淀みない情熱をもったリーダー

　　もう一人のリーダー池沢はどういう人物であったか。『夜明け前の子どもたち』では、病棟の前の砂場付近で、石運びの道具づくりをしている場面で、興味津々の園生たちの真ん中でペンチを握り道具づくりをすすめているメガネをかけた細身の職員である。園生たちを見るその優しいまなざしが印象的で、生活の中の距離感の近さがにじみ出ている。

　　池沢は、1953（昭和28）年に大阪市立大学に入学。大学2年のころに身体を壊し、翌1955（昭和30）年に愛媛県で指圧療養をする。その時に糸賀のことを知り、まずはボランティアとして近江学園にかかわり、卒業後に近江学園に入ることに

33）森敏樹（2000）「つよし学園の実践活動を振り返る」びわこ学園実践研究発表会講演レジュメ

なる。1958（昭和33）年4月「本当の教育がここにはある」と決意し近江学園に就職をした。とはいうものの当初は食事つきのこづかいなしというボランティア待遇で、正式採用となったのは7月になってからのことだった。入ってすぐに池沢は、重症心身障害児のクラスの杉の子組

職員会議での池沢俊夫（撮影・田村俊樹）

に配属された。それもあったのだろうか、わからないことやつらいことの連続で、池沢は3年連続で糸賀に退職願を出していた。が、そのつど糸賀からうまくいなされ引き留められていたのだった。

　そんな池沢であったが、近江学園の職員集団のなかではすぐにそのリーダーとしての素質を開花させていく。「逢う人毎に今何が問題で大切なことは何かを説いて時を惜しまない」「静かにして淀みない情熱」[34]にあふれていた。当時の近江学園は、一麦寮などの成人期障害者のための新しい施設をつくりながら、子どもたちの重度化もあり、これまでの指導のあり方を転換していく節目の時期で、池沢たち若い職員がその推進力として議論を重ねていた。池沢は、場面場面や日々の生活を楽しみつつ、そのことを対象化して全体の方向性を探っては、一方で一人ひとりの意見を聞きながら集団を組織していく、そんな姿があった。自分の意見で引っぱっていくのではなく、下から意見をすくいとって整理をし、みんなの考えとして練り上げて支えきっていく、そんなリーダーであった。しかも、しっかりと大きな視野をもち、世の中の全体の動きから施設の方向性を見失わない冷静な眼も兼ね備えていた。そのこともあって、近江学園の節目の時代のなかで、重要な役割を果たした「土曜会」の議論の最終的なとりまとめ役を池沢がしている[35]ことからも、組織者としての力量が優れていたことがわかる。

②対象化しながら本質に迫る

　池沢は、学園という枠の中だけで子どもたちのことを考え実践することは、真に療育を考えていくことにつながらないと考えていた。当時の重症心身障害児の状況については、「この子どもたちは人間として認められていない。生きることへの保証がないのだ。差別への取り組みである」[36]と"びわこ"で働く自分たちの目的を説いたりしていた。そして毎日接している自分たち職員が、子どもたち

34）故池沢俊夫先生追悼集刊行会（1983）『杜樵（としょう）』
35）前掲17）pp.43-55

第1部　発達保障の実践を築く

の「代弁者」にならなければ、知らぬまにことが運ばれ、すすめられていったり、容赦なく切りすてられていく社会に対して、「目の前の問題を目の前の問題に終わらせ」ず「言い続けなければならない」[37]と記している。

このような目の前の事象を社会のなかで位置づけなおしながら、自分たちの目的を確かめなおしてエネルギーに変えていく、池沢の特徴でもあるが、このことは個人の取り組みだけのことにとどまらない。

たとえば、糸賀一雄が亡くなり、滋賀県の障害者福祉の行く先が見えにくくなっていたときに池沢は、「糸賀先生亡き後、誰が、県の福祉施設全体のことを考えている？」と唱えた。また当時びわこ学園で顕在化していた腰痛症の問題については、びわこ学園特有の問題ではなく施設共通の職員の健康問題としてとらえて、県下の障害児者入所施設の勤務体制と健康についての実態調査をして、問題を対象化する努力を重ねながら、問題の解決に向けてその本質をとらえていこうとしていた。

さらにこのような本質に迫っていく動きは、施設の課題的なことに対してだけではなく、当時はまだ"未開拓"な重症児療育内容を深め、具体化し生活を充実させていくために、西日本の施設の民間、国立療養所、そして職種の枠を超えて集まって実践内容の交流と討論をする懇談会を企画し、それにも力を注いでいた。目の前の実践を労働条件などと切り結びながら対象化し、そのことによって枠組みを広げ充実させていく動きをつくることで、目の前の子どもたちとそこで働く福祉労働者の権利を輝かせようとしていたのである。

問題の本質を見抜く眼力はするどく、そして行動力の発揮の方向においては、誰しもが人間らしく生きていくことを保障していく組織者・リーダーだったといえよう。のちに学園の将来構想について「できるか、できないかという問題ではなくて、どんなことがあろうともやらねばならないという問題」だと学園を訪れた知人（清水寛[38]）に語ったように、あてがいぶちで人間の尊厳を安売りしないという信念の強さが、池沢にはあった。

③話し合いを強調し、聞きあう謙虚さの醸成

池沢は、なぜ第二びわこ学園に異動することになったのか。森の時とは異なり、

36）前掲34）池沢俊夫（1967）「保育断想」pp.130-133
37）前掲34）池沢俊夫（1967）「保育断想」pp.130-133
38）前掲34）pp.113-115　清水寛は、現在埼玉大学名誉教授。1958年東京教育大学教育学部特殊教育学科3年の頃より、近江学園を訪ねるようになり、糸賀や田中昌人などと交流をもつ。のちに田中とともに全国障害者問題研究会を結成。初代委員長は田中で、清水は第二代委員長。近江学園での発達保障の思想形成などについては、「戦後社会福祉の展開」（吉田久一編著 1976）などで詳細にまとめられている。その清水は、びわこ学園にも足を運ぶことがあり、第二びわこ学園を訪れた際の将来構想にかかわるエピソードである。このことは岡崎英彦も語っている（pp.56）。

第2章 『夜明け前の子どもたち』と実践をつなげたリーダーの教え

　池沢には糸賀から強い要請があった。当時は、島田療育園との違いの中で、重症心身障害児の発達や教育、医療の必要性など発達保障の考えを強く打ち出して法制化に向けて動いてきた糸賀・びわこ学園だったが、第一びわこ学園が開園し実際に実践をすすめていくと、その近江学園で実践してきた重症児への取り組みの延長ないしは発展をさせるというイメージとの間には少しズレが生じていた。生活即教育という近江学園の家風ともいうべき実践理念が、医療の管理的な側面の前ではなかなか展開できない歯がゆさを感じつつ、だからこそ森と力を合わせて立ちはだかる実践課題に立ちむかっていくことのできる行動力のある人物が必要だったのではないだろうか。

　糸賀は、第二びわこ学園を立ち上げていく中心人物として、池沢にその白羽の矢を立て、そして注文を出す。「第二びわこは、第一びわこのように病院臭いものではなく、生活施設にしろ」。そう注文して、糸賀は池沢にびわこ学園への異動を命じた。池沢は、そもそも「生活のどろどろしたものを大切にする」とことあるごとに話し、そのことを実践の信念として取り組んできたところがあった。だからこそ自分のしたい実践をすすめていくことを、びわこ学園でもつくる、生活施設としていく道だと考えたのだろう。糸賀からの要請に池沢は、「よし、やったろ」と強い気持ちと大きな希望を抱きながら承諾の返事をした。そうして1966（昭和41）年に「第二びわこ学園」が開園する。1年目は、生活への取り組みが見えなくてかなり「息苦しかった」[39]という。

　そのために翌1967年からはじまる『夜明け前の子どもたち』の記録映画活動の力を借りて、病院から生活施設への転換・発展のチャンスにしたいと考えた。フィルムを通して子どもたちの姿を記録し、それを再現しながら職員会議で議論をする、そういった話し合いを強調し、聞きあう謙虚さの醸成というプロセスがあってこそ、いい療育の場づくりがなされていく、とそう考えていた。しかし現実は、そんな「至極あたりまえ」のことが看護師と指導員・保母の職種間においては、その「あたりまえのことがあえて強調されなければならない現状」だった。まずはやはりそこを何とかしたかった。だからこそ、池沢は、第二びわこ学園の療育の充実を、『夜明け前の子どもたち』と"四つに組む"なかでさらに発展させていきたいと考えたのである。だからこそ、『夜明け前の子どもたち』では、病棟会議で職員同士が紐をめぐって、あるいは園外の取り組みについて議論をする場面や職員と園長が議論する場面が記録されている。

　このような、職員間の子どものとらえ方の共有や考え方の育成だけに力を注いだのではない。池沢らしいところがある。それは、『夜明け前の子どもたち』で

39）前掲31）

園外活動に参加できるのは、第二びわこ学園でいえば東病棟の限られた一部の子どもたちであったため、そのために、撮影済みフィルムを園外活動に参加できない子どもたちといっしょに見て、その上で先に池沢が出てくる場面で紹介した病棟前の砂場で容器づくりなどをしながら、実際には園外活動に行けないけれども「気持ちの参加をうながす」というような指導責任の果たし方を池沢はつくっている。どこかがよければそれでいいというのではなくて、いっしょにみんなでゆたかに変わっていきたいという池沢のリーダーとしての取り組み方のポリシーがみえてくる。そんな取り組み方があって、のちに「野洲川での園外活動」から「園内の石運び学習」へと発展したときに、野洲川に行けなかった身体を動かすことができない子どもたちも、車いすに乗りながらお手製の容器の持ち手を握りしめて石を運ぶ大行進につながっていくのである。森の言葉を借りれば、子どもたちの「発動機をかける」ことを、野洲川に行かなくとも、生活の中でお楽しみ的に工夫しながら実践してきたことが、のちに大がかりな取り組みにしっかりとつながっていったのである。

④生活を広げていくしかけをつくる

池沢が『夜明け前の子どもたち』を病院から生活施設への転換・発展のチャンスにしていくために、内部の職員による議論と取り組みの充実にともなって、さらに大きな「しかけ」をつくっていく。

一つは、これは残念ながら『夜明け前の子どもたち』でカットされてしまったしかけになる。近江学園、信楽学園、信楽青年寮、落穂寮、あざみ寮、一麦寮、彦根学園、第一びわこ学園、第二びわこ学園という、県内の障害児者施設の合同運動会の開催である。施設の枠を超えて交流することで自らの施設のあり方を考えるような大がかりな取り組みだった。『夜明け前の子どもたち』の登場人物たちも参加している。みついくんは歩行器を押しながら、シモちゃんは乳母車に乗りながら入場行進をし、もちろんなべちゃんやうえだくんたちも参加をしている。しかも何よりも、多くの家族のみなさんがうれしそうに子どもたちに付き添っている。大かかりなしかけが家族との関係を笑顔でもって引き寄せていく。何か特別なというよりは、日頃の姿を大きな空間とたくさんの人たちとのなかで表現し合う、そんなしかけに見える。

第２びわこ学園の病棟前の砂場で容器づくりをする池沢俊夫（『夜明け前の子どもたち』より）

二つには、あざみ寮や一麦寮

との施設を超えた生活の場における交流である。この場面は映画の中に出てくる。そのことによる肯定的な側面としてイクマくんの変化が示されている。

　三つには、地域の人たちを招き入れるしかけである。この場面も、夏祭りで地域の人と江州音頭を踊るという場面が映画で出てくるところである。この『夜明け前の子どもたち』ができあがったときに、家族への試写会だけでなく地域の人たちにも試写会を設定して、自治会長はじめ地域の人との距離を縮める努力もしていた。

　このようなしかけをつくりながら、池沢がめざしていたものは、単に病院から生活施設への転換・発展だけではない。重症心身障害児を施設の中に閉じ込めないで外へ出かけていくしかけや、園内に外の人たちを取りこんでいく、いわば存在の社会化ともいうべき「しかけ」だった。池沢がびわこ学園で働く目的に「差別への取り組み」と掲げたように、これらのしかけは、池沢流の発達保障実践だということができるだろう。

4　ふたりを見て育つ次代のリーダー

　森と池沢という2人のリーダーがいて、それぞれが職場と人材をゆたかに育てながら、びわこ学園が療育の構築という発達保障への道を助走していく。『夜明け前の子どもたち』の制作過程は、その助走における伴走者のような役割を果たし、撮影したフィルムを回しながら夜に職員たちで議論する。その中から若い次代のリーダーが育っていく、そんな時期でもあった。『夜明け前の子どもたち』のなかにも登場している加藤直樹や田中浩蔵、金野光章のほか、小林保太、森哲弥らである。なかでも加藤は、職場で、地域で、自主的サークル（全障研[40]サークル）で、それぞれのところでの集団の団結を強めていく中核として奮闘した。

　加藤は、1964（昭和39）年3月に京都大学文学部を卒業後、京都大学大学院文学研究科博士課程在で園原太郎教授に師事し発達心理学を研究するかたわらで、びわこ学園開設2年目の同年4月より第一びわこ学園の心理判定員として務めはじめた。『夜明け前の子どもたち』では、野洲川の石運びの取り組みで、坂道を上って石を運ぶ場面で、坂道にかかるところで缶を持ったまま立ち止まっている年長の女の子にたいして、その子の前に立ち、目の高さになって目と目でつながりながら両手をたたいて心を引っ張って坂道をいっしょに上っていく姿が印象的である。

　加藤は、心理判定員という専門職でありながら、地域にいる重症児の家庭を岡崎園長と訪問する外来スタッフでもあり、あるときは病棟の活動にいっしょに

---

40) 全国障害者問題研究会の通称である。全障研は、生活を守り、教育、福祉の充実を求める全国的な運動を背景に1967年夏に結成された。まさに『夜明け前の子どもたち』の撮影がすすむ中で準備されてきた。

取り組む病棟スタッフ、あるときは工事の職人のように砂場づくりなどの営繕を請け負う、また施設の「谷川水確保」にも走る、そんなびわこ学園のいろいろな部署ともつながる縁の下の何でも屋ともいうような人物だった。重症心身障害児の存在とそこにかかわる仕事の現状と課題を明らかに示しながら、加藤はヨコへつなげていく動きを精力的に行っている。

(1)「指導の一貫性」で職種間をつなぐ

　『夜明け前の子どもたち』の撮影フィルムを回して、園生の姿をどう捉えるのかについて職員で議論するとき、当時の医療・看護と教育・福祉をつなげていくように、特に若い看護師たちにもわかりやすく加藤は解説していた。24時間365日の施設の生活は、交代勤務制によって支えられ、だからこそ今日やりかけた指導を明日にひきつぐのは他の職員という状況があり、だからこそ職員間の指導理念の相違や意見の不一致が、たちまち実践上の大きな障害となる。職員の集団としての意思統一とそれに基づく力量形成が実践の成否を分けることになること、このことは近江学園から続いてきた実践の教訓でもあるのだが、そのことが、びわこ学園の場合は医師・看護師や訓練士などの割合が多く、医療・看護と教育・保育職の連携においては、病院形式で出発したことによって職員間にタテの系列の壁が存在した。それを解消し統一した集団体制づくりに森も池沢もかなり苦労していたことについては2人のところでも述べてきた。

　加藤はそこをていねいにつなげる存在だった。自身が病棟に入りながら、園生への取り組みをともにつくっていくようにしつつ、そこでの子どもの見方の一致点を職種間で築く接着剤となったのである。そうして、森が用意した職員の育成の"間"をより効果的なものとし、それぞれの専門性を生かしつつ共同の取り組みとして集団的力量を高めていくコーディネーター的な役割を果たしたともいえる。

　この頃、最も重症だといわれている子どもたちのいる南病棟では、健康を管理し、生活においては、おむつ交換と食事という必要最低限の部分を全面介助することで施設における一日の暮らしが終わってしまうという人員体制だった。職員としてのモチベーションなども高めていけない。そんなときにある保育士さんが、朝のおむつ交換のときに、おむつの柔らかいところで乾布まさつをすると、子どもたちがキャッキャいって喜び身体を動かすということを発見し、それが取り組みとして展開されていった。

　健康管理から健康増進へという面でそのことをとらえることも大切なことだが、それ以上に、毎日毎日必要な日課に流されていくことは仕方がないこととしてあきらめながら「あてがいぶち」の暮らしづくりのなかで、そんななかでも子

どもたちの心をゆさぶる接点を見つけることで「あてがいぶち」を克服していく力がでてきた、その意義の方が何倍も重みがある。加藤は、職員たちとともに乾布まさつの中で生まれるものについて、長い目で取り組むことをしながら、そこで毎日職員同士が気づいたことのふりかえり交換する場（ミーティング）

野洲川での石運び、心でひっぱる加藤直樹（『夜明け前の子どもたち』より）

を設け、小さな変化もみんなで共有・大切するようにし、そうやって療育をつくりだしていく職員集団へとその職員間のつながりの質を変えていったのである。

(2) 労働者を、要求をつなぐ

1967（昭和42）年春から第一びわこ学園で腰痛症が発生する。この局面で加藤は、「子どもたちの発達保障に取り組む民主的集団の確立は、自らの民主的な要求を運動化することと切り離せない」[41]と労働組合の必要性を説き、第一びわこ学園での労働組合結成に向け田中浩蔵らとともに組織化を展開していく。1967年12月の日本社会事業組合滋賀支部第一びわこ学園分会の結成につなげていく。加藤は、分会の書記長となった。第二びわこ学園での労働組合結成に向けても、先にあげた第二びわこ学園の若きリーダーたちとともに精力的につながりをつくっていった。

職員の賃金や腰痛症、人員増など労働条件にかかわることを、障害者の権利を守ることでもあることとして位置づけるだけでなく、そのこととともに仕事の内容の貧しさを全障研サークルをつくり、そこでとりあげていく。施設が、障害者にとってどのような場でありえているか、ありえていないのかに焦点をあてながら、職員が障害者と接する労働内容がどうであるのか、それらの貧しさや矛盾を明らかにしていく動きを組織していく。びわこ学園の厳しい実態と課題をまとめ、全障研第1回医療問題合宿学習会（1970）[42]や第1回施設問題研究集会（1972）などで報告を行い、職場の内外でヨコのつながりを広げ教育権をはじめとした権利保障をすすめていく中核として加藤は動いていた。

---

41) 加藤直樹（1976）「障害者教育の理論と実践」『講座日本の教育8 障害者教育』新日本出版、pp.181-254
42) この報告は、加藤直樹・高谷清編『変革の医療――障害者の医療の権利』鳩の森書房、1971年でまとめられている。

(3)地域の障害児者・ご家族をつなぐ

　　加藤は、地域で生活する障害児の家族の相談窓口として、田中昌人・杉恵夫妻とともに母親たちの悩みを受けとめている。そして、第一びわこ学園の外来診療に通う親たちを中心にして、1968(昭和43)年3月に地域の障害児の父母たちの集まりを第一びわこ学園会議室で行う応援をし、7月の大津市障害児父母の会の船出につなげている。[43]「ひとりの問題をみんなで考える」ということを大事にした。みんなの最大公約数をとりあげるということではなくて、むしろ「今、□□という切実なねがいをもつ○○ちゃん」のために力を合わせることが、翌年××さんのねがいを実現させていく力になっていく、というようにつなげすすめた。「『ひとりにあてはまる』ことが『だれにでもあてはまる』ことがあるのだ」[44]ということばは、運動のなかで共感と勇気、安心と希望、団結をつくっていった。

　　このように加藤は、森のような子どもたちの姿をやさしく見守るとともに、発達的に細やかに見る眼を関係者と共有していきながら、一方で池沢のように重症児者も人間としての尊厳があり、生活の主人公であることをより輝かせるために、人と人をつなげながら、施設と地域という関係を二項対立の関係に矮小化させず、要求をねりあわせながら団結をすすめていく仕事を施設の内外で行ってきた。発達保障という大きな目的をぶらさないで、実践現場を基盤にして集団を組織し砦としながらすすめていく若手の一人だったことがわかる。加藤は、このあとも人間発達研究所の立ち上げをはじめとした多くの民主団体の組織化の動きに加わっていくとともに、集団や社会の発展に寄与する担い手としての人間発達について「社会的人間発達」として捉え直し、「集団の発達」を深めていくことになっていくのである[45]。

人間発達研究所所長時代の加藤直樹

5　「多様な一貫性」をつくっていくリーダーのあり方

　　やっと法制化された重症心身障害児であったが、その施設状況そのものは厳

---

43) 大津市障害児父母の会の結成のことについては、寺井虎彦(1988)『ほほえめ信二よ——私と息子の障害者運動』桐書房などで記されている。
44) 加藤直樹(1975)「私の学んだこと」『カナリヤ第二号』滋賀県自閉症児親の会カナリヤ、pp.8-11
45) 加藤が書いたものには、加藤直樹(2004)「発達の『三つの系』と集団」『発達保障論入門　第5章』人間発達研究所通信98号や加藤直樹(2007)「『人間発達と集団』研究へのノート」『人間発達研究所紀要 18/19』加藤直樹(2007-2008)「集団と発達保障1～3」『障害者問題研究 vol.34　No.2-4』などがある。

しいものがあった。人員体制は貧しい、労働条件は厳しい、腰や肩を壊しても自己責任であるかのように、そのことを誰にもいえずに一人痛みを背負い込みながら倒れるまで働かざるをえない。まさに施設職員の労働は、自己責任の名のもとに孤立化したバラバラな状態のなかで、映画で見られているような療育ということよりも、おむつを替え、食事をとり、またおむつを替え水分をとり、そしてお風呂に入って、そのあとベッドに入って、水分と食事をとり、おむつを替えて就寝準備をするというような最低限の介護業務をこなしていくことにバタバタと追われていたのもまた現実であった。

こういう混乱している状況のなかにあって、そこではたとえばタテの系列が強化されるなどによって、上下関係が強まり、力の強いもの（やリーダー）による指示に対して受動性を高めることでしか直接介護職員の術はなく、その場合、体制的には保守的になりがちで、したがって結論として現状の厳しさに耐えるしかない「あてがいぶち」の労働や子どもたちの生活となってしまっていた。そうなることで、池沢がいうように「人間として認められていない」ようになっていたと同時に、それがリーダーたちは歯がゆかった。

しかし、近江学園——びわこ学園という流れのなかで、発達保障という考え方や理論、また土曜会の議論などによって、そういう「あてがいぶち」「飼い殺し」の実践を、糸賀をはじめとした職員集団はそれを否定し、重度の子どもたちであっても生活の主人公としての目標のもと、参加型の集団討議を重ね了解点を積み重ねることを継続しながら、引き下がれない価値を発見してきた。

また、困難な時代であればあるほど、職員同士や当事者家族、地域においては、厳しさが強まるほどに、そこには個々がより集まるだけでなく目的をもった集団として「多様な一貫性」につながっていく議論を重ねながら団結していく。いいかえるならば、民主主義を実践に、職場の内外に吹かせていくことで、職員の労働と子どもたちの発達と生活もゆたかにしていくことを、特に実践現場では求めていたのである。

２人のリーダーは、職員・職場と子どもたちの発達や教育権などの権利保障を切り結びながら、あるときには失敗となることも見せ、積極的に職員に提起し、みんなで議論することを通して、それぞれの自己変革をすすめてきた。子どもたちも職員も、変えられるのではなく、変わるような場をつくり、了解点を重積しながらすすめてきた。職員集団として実践をまとめつつ、重症心身障害児の存在意義とその尊厳について世に問う発信をしてきたのだ。

『夜明け前の子どもたち』とその時代背景や重症心身障害児に対する見方は異なるものの、重症心身障害児やその施設をめぐって、市場原理や多くの専門職種がかかわることのなかで、職種間連携や目的を共有化した職員の集団指導体

制が困難になっていることも見受けられる。集団づくりということに困難さがあるようにも感じている。『夜明け前の子どもたち』の時代の2人のリーダーの姿に学びながら、その困難さに対して、話し合いを強調し聞きあう謙虚さを醸成することや、人間発達に取り組む多様な職員集団の中で「多様な一貫性」の形成をすすめること、そこにおけるリーダー・指導者の役割について見直すことが必要になってはいないだろうか。業務手順などのマニュアルづくりだけでなく、重症心身障害の子どもたちの生活づくり・生の営みづくりから大切なことを多様に価値として生み出していくような実践や労働組合運動、自主的サークル活動や地域づくりなどのつながりの質に着目して団結を強化していくように、いま一度組織を見直していくことが求められている。

そういう集団実践の発信がゆたかになればなるほど、社会がどう障害者を受けとめているのか、重症心身障害児者の人権はどうなっているのかなどということについて、社会のなかで照射され、どんなに重症な人であっても、その人らしく生きるということの価値をしっかりと再認識し、社会としても、そこに重点を置くことにつながっていくのだ。

第3章　いま、療育は

1　「支える医療」と多職種連携によるパーソナルな生き方

重症心身障害児の状態像をめぐっては、『夜明け前の子どもたち』の頃から比べると、明らかに重度重症化してきている。医療の進歩によって、これまでは助けられなかったような子どもたちの命が守られ、経管栄養や気管切開、人工呼吸器の装着など、医療的ケアが濃厚に必要な子どもたちが増えている。超重症児や医療的ケア児と呼ばれる要医療の子どもたちが増えている。

その一方で、医療のあり方が議論され変化をしてきている。医療や福祉は手段であって目的ではないとされる考え方である。「医療を受ける」のが目的ではなく、また医療は病気とたたかうことがその役割ではなく、その人がその人らしく生活を営むことが重要であって、その生活・健康をバックアップするひとつが医療だとする考え方である。「支える医療」といわれる。びわこ学園設立当初のタテの系列の壁は、こう見ると「治す医療」から変化をしてきている点でずいぶんとそのハードルは低くなっている。しかし、だからといって、多職種連携が進化をしているかというと必ずしもそうとはいえない。目的や目標として、一人ひ

とりのパーソナルな生活をゆたかにしていくことの具体的な実践は、特に施設においては、まだまだこれからという感じである。

2 発動機がかかる生活に光をあてる

パーソナルな生活や生き方、尊厳をどうつくり出していくのか。どんなに重い障害があろうとも一人の人間であることを認めてもらえない時代、その差別をなくしていくということを主たる目的とする時代ではなくなった。表面上の形式的な問題点を解消し、最低限の生活を整えるという類いの時代でもなくなった。障害に基づいていかなる差別もなしに、すべての障害者のあらゆる人権および基本的自由を完全に実施することを定めた障害者権利条約がそれを物語っている。障害者権利条約を日常の生活やパーソナルな生き方に反映する実践こそが今日求められている。時代は権利保障をすすめた。しかし、「生活のどろどろした部分を大事にする」ことは、今もなお追求されなければならない大切な課題がそのまま残されている。

重症心身障害児者の場合、生活の支援において、介護が重装備になることやコミュニケーションがとれない（とりにくい）こと、医療的ケアが必要であることなどから、必要な支援を必要な人が利用する体制とはならないことが多く、生きるとか生活するという点でいえば、平等性が担保されているかという点において未だ困難さが残っている。施設実践でもそうである。たとえば旧重症心身障害児施設は、障害者総合支援法では、児童は医療型障害児入所施設、成人は療養介護事業という名称に変わったが、未だ24時間一体型の入所施設の形態をとっている。障害者総合支援法では、児童以外は基本的に入所施設の形態をやめ、日中活動と朝夕の居住生活支援に分離をして24時間同じということにメスを入れた。そのことは、朝夕は施設入所支援を利用していても、日中はその人にあわせて地域の日中活動の事業所を利用することを可能にしている。だが重症児の場合は、療養介護事業はともにオールインワンの旧入所施設の形態を踏襲していること。ここだけ違和感を強く感じざるをえない。

歴史的経過をさかのぼれば、重症心身障害児施設を産み出していくときにとった医療の必要性を前面に出し、他の障害児者を区別化することで、その存在を特別扱いすることで、まわりの了解をとりつけた。「『暫定的』同意」が、そのまま法律や世界の考え方が変わっても、その枠組みだけが残されているといえる。「支える医療」時代であれば、まずは重症心身障害の本人の生活をつくる生活部分と日中活動部分を明確にし、他の障害とも生活や生の営みにおいて、平等性が担保されるように制度的に分離を可能としつつ、その生活全体を医療機能（病院）が全体的に支えるというような、2〜3階建て、あるいは二重の生活支援構

造とならなければならない。そうやってこそ重症心身障害児者のゆたかな生活を、具体的に形として一人ひとりにつくることができうる。「『暫定的』同意」から自己脱皮していくこと、生活のどろどろした部分を大事にしつつ、発動機がかかる生活、つまり『夜明け前の子どもたち』の時代に課題としたことを、いまこそ、その具体化や見える化に積極的にならなければならない。

　近年、重症心身障害児者が地域のグループホームで生活を営むという挑戦が、全国各地で展開されている。そこでは「支える医療」の体制も議論されながら、それぞれ多様な連携方法が展開されている。しかしながら、グループホームでの重介護体制での暮らしの営み方自体が、これまでの制度の枠組みには想定されてこなかったところでもあり、運営や人員体制はかなり苦労している。つまり「暫定的同意」からの自己脱皮は、単に施設実践を変えるばかりではなく、生活を支えることの価値とその体制を捉え直すということでもあり、そのことは重症児者がグループホームなどで、パーソナルな地域生活を営むことにもつながる重要な脱皮なのである（その考えに基づき、報酬としてもそれ相当の額としておとしこむことである）。

3　喜びの輪をつくる集団・組織づくり

　施設実践が変われば、地域生活も変わる。そのためには、「多様な一貫性をつくる」その一貫性、いわゆる理念や目標について再考してみることである。地に足がついた障害者権利条約を保障するものとなっているのかどうか。お題目に終わらせない多様な一貫性のある実践があるのか、というように。

　ただ、実践現場はとにかく忙しい。入所施設ばかりではない。通所施設にしても、学校にしても、保育園にしてもである。『夜明け前の子どもたち』を観ながら、ある特別支援学校の教員が漏らした。「あんな風に議論できること自体とてもうらやましい。今の時代さすがに紐で縛ることをよしとするような意見は出ません。しかし、『見えない紐』を探している人は多いと思います。一番深刻なのは、その人自身が自覚していないことです。だから子どもの指導について論議をしていても『見えない紐』はやはり見えてこないのです」と。まさに「被害者でもありながら、いつのまにか子どもたちの前には加害者」になっていた時代と同じような状況が起こっている。

　職員会議が変容している。職員会議すらないところもある。管理職が司会をし、上からの提案通りに会議が進められていき、提案＝結論だというような「上からの同調圧力」がかかりながら進行していく。ただでさえ何を言っていいのかわからない若手の職員は、何も言えなくなってしまっている。議論において「言わぬが花」が得策として若手の職員が育っていく。また、なんらかの形で自分の

「成果」をアピールしなければ、人事考課という評価制度からこぼれていく。職場の中で追い詰められているといってもいい。したがって、「風が吹かない」状況が、職場にも気づかないうちに客体化や「あてがいぶち」の空気を漂わせている。職場や労働組合や組織の「息苦しさ」として大きく影を落としている。

　このような状況にあって、『夜明け前の子どもたち』の時代の、若い職員たちが発達保障の考えを深めながら「あてがいぶち」の思想を克服していく実践過程や、そこでの２人のリーダーの考え方や動きに学び直すことのもつ意味や意義は大きいものがある。同じことをすればいいのではない。そういうことではなく、今日の時代なりに、会議のあり方やすすめ方を工夫し、話し合える土壌をつくること、複数の眼で子どもたちの姿を解きほぐす記録のあり方や実践報告などを積み上げて議論し、本人とともに喜びの輪をつくる職員集団・組織づくりを展開ながら、枠組みとしての法制度を充実させていくことが求められている。『夜明け前の子どもたち』の映画に「エンドマーク」はつけられずに閉じた形となったが、いま、少なくとも「つづく」と記すときではないだろうか。

　　謝辞
　この章を執筆するにあたって、小林保太さん、田中浩蔵さん・明子さん、森哲弥さん・富佐子さん、遠藤六朗さんをはじめとして、たくさんのびわこ学園関係の方から貴重なお話をたくさん伺わせていただきました。それら伺った話をじゅうぶん組み入れられていない部分もあるかとは思いますが、そこは私の力量のいたらなさです。ですが、みなさん方からのお話を何度もふりかえりながら、当時のびわこ学園を前にすすめてきた源泉と源動力の一端を見つけることができたと思っていますし、そのことが今、違った形で求められていることを強く感じることができました。ここに、深く感謝いたします。ありがとうございました。

コラム

『夜明け前の子どもたち』と私の思い出、そして今

白石正久

1978年に京都大学教育学部に入学した私は、「新入生歓迎」の催し物の一つであった上映会に参加した。まだキャンパスは若葉の季節のなかにあった。私にとっての発達保障、そして全国障害者問題研究会（全障研）との長いつき合いの始まりである。

「養護学校義務制」を翌年に控えて、その「阻止」を叫ぶ学生集団の動きも活発だった。若い方々には注釈のいることだろうが、私はあまり思い出したくないので事実を淡々と書く。当時は全障研サークルへの誘いのビラをまくだけで、赤いヘルメットをかぶった学生集団に、相当な距離を追いかけまわされたのであった（広島カープとは縁もゆかりもない。その証拠に彼らはバットではなく角材を振り回した）。

1979年、全障研第13回全国大会は京都で開催され、大学2回生であった私は、もう京都の諸大学の全障研サークル連絡協議会の結成に参加していた。H大学での『夜明け前の子どもたち』上映会の宣伝のために、丸太町通りからその大学の正門に近づいた私たちは、またもや「赤い集団」に追いかけられ、私は太子道の路上で転倒して膝を痛打した。悔しさの募る日々であった。おそらく、当時、授業に出るためにキャンパスに自転車を走らせるよりも、ビラや『みんなのねがい』（全障研の月刊誌）を荷台に積んで、奔走することの方が多かったのではないか。しかし、田中昌人先生のご担当であった「教育指導論」も半分は休講だったので、大変にありがたいバランスの中で勉学に勤しんでいた。

あるとき田中先生は、私を廊下で呼び止められ、『夜明け前の子どもたち』上映会の手書きのポスターに「不屈の名作と書かれているが、不朽の名作ではないか」と言われた。その通りであるが、毎日のように「赤い集団」に追いかけられている身からすれば、「不屈」をこの映画に誓っているという心理もわかってもらいたいと思った。今、私も副委員長をしている全障研は「研究運動団体」であるが、この「研究運動」は容易ではない。発達保障との出会いにおいて、自転車を走らせ、ときに角材集団に追い散らされた経験のなかからは、理念も研究も、それを人々の目の届くところに運ぶ努力なくして目的を達することはできないと確信している。その努力が私たちにはまだ足らないのではないか。

時は過ぎ、私も教壇に立つ存在になった。龍谷大学社会学部での「特別支援学校教諭養成課程」を担当して10年目を迎えた。卒業生は各地の学校に迎え入れられ、大切に育てていただいている。この卒業生たちはみな『夜明け前の子どもたち』を在学中に一度ならず観ている。彼らは「観せられた」というのが実感であろう。

あるとき、田中昌人先生が京都大学退職後に教鞭をとった龍谷大学文学部において、『子どもの発達と診断』ビデオ（大月書店）を学生に観せて、「あやちゃん」の活動を「とにかく」書き取らせていたという話を、当時の学生の一人から聞いた。これは、「臨床心理学」を志し、事例研究をしたい学生には不評だったそうだ。私は、この不評に挑戦すべく『夜明け前の子どもたち』を「書き取らせる」ことを思い立った。ちなみに本年度の課題は以下の4つである。

① 「表情にはそよぎもない」とされた「下ちゃん」の表情は、本当に「そよぎもないのか」。
② 「刻む行動」があるとされる「ナベちゃん」の行動をすべて書き留め、そこにある願いを想ってみよう。そして、「心の窓」があるとされる「ナベちゃん」への先生の添い方を書き留め、その一つひとつにおいて、未来の教師としての自分ならばどうするかを考えてみよう。
③ 「心のツエ」をもつとされる「上田くん」が、どんなときに紐を手にし、あるいは手放しているのかを書き留め、彼にとっての「心のツエ」の意味を考えてみよう。そして、「上田くん」への添い方を書き留め、自分ならばどうするかを考えてみよう。
④ 「友だち関係がうまくできない」とされる「戸次くん」だが、「園外療育活動」での友だちとの関わり方を書き留め、彼にとっての「友だち」の意味を推察してみよう。田中敬三著『粘土でにゃにゅにょ』（岩波ジュニア新書）で描かれている「戸次くん」のその後を参考に、「友だち関係がうまくできない」とされる人の本当の願いを想ってみよう。

私が、「とにかく」書き取るという方法に啓示されたのは、かつて吉祥院病院で障害の重い子どもたちの発達診断を教えていただいた田中杉恵先生の「カルテ」を目にしていたからである。この方の記憶装置はいったいどうなっているのかというほどに、メモもあまり取らずに詳細な記録を残されていた。それは、言うまでもなく頭から足先までを使った子どもたちの表現の微細に入る記録である。見て、書いて、そして分析する。この一連の過程によって、私たちは子どもを見る自分の目を対象化し、そして事実に対する謙虚さを学んでいくことができる。

その戸口に立ったばかりの学生たちも、見て書くことを通じて多くを学ぶ。「心の窓」「心のツエ」とはずいぶんと深遠であり、それを口にするときには心地良さが残るが、実は障害のある子どもたちにとっては自らの障害と向き合い、現実に立ち向かう多くの局面の集積された言葉なのだ。こういった言葉を用いることが、子どもの事実に近づく営為を思考停止にしてしまうこともないわけではない。そのことにも、学生たちは気づいていく。

私が『夜明け前の子どもたち』と出会って、やがて40年。こうやって振り返れば、「労働者的に研究しなさい」と呟くように諭してくれた田中昌人先生を思い出す。禅問答のような師の問いかけの一つであるが、私なりの答えをそろそろ用意していこうと思っている。

（龍谷大学社会学部現代福祉学科教授）

第2部

『夜明け前の子どもたち』の製作過程と映画スタッフたち
──異色のドキュメンタリーとその波紋

玉村 公二彦
Kunihiko Tamamura

はじめに
──独自性と歴史的な位置、そして次世代へつなげる

　『夜明け前の子どもたち』は、国際短編映画社が製作した2時間の長編ドキュメンタリー映画である。しかも、国際短編映画社の作品はその他には見当たらない。あたかもこの映画のためだけの会社であったかのようである。

　『夜明け前の子どもたち』は、長編記録映画と銘打たれているが、単なる記録映画・ドキュメンタリー映画というわけではない。ドキュメンタリーとは、一般に、「虚構を加えずに、実際の記録に基づいて作ったもの」とされるが、その製作のスタンスは、通常放映されているドキュメンタリーとは大きく異なったものといわざるを得ない。この映画の製作委員会の関係者がいうように、そして映画自身の中でいわれているように「映画が療育に参加した」のである。

　『夜明け前の子どもたち』をよく見てみると、その中にはびわこ学園の医師、訓練士、看護師、保育士、指導員などの職員のみならず、映画班のスタッフたちが映り込んでいる。ポケットに撮影用資料をいれたズボンで、脳性マヒの子どもの車椅子を押して散歩につきあう監督の柳沢寿男（柳澤壽男、以下新字体で統一）。「石運び学習」場面では、製作委員長の田中昌人自身がりょうちゃんへの働きかけをし、また、なべちゃんといくまくんとの共同の活動への支えに入り、ナレーションには、その時の心情を入れて語っている。また、「石運び学習」の休憩から作業に入る場面で、うえだくんにヒモを見せて、作業への誘いかけをおこない、逆に難しさを作ってしまったのは、助監督の梅田克己である。ある意味、この映画の一つの象徴的なシーンであったしもちゃんの笑顔の場面で、手をもってリズミカルな刺激をあたえているのがカメラ助手の黒柳満である。「療育活動に映画が参加する」という意味には、映画班の人たちがその子どもたちと一緒に活動をし、新たな療育を創るという意味合いも含まれていたのである。あたかも療育者のように映画のスタッフがでてくるという点でも異色のドキュメンタリーとなっているのである。

　重症心身障害児の療育の創造は、歴史的な課題であり、挑戦でもあった。『夜明け前の子どもたち』は、映画の中でも示されているように、重症心身障害児の療育創造という実験的、実践的な意図をもつものであった。この映画の最終的な責任者・監修の役割を果たした糸賀一雄は、上映ニュースに次のように述べている[1]。

1）「夜明け前の子どもたち」上映世話人会発行上映ニュース「いちにのさん」（『糸賀一雄著作集Ⅲ』p.281）

この子どもたちの基本的人権を守る取り組みが療育の現場ではどのように追及されようとしているのかを知っていただき、今後の方向を多くの方々に教えていただきたいという願いで、この映画を製作しました。映画は療育に参加したのです。映したフィルムを職員や父母が見て討議し、次の実践の手がかりを得るという過程を大切にしました。（中略）そこでは数多くの貴重な発見が出来ました。

　「映画が療育に参加した」——しかし、映画班の存在は撮られている療育を担う職員にとっては重いものがある。映画の撮影は療育者にとっては負担でもあり、反発も大きい。同時に製作スタッフ側にとっても既存の映画との違いからとまどいも多くあった。逆にいえば、それだけ記録映画の製作の側にも、障害のある人たちをどう受けとめ、どのようにその経験を背負っていくかが問われることにもなる。この『夜明け前の子どもたち』の助監督を務めた梅田克己は、この映画を振り返って、次のように述べている[2]。

　第二びわこ学園で子どもたちと関わった多くの職員が、それぞれの事情で学園を去って行きます。私たち映画班も撮影が終了し、学園を離れることになります。実際そのようになりました。『夜明け前の子どもたち』のラストシーンで、大石君がそうした大人たちを見て、マイクに向かって「なんでや！…なんで行ってしまうのか？…」と訴えています。その大石君の問いに誰も答えることが出来ず、学園を去って行きます。私もその一人です。そのことが、私にとって、40数年もたった今でも、重い荷物を背負わされた気持ちになってしまいます。

　映画製作という限定での契約で集まったスタッフたちにとって、重い障害をもつ子どもたちの姿はどう映ったのか、職員たちからの「映画が終わったら帰るのでしょ」との発言はどのように聞こえたのか。長丁場の生活を共にしながら、割り切れなさを感じていくとともに、この仕事の自分にとっての意味も考えざるを得ない立場になっていく。
　ここでは、『夜明け前の子どもたち』を製作した個性豊かなスタッフたちを紹介しながら、製作過程をできるだけ跡づけることとした。そのことを通して、映画の製作過程で変化してゆく療育の現場と撮影のスタッフの関係の中で培われていったものについて考える端緒を示したい。また、撮影の後の編集段階において、職員、保護者、子どもたちへの試写をしつつ、映画のスタッフたちの個性のぶつかり合いと完成までの過程を素描してみたい。そして、『夜明け前の子ども

2）梅田克己より私信 2015 年 2 月 4 日付

たち』の製作が、スタッフたちのその後の活動へとどのようにつながっていったのかの一端を示すこととする。そのような作業は、撮影と編集全体を通して重症心身障害児療育へ挑んだこの『夜明け前の子どもたち』の意味を、障害のある子どもたちとの出会いによる価値の再生産とその発展という角度から考えてみることにつながるものと考える。これらの作業を通して、『夜明け前の子どもたち』のもつドキュメンタリー映画としての独自性と歴史的な位置を明確にし、次世代につなげることができればと考える。

第1章 『夜明け前の子どもたち』への序奏
——近江学園・びわこ学園と映像記録

1 近江学園の創設と研究活動

　敗戦のもとにあった戦災孤児と知的障害の子どもの実態を真摯に受けとめ、医療・福祉・教育を生活の中に実現する方向性をもって、1946年11月、糸賀一雄・田村一二・池田太郎によって近江学園が創設された。そして、近江学園の医局は、満州から復員してきた若き医師・岡崎英彦によって担われ、後の障害の重い子どもたちへの対応の基礎となった。

　1947年公布された児童福祉法に基づく、公的児童福祉施設（養護施設兼「精神薄弱」児施設）として、1948年、近江学園は滋賀県に移管された。学園における草創期の実践は、養護児と「精神薄弱」児が手をつないでいくことを意図して、「生活即教育」「四六時中勤務」「不断の研究」をモットーに実践を展開していく。1950年代にはいり、近江学園の子どもの全体的な推移は、1952年には知的障害児の数が養護児の数を上回り、「もはや戦後ではない」といわれた1956年には全園児の「平均発達指数」は65を割ることとなる。1957年から職員の子弟と養護児が地域の学校に通うことになり、学園の教育部門は実質的に知的障害のある子どもを対象とすることとなった。

　1960年代にはいると、養護児は養護施設・湘南学園に移り、近江学園は実質的に知的障害児施設となったが、重度の知的障害の子どもたちへのアプローチをどのようにしていくかが大きな課題となった。1960年代、近江学園内部では「発達保障」の提唱が行われつつ、知的障害児の教育実践の再構成と重度知的障害児への教育的アプローチが模索され、医療を必要とする重度の子どもたちの杉の子組（後の杉組）での試行錯誤が行われていった。その理論的実践的中心となっ

たのは、医局を中心に実践の下支えとなった岡崎英彦であり、そして発達的な再構成と位置づけを行ってきた研究部の田中昌人であった。

　近江学園創設以降、「不断の研究」をモットーに研究部が組織されていた。初期の研究部長は岡崎英彦であったが、1963年、びわこ学園園長としてびわこ学園に移ったことで、研究部長は田中昌人が務めることとなった。

2　発達の把握と映像記録 ── 『三歳児』から『一次元の子どもたち』へ

　近江学園では、以前から16ミリ撮影機を入手して撮影を行う試行錯誤があった。それと並行して田中は、近江学園で育ち写真家をめざしていた田村俊樹[3]とともに、発達の記録写真の撮影の試みを行っていた。発達についての写真撮影は、蛍光するものをつけた乳児の手足の動きを、シャッターを開放してその軌跡を撮影するという、動的なものの記録手法を開発するものであった。

　テレビ番組の製作協力の関係もあったのであろうが、近江学園内では、発達の記録としてより組織的意図的に映像での記録に注目がなされるようになる。NHKの番組（『三歳児』）として、近江学園と連携していた京都大学の園原太郎らの企画で、子どもの発達に関する映像とその解説の取り組みが、近江学園も一つの舞台となって進められたのである。近江学園研究部の田中昌人はその取り組みについて、次のように回顧するとともに、発達的理解と発達保障に関連して映像の意義について述べている[4]。

　1964年4月から一年間、NHKテレビで大阪BK担当の「婦人百科」が毎週『三歳児』を放映することになったため、1月下旬から準備に入ったが、通常の3歳児のさまざまな姿を現場でみて撮影検討することによって、動きや情動、言葉などそれまで記録が困難であったものが記録でき、何人もの人で、何度もみて、発達の多面的な理解ができるようになった。

　この放送では、田中昌人・田中杉恵の子どもたちも登場した「小川渡り」の場面も映されていた[5]。これらの番組製作での発達と実践の映像記録が有効な研究素材を提供し、子どもの発達をたえず振り返ることが可能となり、放送を通じ

---

3) 田村俊樹は、田村一二の次男として1942年10月に京都で生まれた。1943年、京都市立滋野小学校特別学級担任だった田村一二は糸賀一雄に請われ、1944年に滋賀で石山学園を創設したが、田村俊樹には2歳頃の石山学園の記憶があるとのこと。その後、1946年に創設された近江学園で育ち（創設時四歳）、田村一二の原作映画「手をつなぐ子等」「忘れられた子等」が上映される中、小中学校を近江学園分校にて学ぶ。父田村原作の映画を契機として映画会社に入社を希望し関係者と面談したという。滋賀の公立高校を経て、写真家をめざし、写真学校へ。その後、立命館大学で学ぶ。卒業と同時に、『夜明け前の子どもたち』の製作に関わる。
4) 田中昌人「全障研の結成と私の発達保障論」（『全障研三十年史』全国障害者問題研究会出版部、1997、p.505）。
5) 園原太郎・黒丸正四郎『三歳児』日本放送出版協会、1966年

て広く共有できる財産とすることができるという共通認識が学園内につくられていった。

　同じ時期、糸賀一雄からの強い要望もあって映画監督柳沢寿男の近江学園への訪問が重なることとなった。柳沢も入って、近江学園の重度知的障害児への取り組みの映像化につながった。すなわち、柳沢寿男は、1965年、近江学園を舞台として製作した『一次元の子どもたち』を、東京12チャンネル（現テレビ東京）「未知への挑戦」シリーズの一つとして世に出したのである。『一次元の子どもたち』は、柳沢が近江学園滞在中に実践・発達記録映像の可能性を模索していた研究部の田中昌人とともに製作したものであり、近江学園第1教育部を中心とした重度知的障害児の発達と実践をとらえる映像記録・ドキュメンタリーであった。

　近江学園を訪問していた当初の柳沢の視線は、どちらかというと軽度の知的障害の子どもに向けられており、むしろ、『一次元の子どもたち』は、近江学園研究部が主導して製作されたものと考えられる。『一次元の子どもたち』の構成を表題的に示せば、「大津市保健衛生課が行なっている乳児健診の風景」「精神薄弱児施設　近江学園」「重度精神薄弱児といわれている子どもたち——1次元可逆操作の獲得に障害がある」「集団指導体制——指導についての職員の討議と社会の発達」「無限の可能性——きよしくんの卒業式」という流れとなっている[6]。

　この『一次元の子どもたち』では、重度の知的障害児の発達について、注目すべきナレーションが行われている。すなわち、「すべての正常な子どもも、1歳半までにこの段階（自分の体と心にぴったりとくっついた行動をいろいろとくりかえすことはできるが、まだ外のようすが変わったとき、その意味がくみとれない）を通る。そのことを明らかにしたのは、正常児ではなく、実はこのきよしくんたちである」「正常な子どもなら、1歳後半の数ヶ月で、あっという間に通りすぎるこの一次元の世界を、この子どもたちは、足をもつれさせながら、一歩一歩ふみしめるように行く」「人間は決して萬物の霊長などではない。もともとおよそ不完全で欠陥だらけの生きものだった。だが、彼らは、一瞬も休まずに発達し、進歩しようとしている。だからこそ、人間なのだ。この子どもたちは、自分の全身で、われわれ正常者にそう訴えかけようとしているように見える」と。

　近江学園の映像とナレーションは、人間発達の共通性、発達の質的転換期と障害児の発達のもつれ、無限の発達の可能性、そして継続する発達保障の取り組みの役割を示すものとなったのである。

　田中は、この『一次元の子どもたち』の製作について、次のように述べていた[7]。

6）「未知への挑戦　一次元の子どもたちシナリオ」（近江学園研究部、ガリ刷り）
7）田中昌人「全障研の発足と私の発達保障論」『全障研三十年史』1997年、p.506

1965年3月には、東京12チャンネルの「未知への挑戦」の番組で『一次元の子どもたち』の製作に協力し、これは4月4日と10日に放映された。この中では「1次元可逆操作の獲得に障害がある」とか、「2次元形成の課題に立ち向かっていく」といった説明が行われた。この機会に各教育部の実践をもとに映画の製作にあたる構想を立て、柳沢寿男、田中昌人、田村俊樹で『子どもたちがつくった科学』（1965）の企画案をつくって、時を待つことになった。

　すなわち、近江学園での『一次元の子どもたち』の製作後、柳沢寿男、田中昌人、田村俊樹らは、「子どもたちがつくった科学」の企画書の作成を行っていたのである。それはどのようなものだったのだろうか、『夜明け前の子どもたち』との関係はどのようなものとして、構想されたのだろうか、検証の必要がある。ともあれ、その後、田村は、大学卒業後、映画の仕事で、柳沢監督の下で西陣のPR映画撮影に協力、びわこ学園の療育記録のためにびわこ学園でもアルバイトを行い、『夜明け前の子どもたち』の撮影の準備を行うこととなった。

3　びわこ学園の創設——糸賀一雄の意図

　ところで、舞台となった重症心身障害児施設びわこ学園はどのような任務をおって設立されたのか、びわこ学園の文脈から『夜明け前の子どもたち』の製作を必要とするものは何であったのであろうか。

　よく知られているように、糸賀一雄たちは、重症心身障害児へのアプローチをより系統的組織的に行いうる社会の仕組みをつくるために、びわこ学園をつくっていく。1963年にびわこ学園が開園となり、岡崎英彦が園長に就任する。

　この時、糸賀一雄は、びわこ学園の建設の意味を未発表原稿「重症心身障害児のための『びわこ学園』の誕生」において次のように述べていた[8]。

　身体的、精神的な不幸を一身に担って生まれてきたこの子たちにも、幸福に生きる権利があることを、私たちは全力をつくしてその生命と発達を保障していきたいと思う。それがこの世紀に課せられた使命のひとつであると確信している。

　1963年から1966年にかけて、第一びわこ学園の設立で直面した問題は、重症児施設が厚生省事務次官通達（発児第149号）による病院としての位置づけであり、1963年の重症児の定義が「身体的精神的障害が重複し、かつ、重症であ

---

8) 糸賀一雄「重症心身障害児のための『びわこ学園』の誕生」1963年6月執筆、未発表原稿（『糸賀一雄著作集Ⅲ』1983、日本放送出版協会、p.251）

る児童」となっていたことであった。問題となったのは、「重症心身障害児」の定義の問題と年齢の制限の問題であった。特に、「動きまわる重症児」と呼ばれることになる子どもたちの処遇の問題である。1967年8月の児童福祉法改正によって重症心身障害児施設は、児童福祉法に規定されるようになった。この児童福祉法の改正の過程において、第一びわこ学園に続いて、第二びわこ学園が建設される。糸賀は、第二びわこ学園の建設の必要性を次の2点にまとめている[9]。

　第一に、重症な心身障害児があまりにもたくさん放置されている実情がわかったからです。…（中略）…第二には、今までの第一びわこ学園の運営を通じてこれらの児童に対する療育の意味、方法の追求がさらに必要だということを痛感することになったからであります。

　糸賀は、第二びわこ学園の建設の際には、「療育の意味、方法の追求がさらに必要だ」という認識を強くもっていた。1966年4月、びわこ学園新職員オリエンテーションにおいて、社会福祉法人びわこ学園常務理事としての挨拶に立った糸賀一雄は、新たに第二びわこ学園の開園をも担う新職員を前に熱を帯びた挨拶をおこなっていた。すなわち、重症心身障害児施設の建設について橋本登美三郎官房長官との面談、鈴木善幸厚生大臣とのNHK番組での対談において、重症心身障害児施設・病棟の新設と増床の方向が示されたことを紹介しつつ、そこに働く人の確保が課題となっていると述べている。そして、近江学園の設立から20周年になろうとしていることと重ねて、近江学園内で取り組まれてきた障害の重い子どもたちへの取り組みから出発して、そこから独立してつくられたびわこ学園の成り立ちの歴史、そしてその役割とそこでの人間の出会いと結びつきの重要性を語っていた。さらに、教育投資論や経済功利主義的施策を批判し、重症心身障害児の発達を具体的に示しつつ「この子らを世の光に」との思想を語り、まとめにあたって次のように毎日の療育の中身の積み上げによって歴史を創っていくことを共通の課題としようと呼びかけた[10]。

　（前略）発達を守っていく、子どもにとっては発達の権利がありますからね、発達する権利がありますから、その権利を守っていくっていうのが私たちの務めだと思っています。…この発達の権利を、子どもたちの権利を、子どもたちが本

---

9) 糸賀一雄「第二びわこ学園建設―300ベッド増設へ」『びわこ学園だより』第5号、1965年12月（『糸賀一雄著作集Ⅲ』日本放送出版協会、1983、p.254）
10) びわこ学園保管オープンリール音声録画テープ1966年4月11日（第一、第二びわこ学園新職員オリエンテーションにて、糸賀一雄挨拶、藤村哲説明、岡崎英彦司会）

来持っているかけがえのない命の権利を、私たちは徹底的に守るということが、大事だという風に考えております。

　しかしながら、今日の、この経済機構やいろんな制度の中で、私たちはどこまでそれを守りきることができるかというところに大きな毎日毎日の努力と戦いがあると思っております。これは政府に大いに反省もしてもらい、政府にうんと力こぶを入れてもらわなければならない仕事でありますと同時に、毎日毎日の現場の中で、私たちが本気に取り組んでみたいと思うところの仕事の分野でもあるわけですね。そういう中身を充実させていくというところが、大切だと思っております。そしてそういう中身が、積み上げられていきますね。毎日みなさん方のご努力で積み上げられていきます。この積み上げられた療育という中身というものが、日本の将来の子どもたちの権利を守っていく、その中身として、本当に役に立つものに、新しい歴史を創るものに、この毎日の療育の中身がなっていくのでございます。

　今、政府と話しあって、こういう子どもたちの療育の中身はなんでしょうかとなっていった時、誰が答えられますか？　日本ひろしといえども誰か答えることができますか？　誰も答えることができないんです。ただその答えは、3年たったびわこ学園の中に、毎日毎日の療育の中身の積み上げの中にその答えが用意されつつあるということなんです。これを、わたくしは、新しい歴史を創っていく中身として非常に大切なことだと思っています。（後略）

　重症心身障害児の療育をめぐる全国的状況とびわこ学園の運営についていえば、財団法人大木会の下で、法律の枠外の施設として、新しい実験的な施設として病院的形態で設置されていた「びわこ学園」は、「社会福祉法人一麦寮」のもとで運営されることとなり、その後「社会福祉法人びわこ学園」として、一麦寮とびわこ学園を合わせて社会福祉法人格をとり、公的な福祉財源を得ていく状況であった。当時の児童福祉法には、重症心身障害児施設の規定がなく、重症心身障害児施設は法外施設であったのである。「財団法人大木会」「社会福祉法人びわこ学園」の事務局を担ったのが、藤村哲（大木会事務局長）であった[11]。糸賀は児童福祉審議会の委員として児童福祉法にどのように位置づけていくか、重症心身障害児施設の理念と内容、とくに療育をどのようにしていくかを真摯に追究していた。

11）藤村は、東京で社会福祉協議会の運営に携わっていた時、「びわこ学園」の建設や法人としての管理運営への糸賀の要請を受け、大木会の事務局長に就任した。藤村の妻と交友があった映画監督の時枝俊江を介して柳沢寿男と関係がつけられていったと思われる。

4　柳沢寿男の「療育」との出会い

　　柳沢寿男[12]については、すでに「一次元の子どもたち」の製作の中で言及したが、再度、簡単にその経歴と近江学園や療育との「出会い」について示しておこう。柳沢は、剣劇映画で映画製作の土台を身につけ、終戦直後に映画監督になり、各種映画を製作してきた。1948年には『富士山頂観測所』で朝日文化賞を受賞。1953年から、岩波映画との契約で文化映画を製作し、それと並行して企業PR映画の製作を行う。しかし、60年代なかば、公害をもたらしもする企業PRへの疑問から、岩波映画との契約を辞し、自主製作の道を模索する。柳沢寿男は、「療育との出会い」として、岩波映画の製作から足を遠ざけていた1960年代のはじめに糸賀一雄から誘われ近江学園を訪問したことを、次のように回想している[13]。

　　（岩波映画を辞めて）何ができるかということを、2年本当に仕事をしないで考えていましたときに、たまたま西の知恵遅れの父親と言われる先生が、近江の琵琶湖学園（近江学園のあやまり－玉村注）に遊びにきなさいと言ってくれた。知恵遅れの子供の施設に遊びにいって何が面白いか、と思っていたんですけども、あまりお誘いがあったものですから、それならとでかけたんです。今は場所が違いますが、昔は琵琶湖から流れる宇治川沿いにありまして桜並木の下をあがっていくと、僕より背が高い、ちょっと人相の悪い、知恵遅れの子に初めて会ったものですから人相が悪いって思ったんですけど、そんな子が腕組みして、仁王立ちになって私を睨みつけている。半分ぐらいこわかったですね。近づいてみれば僕の顔を見ながら、「先生なにしに来たんや」と言うんですね。そういわれたって、遊びに来たんですからね。「遊びに来たんやなあ」と言いましたら。いきなり、その子は声を大にして「先生、人間ちゅうのは遊んでたらあかんねん、働かんとあかんねん」と言うわけです。嫌なことをぬかしやがると思ったんですけども、しばらく滞在いたしました。

　　すでに述べたように、柳沢は、1965年の時点の近江学園における重度知的障

---

[12] 柳沢寿男（1916-1999）：1916（大正5）年、群馬県に生まれる。1936年ころ、大曽根辰夫監督の紹介で、松竹下加茂撮影所に入り、剣劇映画の助監督を務め、犬塚稔監督の長谷川一夫ものを多く撮ったという。一方、41年に封切られた『小林一茶』（亀井文夫監督）を見て、俳句を記したタイトル一枚で画の意味がひっくり返る凄さに震撼し、翌年退社。43年、日本映画社に移り、フィルムが不足する時勢のなかで、記録映画づくりの基礎を身につける。終戦直後、株式会社となった日本映画社で監督デビューし、『富士山頂観測所』『海に生きる』（1949、樺島清一と共同監督）などを撮る。50年、人員整理のため解雇される。企業PR映画が隆盛する時代のなか、1953年、岩波映画製作所と契約し、『新風土記　北陸』（1953）をはじめ、『室町美術』（1954）など、さまざまな題材の文化映画をつくる。並行して、日本映画新社、電通映画社、日経映画社の作品も手がけた。『夜明け前の子どもたち』をはじめとする、福祉を題材とした映画で、「福祉映画の柳沢」と後に呼ばれることとなる。
[13] 柳沢寿男「福祉映画づくり、いってこいの関係」『ネットワークつうしん』No. 28、山形国際ドキュメンタリー映画祭ネットワーク、1993年3月

害の子どもたちの取り組みを『一次元の子どもたち』としてまとめ、東京12チャンネルで放映を担ったのだが、その延長線で、糸賀の意図するびわこ学園の療育の日々の記録を映画として製作することに結びついていった。そのことは、柳沢の次のような証言からも裏づけられる[14]。

柳沢寿男と田中昌人（撮影開始の日）
撮影・田村俊樹

　そのうちに（糸賀一雄）先生が重症心身障害児の施設をつくる。重症心身障害児なんて見たことも会ったこともないんです。見にいきましょうというんで、行きました。尼崎というところに行ったんですけども、鉄格子のなかにいるんですよ。お母さんがお昼ご飯をもって入りますと、むしゃぶりついて食べる。お母さんが外へ出て鍵をかけようとすると、母親に抱きついて、踏んだり蹴ったりする。これが重症心身障害児、とても人間ではございませんという感じでした。その人間でないものを教育する。療育をする。先生に「療育ってなんですか」と聞いたら、「そりゃあ、理論的にはわかっているけど、現場で試して当たっているかどうかわからない。だから学園を作って療育するんだ」というので、そうか、これはまたすごい、でも、この子が明日どうなるかということもわからないのに映画を撮るわけにはいかないとも思った。（後略）

　1966年4月、財団法人大木会は心身障害者福祉問題綜合研究所を創設した。その研究所の事業として、研究紀要の刊行とともに映画づくりへの着手が話しあわれた。もともと、びわこ学園が開園した際に、全国各地からの見学者の対応で子どもの人権や指導上の課題があったことから、30分程度の映画で対応したいという申し出が、岡崎園長から糸賀になされたという[15]。この映画の製作は、「サンキュウ映画社」が製作する予定だったといわれていたが、その後、「国際短編映画社」へと再編・位置づけなおされ、結果としてそこから配給されることとなっ

14）同左
15）林幹雄はこの事情を次のように述べている。「全国各地からの見学者が多く、幹部職員等が毎日その対応におわれる始末であり、園内の案内では児童の指導上や状況によっては人権にもかかわる等の問題も考えられました。そこで、二、三十分の映画で対応してはとの申出が岡崎園長から糸賀園長にあり、記録映画を制作することになりました。制作は財団法人大木会が当たり、三十分間500万円の予算でと事務局に指示を受けました。また、内容に万全を期すため制作委員会が設置されました」（『はかまごし』第3号、2001年）

た[16]）。国際短編映画社の協力を得て、1967年はじめに『進歩における極微の世界』の構想のもと、4月に映画製作委員会の発足をみた。

第2章 『夜明け前の子どもたち』の製作過程
―― 『進歩における極微の世界』からの出発

1　映画づくりの出発と『進歩における極微の世界』

糸賀の課題意識であった療育方法の探究としての映画づくりという要請を受け、『療育記録映画』の製作が具体化する。柳沢は、映画製作のスタッフとして当時の岩波映画などで活躍していた人たちに声をかけてゆく。映画製作の方向性を示すために、声をかけられたのが秋浜悟史[17]）だった。秋浜と柳沢の関係は、岩波映画に遡る。秋浜は、柳沢の連れあいだった映画監督・時枝俊江[18]）との関係で脚本の仕事をしており、その関係があって、柳沢からの誘いがあったといわれている。この時期、秋浜は、第1回紀伊國屋演劇賞を受賞する若手脚本家・演出家として活動していた。紀伊國屋演劇賞を受賞した『ほらんばか』をはじめとするこの時期の秋浜の戯曲は、東北を舞台とした喜劇が中心となっている。そのなかに、象徴的に登場するのが「白痴(こけ)」である。今日では死語ではあるがそもそも「白痴」は重度の知的障害を意味するものである。秋浜の戯曲には、「おのれを白痴と知っている白痴（こけ）」「白痴になって見せている白痴（こけ）」などとして登場する[19]）。「白痴」という象徴は、ある意味、近江学園、びわこ学園へとつながる伏線となっていたのかもしれない。

まず、1966年9月、秋浜悟史によるシナリオハンティングがあり、その結果

---

16)「サンキュウ映画社」は、九州福岡県から東京へ本社機能を移転した山九運輸機工株式会社と関連をもつ映画会社として発足。『夜明け前の子どもたち』の映画製作への関与は、糸賀一雄、柳沢寿男のいずれかが働きかけたものと思われるが、詳細不明。なお、「国際短編映画社」についても詳細は不明。製作費がかさんでくることが見込まれたため、大木会が全面的に資金援助を行い、製作を続行することとなるのに対応した映画会社ではないかと思われる。

17) 秋浜悟史（1934-2005）：1934年3月生まれ、岩手県出身。学生時代から演劇活動に参加し、67年に『ほらんばか』の作・演出で第1回紀伊國屋演劇賞を受賞。1969年には『幼児たちの後の祭り』で第14回岸田國士戯曲賞を受賞した。「夜明け前の子どもたち」以後、あざみ・もみじ寮の寮生劇（「ロビンフッドの冒険の冒険」）に関わる。

18)1967年10月公開の『夜明けの国』の監督。中国の文化大革命の発端と中国の現状を長編記録映画収めたものであった。長編ドキュメンタリーとしての第一作目となった。このタイトルが『夜明け前の子どもたち』とも重なるので、柳沢への揶揄を込めたコメントも見られる。

19) 秋浜のこの時期の戯曲をまとめたものが、『秋浜悟史戯曲集　東北の四つの季節（1〜4）』（秋浜悟史戯曲集刊行会、1967年12月）。なお、この戯曲集に所収された渡辺浩子「喜劇を武器に」によると、それらの「白痴（こけ）」には「自分を白痴に仕立てて生きるしかないという自覚がある。…診てしまう、感じてしまう、考えてしまうおのれを、白痴に仕立て、演じ続けるしかないではないか。これは自嘲といううすぎたなさからでているのではない。そう生きるべきだという状況への認識が実は鋭い抗議の形をとる」と指摘している。

は『進歩における極微の世界――びわこ学園の記録（仮題）』（1967年1月）としてまとめられた[20]。柳沢は、それをもとに映画班を組織し、撮影に入ってゆくこととなった。

『進歩における極微の世界――びわこ学園の記録』の前書きには次のように記されている。

『進歩における極微の世界』

　この映画は、びわこ学園の現状を正確に紹介しながら、重症身心障害児対策のキャンペーンの一翼をになおうとするものであります。より深く観客に説得力を持つためには、おそらく長い季節をついやして教育現場を記録し、子供の発達の質的転換期を如実に示すのが一番だと言えましょう。しかし今回の映画では、完成が急がれているという事情がありますし、それ以上に療育の考え方の土台づくりになっているものを観客に共感し理解してもらいたかったのです。そのために多少の量的拡散をいとわず近江学園的教育観を前面におしだそうとしております。

　シナリオは、作者が9月末に見聞したもの、資料によるもの、それに願望的想像力の産物でもって構成されております。撮影の時点での事実との調合によって多くの取捨選択、変更が為されることをあらかじめ御承知下さい。シナリオは、記録映画の場合、考え方の原則を示す討論材料です。したがいまして、よろしく積極的な御検討御提案をおねがいします。

　このシナリオは、タイトルをあげれば次の項目で構成されていた。

1．死／2．差別／3．朝／4．流れ／5．無／6．陽／7．乱れ／8．悩み／9．動／10．声／11．笑い／12．つながり／13．夜

　このシノプスとでもいうものは、びわこ学園での子どもの「死」からはじまり、「かれらは人間でないと言うのか」との問いかけがなされる。その一方、あざみ寮での快活な生活、続いて近江学園の生産教育が描かれる。翻って、第一びわこ学園での生活の様子、「ゆさぶる・ひきだす・そだてる」という療育の考え方が語られる。近くにあったあざみ寮の寮生さんたちと重症の子どもたちの交流に陽ざしがさしている場面が描かれる。しかし、北病棟の子どもたちはプレールー

20）田村俊樹は、このシナリオハンティングは、若手演出家の秋浜悟史がびわこ学園などをまわり、書いたと述べていた。田中昌人は、田中昌人・柳沢寿男・田村俊樹『進歩における極微の世界』として引用しているので、共同の討議があったと考えられる（田中「全障研の結成と私の発達保障論」前掲書、p.572）

ムに集中管理されている姿がある。岡崎園長のインタビュー。そして、第二びわこ学園にうつる。西病棟、東病棟が素描される。転じて、一麦寮の青年たちの笑いが描かれ、再度、第一びわこ学園の夜に戻る――「決して単純に明るくなろうとしない空だ。国の計画では、むこう5年間は5000ベッドが用意されるという。2500人がこの職場につかねばならない。そのことにためいきと疑問が湧いてでる」と結ばれていた。

2　製作委員会と映画スタッフ

映画は、財団法人大木会・心身障害者福祉問題綜合研究所に位置づけられた映画製作委員会のもと、製作が進められることとなった。

製作委員会のメンバーは、委員長に田中昌人が、委員として各学園長と寮長、財団法人大木会の事務局長、びわこ学園保護者会会長、そして柳沢と国際短編映画社のプロデューサーが就任した。具体的には糸賀一雄（近江学園・園長）／岡崎英彦（びわこ学園・園長）／田村一二（一麦寮・寮長）／三浦了（あざみ寮・寮長）／藤村哲（大木会・事務局長）／明光修吉（びわこ学園保護者会・会長）／柳沢寿男（監督）／長谷川直美（国際短編映画社プロデューサー）であり、事務局を林幹雄（大木会事務局）が担当した。

映画製作にあたって柳沢は映画班を組織しつつ、撮影を始めるが、撮影スタート直後に助監督が柳沢監督についていけないと辞めてしまい、5月はじめに、リリーフですでに自立していた梅田克己[21]が助監督となった。梅田は、それまでの経過はわからずにとにかく撮影に没入することとなった。現場の撮影は、柳沢と田中と撮影を率いる瀬川順一が主に議論を重ね、田村俊樹がびわこ学園の現場との交渉にあたり、撮影の段取りを梅田がとるということで、進められていった。撮影にあたって、当初は、びわこ学園の医療サイドとの軋轢が多くあったといわれている。

音響担当の大野松雄[22]は、この映画の製作に遅れて参加することとなった。

---

21) 梅田克己：1935年、岩手県生まれ。国学院大学在学中、小川紳介とともに映画研究会を設立。『山に生きる子ら』（1958）を演出。卒業後、日経映画社に入社、4年目にフリーに。PR映画で柳沢寿男のもとで助監督の経験があり、そこから『夜明け前の子どもたち』の製作に参加、現場の一線をまとめながら、その完成まで粘り強く実務をこなした。以後、教育映画・広報映画の演出、テレビ番組の演出、企業映画を経て、88年より伊豆・河津山荘「遊誘」オーナー兼テレビ番組の企画を手がけた。なお、現在、ペンション経営から引退し、千葉で暮らす。作品に、『金沢』『83日本人』『84アメリカ』『あすの世界と日本』シリーズなど（『小川紳介を語る・あるドキュメンタリー監督の軌跡』映画新聞、1992年での紹介を一部訂正）。

22) 大野松雄：1930年東京神田生まれ。文学座の音響担当を経て、NHK効果部に入局。そこで、シュトックハウゼンの電子音楽の存在を知る。オシレーターとテープ・レコーダーを使った新しい芸術に感銘を受けて、わずか1年で退局、フリーランスの音響技師となる。いくつかの実験映画に関わった後、1963年に始まったアニメ『鉄腕アトム』の音響製作を担当。綜合社という会社を立ち上げ、1967年『夜明け前の子どもたち』の音響を契機に、『光の中に子供たちがいる』（3部作）などのドキュメンタリー映画を製作、その一方、万博のパビリオン音楽などで、「この世ならざる音」を創作テーマに、立体音響などに取り組んでいく。大野の音楽的な足取りをおったものとして、「音響デザインとアヴァンギャルド芸術」（田中勇二『電子音楽　in JAPAN』アスペクト、2001年）がある。また大野をおった映画として『アトムの足音が聞こえる』（監督冨永昌敬、2011年）がある。

第2章 『夜明け前の子どもたち』の製作過程

第3回製作委員会（右から糸賀・岡崎・田中・三浦　撮影・岡村俊樹）

　大野松雄は、1963年から放送された「鉄腕アトム」の音響の製作で、音響デザイナーとしての地位を確立した。実験的な試みで続けられた「鉄腕アトム」が終了し、その過程でテレビ局での仕事に息苦しさを感じていた大野に、柳沢から『夜明け前の子どもたち』への参加の要請が直接なされたことが契機で、はじめて、その現場に行った。そのときに、紹介されたのが製作委員長だった田中昌人である。大野は、田中との最初の出会いを次のように回想している[23]。

　第二びわこ学園に行ったときに、その映画の製作委員長が、当時近江学園の研究部長だった田中昌人さん。…その人に会って、いろいろ案内してもらって。これが、泥沼に入る第一歩みたいなことになっちゃった。その時の僕は音響デザインをやってました。「大野さんは、びわこ学園の子どもたちを見て、どういうことをやってみたいですか？」って言われて、こっちはそんなこと考えていないから、でもなんか言わないといけないから。で、まあ前からちょっと思っていたんですけど、音声信号が言語に変わるのはどういうものかという、これをちょっと考えてみたいとは思っていたので、それを言ったら、ぜひそれを考えてくださいと言われて…。それを言ったのがもう、あとあと30年後までのしかかりまして…それが、田中昌人さんとずっと映像などでお付き合いする第一歩になった。

　大野は、とにかく現場の声と音をできる限り集めるように、現場の映画班に指示を出していた。集音マイクによって集められた現場の音や子どもの声、療育関

23）戦後障害児教育福祉実践記録史研究会（玉村公二彦代表）編『戦後障害児保育・教育における実践記録映像のアーカイブ化に関する研究（2012年度放送文化基金研究助成報告書）』2014年、p.17

係者へのインタビュー、療育会議の討議、子どもへのインタビューなど200時間分の録音テープが集積されていくことになる。

3　製作過程の概要

映画撮影は、4月15日、第二びわこ学園入園前のみついくんの自宅から始まった。みついくんの入園を追いながら、第二びわこ学園から撮影は進められた。映画班は、第二びわこ学園の職員宿舎に陣取り、寝泊まりをしながら撮影が行われた。第二びわこ学園の暗い廊下の天井には照明の久米成男によって急遽、蛍光灯が増設された。

『夜明け前の子どもたち』の製作過程は、大きく区分すると撮影を中心とした前半と編集を中心とした後半に分けられる。撮影と編集を中心とした『夜明け前の子どもたち』の製作過程はおおよそ次のような特徴とする時期を取り出すことができる。なお、日時が限定的に示されているところと、そうでないところがあり、また、編集と撮影が重複している場合もある。

【前半】
①模索の時期から合同療育の意思統一へ（1967年4月15日〜5月16日）
　みついくんの入園からびわこ学園の西病棟、東病棟、第一びわこ学園北病棟を中心に模索的に撮影がなされていく。その後、施設同士を結んだ園外療育活動など本格的な療育の実践（実験）を意思統一していく。
②園外療育活動としての野洲川の石運び学習（5月17日〜6月29日）
　第一びわこ学園北病棟から第二びわこ学園東病棟への提案という形で、園外療育活動が打ち出され、野洲川での園外療育活動が開始される。撮影は、野洲川での坂道のある石運び活動から場をかえて平坦な河原での石運び学習にかわり、6月末に園外療育活動が終了まで継続する。
③園内療育活動・他施設との交流を中心とした夏期の活動
　（7月はじめ〜8月末まで）
　園内療育活動としてのプールづくりからプール開き（7月19日〜8月14日）。ここでも施設の枠をとりはらった活動が創られる。一麦寮の寮生もはいった第二びわこ学園の園内療育活動プールづくりが展開していく。この中には、水泳・花火大会等の夏期行事の撮影も含まれる。
④第一びわこ学園南病棟でのシモちゃんへの取り組みと他施設撮影・合同運動会
　（9月4日から10月半ば）
　第一びわこ学園南病棟のシモちゃんへの取り組み（シモちゃんの微笑10月13日）、他施設撮影（一麦寮、あざみ寮、近江学園）および合同運動会（10月

15日）などが撮影されている。
【後半】
　1967年11月以降の後半には編集作業と補充撮影が進んでいく。
⑤第一次編集作業（11月はじめ～1968年1月末）
　子どものための映写会(11月3日)、父母を中心とした保護者のためのラッシュフィルムの試写会（11月5日、27日）が行われ、第一次編集（NG抜き・第一次編集作業11月13日～12月14日）がなされる。その第一次編集ラッシュフィルムの試写解説が田中昌人を中心に行われた（11月17日、18日）。
⑥補充撮影（1968年2月はじめ～2月14日）
　ワタナベくんと北病棟の補充撮影、「はなたれ」などについてハトAグループのインタビュー等の撮影があり、1968年2月14日をもって撮影は終了した。
⑦再編集から完成まで（2月半ば～4月末まで）
　1968年3月10日、大津医師会館で行われたラッシュ試写会（職員、保護者、スタッフ）があり、その翌日の製作委員会で最終的なフィルムとして2時間以内にまとめる方向を出す。保護者の納得が必要として東京にて「療育記録映画『夜明け前の子どもたち』オールラッシュ試写会（16時間）」が、園長、職員、父兄参加によって3月24日、25日の二日にわたって開催されている。最終的に、音楽録音、解説・ダビング（4月13日～4月19日）がなされ、4月26日『夜明け前の子どもたち』初号完成。4月28日に第1回学園父兄試写（京都新聞ホール）にて保護者の最終確認・了承をえて完成。5月4日東京虎ノ門国立教育会館にてはじめて公開（第一回チャリティショウ）されることになる。

　製作委員会の構成についてはすでに示したが、最終的に『夜明け前の子どもたち』のエンドロールに記載された、製作スタッフは次の通りとなった。

プロデューサー：小栗俊二・長谷川直美
監修：糸賀一雄
指揮：田中昌人
脚本：秋浜悟史
監督：柳沢寿男
助監督：梅田克己
撮影：瀬川順一
撮影助手：岩永勝敏・秋山洋・黒柳満
スチール：田村俊樹
照明：久米成男

音響構成：大野松雄・小杉武久
編集：高橋春子・加納宗子
音楽：三木稔
録音：片山幹男
解説：植田譲
製作進行：斉藤武彦・山内寛侔・蛭海勝美

第3章　療育実践と記録の歯車
——撮影の過程を中心に

　　びわこ学園の療育実践の創造という大きな歯車は、子どもたちそれぞれと職員たちの噛み合わせを創り出すところからはじまる。潤滑油も少ない中で、ようやく噛み合いだしたかにみえると、また、反発し、時に軋みの音も聞こえることにもなる。そこに映画班が加わることになり、もう一つの歯車となって、さらに複雑に絡み合うこととなる。

1　映画班の提案と新しい療育への試み——製作趣意書

　　1967年4月15日、みついくんの自宅から撮影が始まった。みついくんと一緒に映画班はびわこ学園にはいっていくことになる。第二びわこ学園の職員宿舎に陣取って、共同生活を行いながら、撮影は始められていく。学園の人たちからは、「第三びわこ学園」ともよばれた映画班であったが、その撮影したこの時期のフィルムは、プロローグ・導入の部分を構成することになる。撮影されたフィルムは、現像され、学園内で上映、議論されていく。子どもの姿を確認し、自らの働きかけを振り返り、そして、明日の療育を考えあっていったのである。

　　みついくんを中心に療育の提案がされたことは『夜明け前の子どもたち』の映画の中でも紹介されていた。第二びわこ学園全体および各病棟にも、「できる子供にできることをさせるだけでなく、発達の一歩前にたつ"勇気ある試み"をしていくことによって、それまではどうにもならなかった問題を新しい次元で展開し、再構成していくことができます。その試みと新しい発見が大切にされることによって、この仕事がやり甲斐のあるものになっていきます」として、映画班からの療育の提案がなされている[24]。その提案の内容は、後のびわこ学園の整理により示せば、次のようなものとして要約できる[25]。

第一は、フィルムを通して、文章では表現しきれない子どもの行動から言葉にならない願いを共通確認する場を提供したい。

第二に、討議を通して、「重症児もふつうの子どもたちと同じ発達のみちすじをたどる」「重症児もなかまの中で育つ」という発達保障の考え方を確認し、継承・発展させる。

第三に、映画班のスタッフ、ボランティアにより人手が増える中で、日常つくりにくい活動の場面を具体的に経験し、発達の一歩前にたつ"勇気ある試み"として療育活動を創造する。

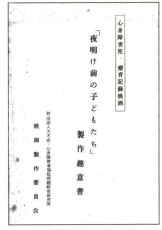

『製作趣意書』

さらに、この映画班の提案は、第二びわこ学園の病棟別にそれぞれ具体的な内容を提起している。すなわち、西病棟には、「プレールームと戸外はすべての先生がいろいろな試みをする場として大切にする」として、昼食・夕食・就寝前の1時間を新しい意図をもって子どもたちに取り組む意図的な働きかけを行う提案を行い、時間、ターゲット、指導者の集団的な取り組み、順序、教材・環境設定、交流（東病棟の子どもとの交流）、みついくんの場合はどうなのかといった検討の必要を提起した。東病棟には、「発達をゆり動かすための意図的な取り組みをしてゆく際の手がかりとして一次元可逆操作を獲得し、二次元世界を形成しつつある精神年齢1歳半から3歳くらいまでの子供の食事場面、朝の集い、設定保育、作業、夕食後のあそびをとりあげる」とした。

24）第二びわこ学園での療育活動への提案（映画班「療育活動への提案」1967年5月）は、この映画のもととなった映像がどのように療育に利用されていったのかを示す貴重な記録である。その位置づけについて以下のように記されている。
　「重症あるいは重度の障害児とわれている人達は、いま、療育記録映画という技法をもつことによって、ものいわぬといわれていたこの人達が社会に対して自らの表現のしかたで要求を出すことが出来るようになっています。／（中略）／先生方と私たちは、この療育活動の記録フィルムをいく度も見ることによって、多くの事実を知り重要なことを学んできました。そこで考えられたいくつかの療育のすじみちをたしかめ、更に子供達のねがいにたった療育活動をつくりあげていくためには、みんなが学んだことから考えだした新しい試みを、日常の療育の中でみんなが実行していくことが必要です。／新しい試みは一時期は負担になります。／しかし、できる子供にできることをさせるだけでなく、発達の一歩前にたつ"勇気ある試み"をしていくことによって、それまではどうにもならなかった問題を新しい次元で展開し、再構成していくことができます。その試みと新しい発見が大切にされることによって、この仕事がやり甲斐のあるものになっていきます。／さまざまな新しい試みが療育活動を創造するという統一した活動になっていこうとしているところに、びわこ学園の特色が生まれていくのだといえましょう。／びわこ学園では重症重度障害児といわれている人達をうけとめて、その子供達を東西南北の各病棟にわけて分類処遇しながらも、分類処遇というのはひとりの子供に一種類の集団しかもたらず、閉鎖的な社会を形成しがちで有り、そこでは子供達の発達を貧困なものにしてしまうのではないかということに気づきました。そしてひとひとりの子供が質的にちがう複数の集団活動に参加できるようにしようという動きを生んできました。これを最近のびわこ学園の力強い息吹として大切にしたいと思います。北と東の共同作業、西と東の合同砂遊び、北と南の合同行事などの試みは、この人達に対する対策最近の厳密に重症心身障害児といわれる人だけを収容せよとする風潮に対して"事実"をもってその誤りを指摘し、新しい対策の方向を示していくことになるでしょう。（以下略）」（森俊樹「オリエンテーション――保育指導面」1967年6月21日の資料として記載、なお、『びわこ学園の20年』p.237にもこの引用がある）。

25）『びわこ学園の20年』より一部改変して引用。

5月の段階まで撮影とラッシュフィルムの検討が進められたうえで、財団法人大木会心身障害児福祉綜合研究所映画製作委員会は「心身障害児・療育記録映画」製作趣意書を出している[26]。その段階で、映画のタイトルは『夜明け前の子どもたち』と決定した。

　この製作趣意書は、おおむね次のような内容を示すものとなっていた。

　第一に、重症心身障害児施設の設置と今後の施設づくりの方向がおそまきながらみられてきたが、しかし多くの人たちのこれらの施設についての認識は薄い現状にあること。

　しかし、第二に、びわこ学園では多くの多職種の人たちの協働の仕事として統一して活動がなされており、その活動として、かつて試みられたことのない実験的意義を探求していること。

　第三に、その土台となっているものとして、「発達保障の思想」があること――ことばをかえていえば、「すべての人間の発達が、保障されなければならない」ということである（この点は5点にわたって示されていた）。このような重症心身障害児の発達を保障する療育活動に、映画が参加し、障害児たちの発達の過程を追跡記録するならば、これまで見過ごしてきた新しい事実を発見することとなる。そのようにして製作された映画を通じて「心身障害者対策における発達保障の思想を広く内外に呼びかける」ものとしたい。

　さらに、そうすることによって、第四に、施設のなやみの解決――療育者の確保や家庭や地域行政官庁の理解をすすめる一助としたい。

　すでに撮られているフィルムの討論や研究のなかで、たとえば、コイノボリをあげる子どもたちの姿の中に、潜在的な意欲や能力、微妙な表現力の発見があった。これらの「新しい発見」の積み重ねが希望と勇気を与えてくれるものとなっている。こうして、現実との対決の火花の中から「知られざる真実」をつかみだすことへの確信をつくっているとまとめている。

　また、このような活動には、子どもの保護者、療育にかかわる職員はもとより、秩父宮からの理解と励まし、水上勉からの協力の申し出があることも記されていた。

　この趣意書は、1967年5月以後、おそらく、石運び学習の組織化との関係で作成されたものと思われる。なお、秩父宮の記述もあることから、後の秩父宮のびわこ学園訪問の時期の調整ができた段階での記述であろうと思われる。

　趣意書には、映画『夜明け前の子どもたち』35ミリ白黒、4巻（40分）と想

26）財団法人大木会心身障害児福祉綜合研究所映画製作委員会『「心身障害児・療育記録映画」「夜明け前の子どもたち」製作趣意書』（1967年、なお月日不詳、全9頁）。記述より、1967年5月半ば頃、園外療育活動（野洲川での石運び学習）前に出されたものと想定される。

定されており、製作スタッフは、製作：田中昌人、脚本：秋浜悟史、演出：柳沢寿男・梅田克己・田村俊樹、撮影：瀬川順一・岩永勝敏・秋山洋、照明：久米成男、製作主任：山内寛悏の名前があげられていた。

2 「新たな試み」と撮影の進展

　びわこ学園に映画班が入り、撮影が開始されていくのに寄り添って、京都府立大学文学部福祉学講座の長嶋瑞穂（当時助手）や京都府立大学の学生なども活動の下支えをすることとなった。コイノボリをあげ、それを見上げる子どもたちの中に混じって長嶋の姿も映っている。さらに、第一びわこ学園北病棟から第二びわこ学園東病棟への呼びかけではじめられることとなった園外療育活動という「新たな試み（発達の一歩前にたつ"勇気ある試み"）」には、人手が欠かせない。映画班はその療育を撮影するだけではなく、そこにも参加する――ある意味、先頭に立って療育の困難さを示す田中昌人の姿はその象徴であった。坂道での石運びの場面では、坂道をおりていく長嶋の姿を背景に、なべちゃんといくまくんといっしょに坂道を登っていく田中の姿があった。このときの実感は、「"いけた！"ってこのときは思ったんです。何がいけたのか、よくわかりませんけれども、とにかくその押しまくってくれたっていうことが、これだけのことがあれば、何かできるんじゃないか」という田中の解説につながっていった。

　そのような活動を展開しようとするとき、学生ボランティアの協力もこの「新たな試み」には欠かせないものであった。学生ボランティアとして、この夏、ちょうど園内療育活動に参加していた一人が粟屋豊（小児科医、聖母病院副院長小児科部長などを歴任）である。粟屋は、「びわこ学園での合宿と映画『夜明け前の子どもたち』」という表題でその時の体験を述べている[27]。

　教養学部二年になった1967年の夏、私たちサークルは島田療育園に続いて、日本で二番目に作られた重症心身障害児施設のびわこ学園でのボランティア合宿を希望し、連絡を取りました。（中略）東大の医療福祉研究会と、東京女子大の風車のメンバー計20名ほどが1週間合宿をすることになりました。

　私たちが滞在していたとき、びわこ学園には柳沢寿男監督ら映画製作スタッフも入っていました。撮影した大量のフィルム（ラッシュ）には子どもたちの小さな変化もしっかりとらえており、それを見ながら、柳沢監督や製作中心者で児童指導員の田中昌人さん、スタッフや施設の職員の方たちの毎晩の議論は私たちにとっても刺激的でした。また、学生同志いろいろ語り合い、自分は何をしなければ

---

27) 粟屋豊『「障害児医療」40年』悠飛社、2010年、pp.30-31。

いけないのかなどいろいろ考えさせられました。

このときの映像は、翌1968年120分の療育記録映画『夜明け前の子どもたち』として完成しました。この映画の紹介文には、「手探りの療育が始まったばかりの学園には、元気で無邪気な子どもたちと、彼らを支えるために苦悩し格闘する職員たちの姿がありました。医療と教育の両面から、子どもたちに働きかけようという「びわこ学園」の試みの記録」とありますが、私自身、映画を通して、たとえ重度の脳障害があっても、働きかける中で、生き生きとした表情が生み出され、知能指数の上昇といった縦への変化はなくても、横への発達の広がりが確実にみられるといったメッセージを実感することができました。重症児施設が重症児を抱える家族の崩壊の防止のための収容という側面でなく、子どもの発達を保障できる場、さらにはそのような学問が育つ場として重要であることを示したものと思えます。

「進歩における極微の世界には大きな装置が必要なのだ」と表現されることになる「新たな試み」は、象徴的な言い方で特徴づけると、つぎの二点に集約できるように思える。

一つには、障害のある人たちをはじめとして人間の解放への道行き、すなわち施設の扉を開く「開放」から、さまざまな人たちと施設の協働で、自らを「解放」してゆくという方向での取り組みであったということである。具体的には、第一びわこ学園北病棟からの呼びかけで第二びわこ学園東病棟とともに創っていった園外療育活動であり、そこでの「石運び学習」であった。「紐」をほどくこと、「心の杖」「発動機」「心の窓」の発見、仲間の輪の中で培われていく自らを解放する発達の力量とその支え、そして、それは一麦寮やあざみ寮の人たち、ボランティアをまきこんだ園内療育活動の一大行進曲となっていく姿につながっていく。一麦寮やあざみ寮などの他の施設の取り組みとも重なり合いながら、子どもたちの渦が創られて、渦の中を療育という大きな歯車が時代を切りひらいていく。いわば発達への取り組みの横への広がりとでもいうべき取り組みであり、それを受けとめる映画班の記録の歯車もまた療育実践の創造という大きな歯車とかみ合いながら、子どもたちの現実と発達、そして歴史の創造をとらえようとしたのである。

いま一つは、障害の重い子どもの発達のなかへ入っていく深まりである。重症児の感じる世界をとらえ、発達の深みに挑もうとするものとでもいえようか。その象徴としてあったのが、「しもちゃんの微笑」であろう。1967年10月13日、撮影記録は第一びわこ学園の中庭にて次のような流れがあったことを記している[28]。午前中、レコードと合わせてのゆさぶりで、表情が豊かになり、足先をもむと手が活発になり、手が口にいく。午後、乳母車にのせて外に出すと、「た

しかに笑った」「しばらくして、スタッフの一人が両手を持ってポンポンとリズムをとって動かしていると、そのリズムに合わせて手を動かすようになる。そして白い歯を出して笑い出した。声は出さないけれども、今度は長く笑顔を見せている」「続けてリズムをとっている。彼の笑顔が続く。どんなときに笑うのか分からないけれど、今日は戸外の乳母車で1時間程度静かにしておいた。そのあと手を取って動かしたら笑い出した」──その場面はたしかに撮られていた。

撮影の過程では、こんな場面を撮りたいという映画班の思いがあり、療育の現場との軋轢も生まれたし、また、「新しい試み」ゆえに、はじめは停滞や困難だけが浮かび上がり、いらだちや葛藤があった。療育者の間の意見の対立、不安ややり場のない怒り、記録者への不信感、対立など、時にはかみ合わないで空転し、また、分解しそうになってしまうこともあった。子どもと子どもたちの思いや願い、それと同時に実践者・指導者の思いが重なりあって実践が進展していく。それに、実験的な要素を持ち込みつつ、スタッフもはいってカメラが映像として撮る。映像を時系列で蓄積していきながら、実践の内容の記録が吟味される。

子どもたちや実践者の心の中を捉えていけているかと自問しつつ、実践が進められ、映画スタッフによる映像記録が蓄積されていった。療育者も記録者も迷宮の森をさまよいながら、その道を拓く努力をともにする姿でもあった。

3　撮影──記録の目

重症心身障害児とその施設の圧倒するような現実にカメラを向けたのが瀬川順一[29]である。瀬川のカメラマンとしてのこだわりは、戦中にさかのぼる。瀬川の師三木茂とともに経験した亀井文夫監督との中国戦線の「戦ふ兵隊」の撮影の経験が原点となった。そこで、亀井のドキュメンタリー映画製作とともに、亀井の指示に従わなかった三木のカメラマンとしての自立性からも学び、カメラマンの自立的な現場での判断を重要視する姿勢を一貫してもち続けた[30]。

『夜明け前の子どもたち』の撮影でも、瀬川だから撮れた場面といわれるものも少なくない。それは、重症心身障害児とその施設の圧倒的に重い現実に正面

---

28)「しもちゃんの笑顔──撮影記録より」として『びわこ学園の15年』(社会福祉法人びわこ学園、1978年、p.83)に記載されている。

29) 瀬川順一 (1914-1995)：1914年岩手県生まれ。戦前・戦中・戦後を通じ、劇映画からドキュメンタリーにいたるまで、幅広い分野でカメラマンとして第一線で活躍。1931年、満州事変の年に松竹キネマ蒲田撮影所に入り、後に東宝の前身PCLへ移籍し、カメラマンとなる。戦時中は三たび徴兵。その合間に、映画『戦ふ兵隊』(亀井文夫演出・三木茂撮影) のスタッフとして中国戦線を撮影。戦後は東宝争議を闘い、独立プロ運動を経て、フリーカメラマンとして活躍。'95年10月5日、肺ガンで死去。享年80歳。代表作として、『銀嶺の果て』『ジャコ萬と鉄』『挽歌』『法隆寺』『新しい製鉄所』『森と人との対話』『不安な質問』『アントニー・ガウディ』『留学生チュア・スイ・リン』『水俣の図・物語』などがある。また最後まで現役だった氏の作品として『をどらばをどれ』『奈緒ちゃん』(共に伊勢真一演出) がある。

30) 伊勢真一『だれもが映画の主人公』(見えない学校・叢書、1989年)

から向き合い、切り取るまなざしでもある。

　たとえば、「去って行く職員とそれを見つめ絡み合う子どもたちの姿」「子どもの死：横たわる亡骸、子どもたちの焼香、そして出棺」のシーンは、施設の現実の象徴ともいえる。亡骸となったこばやしくん自体にカメラを向ける、しかも、実にその２週間余前には、コイのぼりを見あげて舌を出して喜びの表情をしていたこばやしくんのアップの表情を撮っており、生と死が重なり合ってくるのである。『進歩における極微の世界』では、すでにその冒頭に「死」の場面がすえられており、あたかもそれは撮られるべくして撮られているともいえるのだが、びわこ学園、重症心身障害児施設では「死」はそれだけ日常化していた。子どもたちの生命のはかなさは現実のものであった。秋浜の情景の描写の方向をうけて、喜びの表情と無言で横たわる姿を捉えていた瀬川の子どもへの思いは、どのようなものであったのだろうか。重い現実はそれをとらえている映像がなければ再構成され得ない。

　重い現実から、それを解き放つヒントとなる映像もまたとらえられている。「なべちゃんの紐をほどく」場面は象徴的である。後に田中昌人は、その撮影の時のことを次のように振り返っている[31]。

　わきをひと目みてから、一目散に廊下にとび出て、プレールームへ。プレールームの中を駆け巡って、今度は窓から外へとび出そうとします。／…自由の光。その輝きを全身にあびてワタナベ君は生命の歓声をあげて大好きな箱車にとびつき、轟き高く、それを押していきます。／そのすさまじい活動力に三人がかりの大型カメラが必死でくいつき、録音班が走ります。／（事故があったらという心

カメラをまわす瀬川順一（撮影・田村俊樹）

31）田中昌人「講座人間の発達　第45回」『みんなのねがい』No.250、1989年8月、pp.69-70

映画班集合写真（撮影・田村俊樹）

配をよそに）この時のワタナベ君は、…じつに率直に帰って行ったのです。／朝のラッシュからここまで、時刻は1967年4月27日の朝の5時から7時すぎまでの間です。（中略）映画のスタッフも外側から告発する側にばかりたってはいられません。ワタナベ君の真の発達要求は何なのか、それを先生たちといっしょになって考えるために、ワタナベ君のしていることを写し、録音し、それを何度も、いろんな立場から、ひとりでもおおぜいの人の目と耳、そして心で、聴き、深く診て、諸事実を総合的に集めていこうということになりました。／映画のスタッフも2交代、24時間態勢でフィルムを回し、紙と鉛筆で記録をとります。

「動く重症児」とよばれた子どもたちの瞬時の動きにカメラは追いついていかなければならない。三脚をつけたままで、飛び出そうとする子どもを追いかける瞬時の判断を直感的に瀬川はしているのだが、それは、映画班での討議をもとに、子どもへの理解を基礎とした撮影・カメラワークでもあった。瀬川の『夜明け前』に関連した文章を見いだすことはできないが、子どものどこに着目するかなどを田中とよく議論していた姿がみられたといわれる。そこから子どもの「心の窓」にカメラを向けるカメラワークがうまれた。

そのような蓄積が、野洲の河原で展開された「石運び学習」でのなべちゃんの姿をとらえ、その後に「石を運ばない石運び学習」の場面を撮り、最終的に園内療育活動の展開として第二びわこ学園のプールづくりに参加したなべちゃんが坂道で台車を押しながら自立的に運び活動をしていく姿をとらえることとなった。瀬川のカメラは、なべちゃんの「心の窓」の方向から、なべちゃんを追い続け、その姿が行き交う人々の間に隠れても追い続け、雲の切れ目から陽光がさすように、働く人や子どもの間からなべちゃんの笑顔が現れるカットを撮った。また、園内療育活動の尖足気味の子どもが台車を押しながら石を運ぶその足取り

を追いつつ、靴が脱げるカットなども、子どもの活動をとらえる瀬川の映像の真骨頂ともいえよう。

瀬川を中心とした撮影チームは、10月末までに14万5千フィート、最終的には15万フィート（約30時間）にわたる映像を蓄積していた。

第4章　ぶつかりあう思いと編集の過程

1967年9月、第一びわこ学園で進められたしもちゃんへの取り組み、そして、10月に入って、一麦寮、あざみ寮、そして合同運動会（10月15日）、そして近江学園の撮影がおわり、10月末には撮影は一段落する。11月に入り、フィルムの全体編集が進行していく。糸賀一雄は、後の講演において、この映像が絞られていく過程と保護者の参加について次のように語っていた[32]。

この30時間の映画を、フィルムを見ながら8時間にこれを縮めました。そしてそれを4時間に縮めました。そして最後に2時間に縮めたのでございますが、（親御さんたちが）その作業に参加をされまして、随分辛い思いをたくさんおかけしたと思うんです。最後にこの2時間だけはもう削れない、もう落とせないというので、この記録映画としては随分長い時間でございます。

当初、40分として計画されたこの映画には、15万フィート（30時間）のフィルムが蓄積され、そこから8時間、そして4時間へ、最終的に2時間へと縮められたのである。すでに、撮影されたフィルムは、映画班はもとより、療育会議などにおいて療育の方向を吟味するという意味で、いくたびかみられていたし、その場で討議もなされてきたものであった。しかし、全体の再編集には、それぞれの立場や考え方の違いが内包されており、思いがぶつかりあうことは必至であった。それを乗り越えて、統一したドキュメンタリー映画としていく独自の努力が必要とされた。

32）糸賀一雄「夜明け前の子どもたち」〔まみず会での講演、芝公会堂にて〕、1987年7月20日。

第 4 章　ぶつかりあう思いと編集の過程

1　フィルム編集の過程

　1967 年 11 月には、「子どものための試写会」(11 月 2 日) が開催され、続いて、父兄ともども内容検討の「映画ラッシュ試写会」(11 月 5 日) があり[33]、さらにびわこ学園の月例会 (11 月 6 日) でもラッシュ試写が続いた。第一次のラッシュ試写が終わった段階で、フィルムの編集が、東京青山の大野松雄の綜合社の部屋を借りて行われた。

　「NG 抜き・第一次編集」は、11 月 14 日から 12 月 14 日までの 1 か月にわたり行われた。その過程では、30 時間のフィルムの中から 16 時間から 8 時間まで絞り込む作業が行われた。その作業については田中昌人による全 310 枚に渡るメモが残されている[34]。この『田中メモ』は、ラッシュフィルムの映像のメモであり、あわせて園児の発達と療育へのコメントがつけられている。たとえば、石運びでの、なべちゃんとの田中自身の関わりの場面は、次のようなメモとなっていた。

　　第 9 日目
　　　ナベ　右に小カンもってハシッてき、カンすてて車にのる。／田中　イクマとナベ／みんな自分でいれている／正面にものもたす／イクマにまえへいかす。ケンインリョク少し／田中がひく／下前方へ力入れて／サカの前でキレル／カノイッチャウ／右手で主体的にもたす／おさせる　クルマのないクルマを／ハコのとこでナベ自分でカン外むけにアケル／イクマにひっぱらす／ナベもって□□手をナハス／イクマをカノひく／ナベを田中はなす　いけた

　　　サカの下でキレル／サカの間はいけたゾ／エンジンをかけると／平地はかからぬ

　　　こんどは、左にカンをもって　右はタケをもってあがりきった／坂道をもって動いた／ツナガラナイナ／田中　手ばかりみて目をみない

　自らの姿へのコメントを含むこれらのメモをもとに、12 月 16 日、17 日、「ラッシュ試写解説」がなされ、全体をとおして田中昌人によって解説がおこなわれた[35]。この田中昌人のラッシュ試写解説は録音され、その文字起こしがなされ、全体構成とナレーション・解説のために必要な資料とともに、整理された。このまとめが、『秋浜ノート (No. 1〜4)』(全 4 冊、正確には『秋浜悟史用』ノート)

---

[33]『びわこ学園の 15 年』p.8 の記載による。
[34] 人間発達研究所「故田中昌人・杉恵両氏の発達研究・発達保障論関係業績・資料保存プロジェクト (田中アーカイブ) 資料」(原稿用紙、国際短編映画社の罫紙、サンキュウ映画社の原稿用紙使用全 310 頁)
[35]「ラッシュ試写解説」は録音され、オープンリールの音声テープに収録されて残されている。

として残されている[36]。秋浜ノートの構成の概要は次の通りである。

- ノート1　第二びわこ学園　みついくん／西病棟／東病棟（なべちゃん）
- ノート2　東病棟続き（コイノボリ場面、なべちゃんについてを含む）
  　　　　　第一びわこ学園（南病棟）
  　　　　　一麦寮／近江学園
  　　　　　合同運動会
  　　　　　発達診断のスナップ
- ノート3　秋の第一びわこ学園　南病棟　シモちゃんへの取り組み
  　　　　　北病棟のタイムスタディ
  　　　　　園外療育活動（坂道での石運び学習）
- ノート4　園外療育活動（平地での石運び学習）の続き
  　　　　　園内療育活動（第二びわこ学園）
  　　　　　花火の買い出し、盆踊り　びわこ泳ぎに
  　　　　　あざみ寮とあざみの子たちの応援

　こうして、ラッシュ試写を重ねて解説をねって全体を絞り、その解説をもとに、全体の構成がつけられていった。

　年を越えて、全体構成にとって必要な細部の映像や補充の映像が検討され、1968年2月4日から10日間にわたる補充撮影やインタビューがなされた。

　補充の映像も組み込んで、職員（他施設も含む）・保護者を中心とした試写用

綜合社スタジオにて、左から秋浜悟史・大野松雄・梅田克己
（手前は柳沢寿男　撮影・田村俊樹）

---

36) 同上（人間発達研究所「故田中昌人・杉恵両氏の発達研究・発達保障論関係業績・資料保存プロジェクト（田中アーカイブ）資料」）

のフィルムとしてまとめられた。1968年3月10日、大津医師会館で行われたラッシュ試写は、4時間（3時間57分）にわたる編集フィルムを、父兄、職員にみてもらい、意見を出してもらうというものだった。職員に関しては、第一、第二の各病棟にもちかえって討議をし、それを次の日3月11日に設定された製作委員会で議論して最終的なフィルムとして2時間以内にまとめる方向を出すというものであった。映画班の日程説明によると、3月25日には解説原稿を作成し、フィルム・ナレーション・音楽・音声（音響）をダビングして完成フィルムにしていく予定であった。それを学園関係者にみていただき最終版とし、1968年5月4日には朝日新聞社が中心となって東京の教育会館ホールで第一回目、5月11日に大阪の厚生年金会館ホールにて上映が決められており、その後の正式上映は5月20日以後となるということであった。

2　ぶつかりあう思い――保護者の思いと参加

国際短編映画社のプロデューサー長谷川直美は、「親の願いを込めて」という文章で次のように述べている[37]。

> 製作スタッフの一員として分けても感銘を深くしたことは、障害児たちの肉親の方々の積極的なご協力ぶりでした。親として障害のある子を映画に登場させることに抵抗を感じないわけはありますまい。反対もありました。迷いに迷った親御さんもおられました。当然のことです。…それが、繰り返される話し合いのたびごとに、親御さんたちの心の窓は次第に大きく開かれていきました。そしてついに「父兄会」が映画製作に立ち上がってくださったのです。障害児の問題は、それを一家だけの悩みに終わらせてはならない。（後略）

実際、大津医師会館で開催されたラッシュ試写会での保護者の反応は厳しいものがあった。たしかに、びわこ学園全体を通して、1967年末から職員の腰痛問題が深刻となり、第一びわこ学園では、その冬、園児が行方不明になり、必死の捜索にもかかわらず、翌日に山中で凍死している姿として発見されるという悲しい事故が起きていた。保護者からの事故への言及があり、そのような中で映画をつくる資格があるのかという辛辣な発言もあった。大津医師会館でのラッシュ試写での父兄・保護者からの質問は、要約すれば「今なぜ、映画なのか？」「その意味は？」というものであり、同時にそれは「なぜ私たちの子どもなのか」という問いかけでもあった。親の気持ちとして、「子どもをさらす」こととして身

---

37) 長谷川直美「親の願いをこめて」（『夜明け前の子どもたち』パンフレット「映画製作に参加して」所収）

を切る思いから、療育に対する不満や屈折した感情が、学園と映画班に対して辛辣なかたちで浴びせられたのである。

　まず、岡崎園長が説明にたった。一般的な問題として、重症心身障害児の問題について、「社会がわかっていかないといけない」と、そしてそれを示していくのがこの映画の趣旨であることを通った声で説明する。そのうえで、一人ひとりの了解を得るのが手続き上難しいという問題があること、映画の性格上、一般的な了解を取ったとしても、全体ができあがってこないと、それぞれのシーンの意味が、順番を入れ替え、言葉をいれてみないとわかってこない、それは、映画の製作過程における限界で、びわこ学園の職員自身もよくわからないと理解を促した。具体的な問題として、名前を出すのかという問題なども出たが、個々の子どもとの関係は独自なものがある。これまで、途中でラッシュをみてもらってきたので、問題のあるシーンはカットもしてきたが、問題があれば、今後もカットすることもある。また、特定の子どもに絞り込まれているという質問もあったが、特定の子どもに焦点をあてることによって、子どもの発達を深めてとらえることになる。それぞれの病棟の抱える問題や課題をその子どもに代表してもらおう、そこから問題提起をしていくという手法をとっていると語った。「子ども自身が、私たち自身に訴え、要求をしている。そのことで、問題の焦点がはっきりするのだが、それはずいぶん私たちびわこ学園の職員にとって頭が痛いことです」と、岡崎は、子どもたちから問題が突きつけられていることも率直に保護者に伝えることとなった。

　映画のスタッフの中に障害のある子どもの親はいるのか、親の気持ちがわかるのかという質問に対して、立ち上がったのが、撮影を担った瀬川順一である。

　瀬川は、岩手の地方で育った自らの生い立ちに触れながら、映画班を代表して語ることとなった。瀬川は、家庭の事情があって、いとこの家に預けられたことを振り返りながら、そのいとこが「てんかんで、知恵のかなりおくれた２人の子ども」だったこと、その子どもたちときょうだい同様に育てられたことを語る。岩手の田舎で、施設もないような所で育てざるをえないことを、子どもの目から見てきた。そのような体験があるので、この映画に関わる前には、映画人として慈善的な種類の映画は撮りたいと思ったことはなかったが、柳沢監督に誘われて、びわこ学園について知ってから、これならやってもいいのではないかという気持ちになったと撮影に関わる経緯を語った。撮影を担ってきたものとして、「スタッフは、やっていきながらだんだん子どものことや問題が、日一日と分かってきた。そのことを示したい」と述べ、つぎのように締めくくった。

　この映画がどういう形で公開されるかはわかっていないけれども、この運動を

もりあげるためにこの映画を使っていかなければならない。親の痛切な気持ちを聞いて、息が詰まりそうでうまく話せないが、普通の映画のようにでっち上げられるとお考えならば、それは違う。いままでの映画は、本当に子どものためなのか？　映画人の利己心というのがあった。そのような映画を疑うことはよくわかるが、映画人としてそれを乗り越えていかないといけないと考えて討議してきた。

　柳沢寿男監督は、「自分には子どもがいないので、今の心情を話すしかない」として、「おそらく重症の子どものことはわからないと思う、しかし、わかるように努力してきた」と語った。それまでの、近江学園に遊びにいくようになったこと、そこで教えられたことを語りつつ、びわこ学園に撮影にはいって、スタッフも子どもたちにかみつかれたり、後ろから突き飛ばされたりしたこともあったこと、しかし、「僕は子どもを対等にみていると思っていた」が、「その子どもたちが、園外活動で想像しなかった力を出したとき」に衝撃を受けたという。「対等であると思っていたが、そうではなかった」と。そこに自分自身の「差別」があった、子どもたちが発言しているが、「差別をしてきたことはなかったかと、僕たちに突きつけてきた」と思う——そのことを、世の中に伝えていきたいと。映画づくりのなかで、資金を募る運動をしてきた中で、「子どもの父兄だけではなく、手紙をくれている方がいる。僕はそういう人たちを信頼したい。びわこ学園の現状は、びわこ学園だけでは解決できない。よく世話をするけど、とても多くの問題を含んでいる」と保護者に語った。

　この大津医師会館でのラッシュ試写会の翌日、製作委員会が開催され、内容の精査の方向を検討していった。その一方、保護者の了解・合意という観点からラッシュフィルム全体を通して見る機会をもつこと、最後まで合意を高める努力を製作委員会としてはとることとなった。実際、1968年3月24日、25日、東京にて、園長、職員、父兄の参加のもと「療育記録映画『夜明け前の子どもたち』オールラッシュ試写会（16時間）」が開かれ[38]、さらに、製作委員会から難色を示していた保護者に対して個別にもお願いする作業が続けられた[39]。

3　事件

　編集過程終盤では、保護者の厳しい発言やその後の製作委員会での議論をもとに、そのとりまとめがなされていく。同時に、そこでは、視聴者を意識せざるを得なくなる。単なる記録ではなく、作品として仕上げなければならないということでもある。時間は限られている。子どもたちの思いと実践者の思いの二重構造で

---

38)『びわこ学園の15年』p.8
39) 三浦了からの聞き取りによれば、保護者との面談のために三浦と岡崎は九州まで行って理解を求めたという。

実践は展開するが、そしてその映像化もまた、その実践の過程と記録・編集の過程との二重構造が存在し、その作品化にかかわって、さらに実践は視聴者との緊張関係が存在する。編集過程において、その軋みと爆発は、起こるべくして起こった。

大野松雄は、「その日」のことを、回想して言う――「(ぐじゃぐじゃいう柳沢を)『てめえ、何いってやがんだ』ってついどなりつけちゃった。『これは(スタッフを)降りなきゃいけないな』と思っていたら、仕上げスタッフが全員、『やってられない』ということになってしまって…(堰が切れたような仕上げのスタッフの監督への不満が高まり、監督との激しい怒鳴りあいとなった。沈静化すると仕上げスタッフは綜合社の対面にあったスナックに集まって、みんなで相談したようだ)…」と。

秋浜悟史は、仕上げの段階での事件について次のように述べていた[40]。

仕上げの段階になってから大問題がもちあがった。子どもたちの側はともかくとして、先生方の生活の労苦がどうも描き足りないのじゃないか。そして、ついに結果として、いわゆる劇映画の手法が導入されてしまったのである。…映画の編集の大詰めになって、映画班の若手から抗議の声があがった。映画屋の遊びじゃないか、フィルムを無駄使いするな、というふうに。一方は観客への親切を叫び既成のドラマ観にこだわり、一から圧しつけようとする。…製作の委員長であり、実際に指導に当られた田中昌人先生は、編集にも東京で、タッチされていたので、反乱の側の意見にいちはやく共鳴しながらも、両者の泥沼化した闘いによりよい価値を見出そうと苦慮しておられた。「発達保障」の考え方も、私たちのリアリズム志向も、こんな場にきたえられて、すこしは強くなったのではなかったか。

試写公開が迫っている。岡崎先生から、「より弱い人たちの味方になるのだったら」のおことばがいただけた。私たちはそれを「子どもたちの真実に徹しろ、大人のウソを許すな」と受けとった。実質的にはスタッフを去る人も出た。

「実質的にはスタッフを去る人もでた」とは、明示されていないが柳沢のことである。おおよその撮影が終わった1967年秋の段階で、職員の一人の葛藤の物語を想定したかのように、柳沢の指示で室生寺などでの撮影が行われていた。劇映画の手法というのはそのような撮影の中での逸脱をさしていた。最終的な4時間になったところでは、そのような部分は当然のことながらカットされていた。

---

40) 秋浜悟史「『夜明け前の子供たち』をめぐって」『人と仕事―岡崎英彦追想集』医療図書出版社、1989年、pp.172-174

そこから、2時間ほどを削っていく段階に入るのであるが、しかし、柳沢の心の奥にはわだかまりを引きずっていたし、また、ラッシュフィルム試写の場での保護者の辛辣な意見も脳裏をよぎったであろう。どのカットも切ることができないというデッドロックの中で、映画編集の最前線にあった若手への圧力的な言動につながった。当時の映画界では監督は絶対であった。綜合社の編集スタジオで、沈痛な雰囲気の中にあった若手の不満は、家主であり、この映画の編集にも携わっていた大野松雄の「てめえ、なにいってやがんだ」という柳沢への怒りのひとことによって堰を切ったようにあふれ出した。若手の理不尽な監督への抗議は当然のところだった。柳沢監督の下ではやっていけないが、しかし『夜明け前の子どもたち』の完成には責任をもつという姿勢で要望書を作成し、田中を介して製作委員会の判断を仰ぐということとなったという。

いわば「監督追放」という事件については、だれもが語りたがらない。日時を特定できないし、その必要もないのだが、あえていえば編集の最終盤の1968年3月後半頃のことだったと思われる。

助監督だった梅田克己は、『夜明け前の子どもたち』の製作に関わったそれぞれのスタッフの個性や志向について、ふりかえっておおむね次のように語り、最後に自分自身が編集／構成をするようになった事情を説明している。

「柳沢さんは、根っからの職業映画監督で、子どもたちの発達を客観的に記録するというより、子どもたちの変化を通して、感動的な物語を創りたいという姿勢」「脚本を担当した秋浜さんは、障害児の、発達における極微の世界に関心を抱き、それを軸にして、人間の歩む姿や生き方を見つめ直そうという概念のようなものを最初から持っていたように思います」「音響を担当した大野さんは、…ごくありきたりな担当分野を超えて、或いはそうした意識を持たないで、作品づくりに関わりました。…作品の編集段階では、彼の意見がずいぶんと反映されるようになりました」。そして、「田中先生を中心に撮ったものを何度も見て検証し、次なる撮影の方向性を決めていったことは事実で、私たちはたいへんに勉強になり、作品の流れが出来ました。実は、こうした流れが柳沢監督の方向性とぶつかることになり、我々スタッフを困らせることになり、何度も話し合い、結局、柳沢さんが作品づくりから離れることになったのでした」

ともあれ、最終盤、実務を梅田がこなし、若手が中心となって、この『夜明け前の子どもたち』は、「非常にすったもんだあったんですけれど、とにかく完成しました」（大野松雄）、「いろいろ傷つきながら、…できあがった」（秋浜悟史）のであった。

4 重なり合う映像、音響・音楽、そしてナレーションと解説——協奏と交響

　瀬川の映像は、柳沢も含めたスタッフによって4時間から2時間へと編集され、それにナレーション・解説、音響と音楽がつくことによって、個々の場面の意図や全体としてのテーマが浮き彫りにされる。秋浜は、田中のラッシュフィルム試写での解説をよりシャープにする役割を果たした。それによって、重症心身障害児施設の現実の映像をリアルにあらわし、人間を揺さぶることばをつけた。
　秋浜は、『夜明け前の子どもたち』にシナリオを中心に携わった2年間について次のようにいう。

　　記録映画のシナリオは、現実の進展にあわせて何度か書き直されるものである。実際には、この映画撮影をよい機会に、撮影されたフィルム（ラッシュという）を、父母や現場の先生方ともどもに見せて検証し、明日の療育に役立てて行こうという方針が貫かれたため、おびただしい討論がラッシュを見比べながら重ねられ、その中で私たちも諄々と説かれ勉強させていただいた。岡崎先生はもちろん連夜その先頭に立たれ、子どもたちも撮影ラッシュを見るべきだという意見が出てきた。その子どもが差別されていたと気づいたときの恥ずかしさはなかった。

　大野が担当した音響は、会議での発言、子どもたちの発声や言葉をアレンジして、この映画の通奏低音となる。そして、三木稔の音楽がシーン全体の特徴を際立たせる。フィルム全9巻51に区分された映像、そしてそれとともにあるこれら音響・音楽、ナレーションと解説の特徴的な協奏の場面を取り出してみよう[41]。

⑴「プロローグ」から「みついくんの入園」へ

　プロローグは、まず、第一びわこ学園南病棟のしもちゃんのクローズアップから始まる。次に、北病棟のうえだくんたちの病棟内での手つなぎでの歩みが映し出される。秋浜の独特の語り口で、その様子を語りつつ、「わからないことが多すぎる。しかしこの子どもたちも、人に生まれて人間になるための発達の道すじを歩んでいることに変わりはない。そう考える人たちがいる。障害をうけている子どもたちから、発達する権利を奪ってはならない。どんなにわからないことが多くても、どんなに歩みが遅くても、社会がこの権利を保障しなければならない。

---

41) 療育記録映画『夜明け前の子どもたち』完成台本は、全国障害者問題研究会第37回全国大会田中昌人記念講演特別資料として復刻された（巻末資料参照）。なお、この特別資料にはいくつかの誤りがある。「34　プールびらき」は「39　プールびらき」である。第1回学園父兄試写は東京ではなく、京都（京都新聞社ホール）である。田中は、この完成台本について、秋浜悟史・梅田克己『夜明け前の子どもたち　完成台本（全9巻）』(1968年) としており（田中「全障研の発足と私の発達保障論」前掲書、p.573、特別資料においても八巻のところが、八巻と九巻が区分されるのであろう。

第4章 ぶつかりあう思いと編集の過程

そう考える人たちがいる」とつなぐ[42]。

　長等山の中にある第一びわこ学園の映像が徐々にクローズアップされ、山懐にある第一びわこ学園が、そして、高速道路脇の第二びわこ学園が簡潔に紹介され、「医療に加えて教育を」と結ぶ「療育」へと「映画が参加することになった」と述べられる。

　『夜明け前の子どもたち』のメインタイトルは糸賀一雄が書いたものである。

　そのメインタイトルにつけられた音響は独特の世界を醸し出すものとなった[43]。子どもの発声、とはいえ言葉にならない多くの何ものかが重なり合い、響き合って出発・開始が告げられることとなる。「不気味」「何が起こるか不安」という感覚と多くの視聴者はいう。この音響——あえていうと「不気味」な雑音とも聞こえる音響は、入園することになるみついくんを中心として、子どもの発声を合成して、大野松雄と小杉武久[44]が創りあげた。このはじまりを告げる音響は、この映画全体の構成と関わっている。みついくんの入園からはじまるこの映画の出だしは、それにふさわしいみついくんの言葉にならない発声、口唇破裂音などを基調として音を重ねてつくられたものであると大野は語る。不気味かもしれないが、しかし、その音響はたしかにみついくんの存在とともにある。みついくんの第二びわこ学園入園が映し出されていく。

(2)「コイのぼり」「子どもの日」「先生の別れ」

　三木稔[45]が担当した音楽は、シーンに吸着している。三木が師事していたのは、ゴジラの映画音楽で有名な伊福部昭である。三木は、64年に日本音楽集団を創立し、現代邦楽をリードしていくようになるが、映画音楽も多く手がけて

---

42) 田中は、この秋浜のナレーションは「掌を内に握り締め、重心を下げてがんばっていた当時の関係者の一致した気持ちであった」と述べている。
43) 全体を通して、音響は43か所、音楽は11か所に用いられている。なお、完成台本には、音響についてはそのテーマが記されている。
44) 小杉武久：1938年東京生まれ。東京芸大在学中より即興演奏を始める。60年日本で最初の集団即興演奏グループ「グループ・音楽」を結成。60年代初め、「フルクサス」に参加し数多くのイヴェント作品を発表する。鉄腕アトムの足音を作った大野松雄のアシスタントとして数々の音を製作した。『夜明け前』の後、1969年「タージ・マハル旅行団」を結成し、様々な場所で演奏を行う。77年アメリカ移住。「マース・カニングハム舞踏団」の作曲家・演奏家として活躍するとともに、個人としてもテクノロジーを使いこなした独自の表現で、世界各地の芸術祭、コンサート、展覧会に数多く参加している。小杉は、自身の経歴を語りつつ、次のように大野との関係を述べている。「東京芸術大学で音楽史と音楽理論を学んでいた時、私は二つの方向を探っていました。ひとつは即興音楽、そしてもうひとつは『音のオブジェ』で、これは旋律、リズムといった伝統的な音楽の構成要素に分解されない音、音楽以外の日常の音や電子的に操作されて作られる音を素材とした音楽で、当時はテープ・レコーダーの機能を活用したテープ音楽などをやっていました。／卒業後生活のための仕事として『鉄腕アトム』の音響効果の製作チームに参加したのですが、実際に『アトム』の音を製作していたのは私ではなく、音響構成家の大野松雄氏でした。私の仕事はテープ編集が主でしたが、この製作チームの音響に対する考え方は私の『音のオブジェ』に近いものだったと思います」(小杉武久『音楽のピクニック』風の薔薇、1991年、p.18)
45) 三木稔 (1930-2011)：1930年徳島市生まれ。東京芸術大学卒。1951年東京芸術大学音楽学部作曲科在学中、フランス楽派といわれた池内友次郎、民族楽派といわれた伊福部昭に師事し、映画の世界を知る。64年同志と日本音楽集団を創立。岩波映画などで音楽をつけるなど、関係した映画音楽は少なくない。三木の著作は、邦楽とその楽器にも及ぶ。『日本楽器法』(音楽の友社、1996年)、『オペラ「源氏物語」ができるまで』(中央アート出版、2001年)などがある。

いた。柳沢の指名で音楽担当となったが、三木の音楽は映像と絡み合って語る。たとえば、「なべちゃんの手を放す」場面では、不安定で、なべちゃんの動きのリズムとあっていない部分がある。それが、療育者や映画班となべちゃんの活動のかみ合いにくさを象徴しているかのようである[46]。

　さらに象徴的なのは「子どもの日」である。「子どもの日」の前には、西病棟のコイのぼり、そして東病棟のコイのぼりをあげる取り組みが映される。子どもたちの「コイのぼり」という声と療育者の説明の声が交叉する。歓声があがり、子どもたちがコイのぼりをあげる場面の後、脳性マヒの子どもの喜びの表情がクローズアップされる。そして、「子どもの日」にはいる。

　「子どもの日」の「コイのぼり」の曲想は、鍵盤楽器クラヴィコードによる長調でも短調でもない無調性の前奏ではじまる。途中より6連符で起伏が現れるが、無調性によって曲の表情は不明瞭なままであり、うらぶれたかつシニカルな曲調で、みついくんと家族の面会場面をおっていく。前奏に続いて現れる「こいのぼり」のメロディーは「やねよりたかいこいのぼり　おおきいまごいはおとうさん」のみであり、「ちいさいひごいはこどもたち」のメロディーは現れない。この後一息置いて、「やねよりたかい」のメロディーのみが繰り返され、「おおきい　まごいは　おとうさん」のメロディーすら現れなくなる。そして、「誰も会いに来てくれなかった子どももいる」と低い声のナレーションがつく。再度前奏が繰り返され、それが変化して「こいのぼり」の曲となり、メロディーの後半部に至っては「やねよりたかい」のみになり、それも「やねよりた…」と途絶えてしまう。ここでは重症心身障害児施設の子どもたちと家族の悲しさの背景にある「客観視せざるを得ない現実」を、「無調性」のアレンジが「誰も会いに来てくれなかった子ども」の切実な思いとともに浮かび上がらせている。

　「子どもの日」に続いて映し出されるのが、「先生の別れ」である。「先生がおやめになる」とナレーションがつぶやく、先生の声が増幅され、子どもの声にエコーがかけられ、反響する。子どもたちの表情に対して「こんなにも悲しみがわかる。こんなに感情を語ることができたのか」とナレーションが語る。悲しみの情景を内に秘めたびわこ学園の客観的な一コマである。

(3) 「不思議な太陽」から「園外療育活動」「プールづくり」へ

　それまでは金網越しに捉えられた子どもの姿が印象的だった。そして、金網にしがみついて外に向かって叫ぶ子どもの映像と音声が響く。シーンが転換し、サングラスをして日食を見る子どもたちの映像と不思議な太陽の映像がからむ。そ

---

[46] この音楽の不安定さと、石運びの時の音楽との対比も興味深い。なお、三木稔の音楽の分析については、羽原一郎氏から教示を得た。

して、園内から園外へ。柵が開放され、弦楽と吹奏楽の跳躍音程と壮麗な和音を組み合わせた楽想とともに、園外療育活動のはじまりが告げられる。

「石運び学習」は、田中自身による解説がつけられている。清水寛は、綜合社での田中のナレーションの吹き込みに立ち会った時のことを書いている[47]。

　編集中の青山のスタジオに田中に誘われて出向き、田中がナレーションを吹きこむのに立ち会いました。ちょうど、第二びわこ学園に小さなプールを作るために近くの川原で職員と園児たちが石運びの作業をするシーンのときでした。田中が、石運び学習を使役労働ではなく発達を保障するための教育的労働にしていくために子どもの発達の段階にそくし、創意工夫をこらして取り組み、二人の園児が「石は運ばなくても人間関係を運ぶ」にいたった過程と、そのときの自分の心境を子どもたちから学んだことを通して生き生きと語っていた姿が強く印象に残っています。

　田中の解説は、「園外療育活動」の1日目の田中自身とりょうちゃん、うえだくんのヒモ、そして3日目の「心の杖」、べっきくんといくまくんの紹介をし、その共同作業を捉えていく。石運びに入れないなべちゃんの場面では、療育会議でのなべちゃんの参加をめぐる厳しい議論の音声がつけられている。道具づくりの場でのなべちゃんとの関わりから病棟療育会議をへて、なべちゃんの発達が解説され、なべちゃんの初参加での様子について発達的な解説が続けられる。園外療育活動の最後の場面は、なべちゃんの「石を運ばない、石運び学習」、そして本格的な梅雨の季節とあざみ寮の仲間の手伝いの場面にうつる。それを助走として、仲間の中で発達の歯車がかみ合ってくる姿、その大きな流れを撮ったシーンである園内療育活動の「プールづくり」の坂道場面が描かれる。
　「プールづくり」のシーンには、クラヴィコードの前奏に続いてティンパニーの躍動的なリズムが現れ、吹奏楽と弦楽器が加わって勇壮な楽想が奏でられる行進曲がつけられる。大きな渦の力強さだけではなく、そのなかにいる子どもの姿へのまなざしも組み入れられている。瀬川の撮った映像は、台車を押すなべちゃんの笑顔を注視する。全体としてはシーンの雰囲気が勇壮な楽想によって描かれているのであるが、後半の脳性マヒの寝たきりの子どもが作業をする箇所のみ、映像とリンクさせて繊細で優しい楽想が流れる。そして、マヒのある子どもが確かな力で台車を押す足取りで靴が脱げるシーンとともに、音楽も力強さをますのである。そういった子どもたちの営みを見逃すことなく拾い上げている音楽のスタンスに、三木のびわこ学園の子どもたちへの思いを見ることができる。

---

47)「発達保障ってなんですか　清水寛さん」『みんなのねがい』No.593、2016年1月、p.9

(4)「しもちゃんの微笑」から「深夜勤務」へ

　　第一びわこ学園の日光浴のグループの療育を映しつつ、発達保障を語るナレーションは圧巻である――「しかし、あえて言おう――この子どもたちこそ、私たちみんなの発達の道すじのたえず一歩前を歩き、進む導き手なのだ。障害を受けている子どもたち（の発達）が正しく保障される時、社会全体が健康になっていく体質ができるのだし、その逆も成立するのだ。ここは未知へ向かう列車の始発駅だ」と。

　　そして、このナレーションに続いて、第一びわこ学園南病棟のテラスにて、しもちゃんを囲むさまざまな人が映し出される。心理判定員の加藤直樹も後ろで見ている。

　　弦楽器の不安定なメロディーの土台に明るい光が差すような打楽器と管楽器の音が組み合わされ、その楽想が徐々に盛り上がる。そして、しもちゃんの微笑のシーンが紹介される。その場面には、みついくんの口唇破裂音も重ね合わされた複雑な音も組み込まれ、しもちゃんの微笑みを園全体で祝福するかのような音響がつけられている。ナレーションが「笑顔とみるのは、もしかしたら間違いかも知れない。だが先生たちに笑顔は確かに貯えられた」と響く。背景にあった弦楽器の打楽器と管楽器の楽想が力強さをます。

　　深夜、しもちゃんへ鈴の音への反応をみる場面が映し出され、「しもちゃんへの取り組みに次への明るい期待が生まれていった」と語りがつづく。そこから「深夜勤務」へ。びわこ学園の平均勤務年数が語られ、疑問と溜息に抗して、「やめていってもいいじゃないか。二年たらずしか勤められなくてもいいじゃないか。人間の発達の道すじには激しく短くしか燃焼できない時もあるだろう」と。しかし、「それでもなお、決して単純には明るくなろうとしない空だ」と複雑な思いを同時に吐露するのである。

(5)「学校に行きたい」「なんでや…」

　　最後には、第二びわこ学園東病棟ハトAグループの子どもたちの熱をこめた発言がおかれている。

　　助監督の梅田克己がマイクを向けるこのインタビュー場面は、2月中旬までに行われた撮影の最終盤に撮られた。すでに、1967年秋頃には、びわこ学園の現状に対して危機感と批判的意識を持っていたハトAグループのよしだくんたちは、新聞づくりなどの中で発言を行っていた[48]。

---

48) 全国障害者問題研究会近畿ブロック『みんなのねがいを実現するために』1968年、pp.84-86)、加藤直樹・小林保太「人間らしいくらしをうばったのはだれだ――重症心身障害児施設びわこ学園より」(『未来をきりひらく障害児教育』鳩の森書房、1970年、p.95)、田中昌人『発達保障への道 ③発達をめぐる二つの道』(全国障害者問題研究会、1974年pp.19-22) など参照。

年が明けた頃、大野松雄と田村俊樹はその声を取りに行った。大野は、よしだくんは緊張が入るとなかなか声を出すのが難しくなるので、岡崎園長が宿直の時を狙って、ビールを飲ませてインタビューをとる計画をたてた。「まあ、岡崎先生がいる時なら大丈夫だろう。やっちゃえ！」と決行したのだが、しかし、結果的にはあまりかわらなかったという。よしだくんたちの発言は、別のハトAグループの子どもたちが翻訳者となって大人たちに伝えてくれたという。

びわこ学園の現状や社会への批判的なまなざしのハトAグループの発言は、大野がインタビューしたものと、梅田がしたものを合成して作成されている。最後の、みょうこうくんが発した「なんでや…」という社会を問う声はリフレインして、製作委員会や製作スタッフの名前にかぶさってくる。後で本人に聞かせると、自分の声なのに不思議がっていたと大野は回想している。

全体をとおして音響をデザインした大野松雄は、自身の問題意識であった「音声信号から言語へ」というテーマを、この映画の最初にみついくんの発声を合成してつけ、さらに各所に他の子どもたちの発声・声・ことばも入れて増幅させ、そして、最後の、明確なことばのメッセージとしてハトAグループの発言をおくことで表現した。全体の製作責任者であった田中昌人は、最後の場面について、「夜明け前」にある子どもたちのこの記録映画に、エンドマークをつけることはできないというのが関係者一同の総意であったと、後に記していた[49]。「なんでや…」の声のリフレインとともに、全体として重厚で異色のドキュメンタリー映画『夜明け前の子どもたち』は社会へと送り出されていくこととなった。

第5章 『夜明け前の子どもたち』の上映とその後のスタッフたち
―― それぞれの『夜明け前の子どもたち』

1 上映運動

1968年は、国連が世界人権宣言を採択して20周年の年であり、国際人権年であった。この年5月に、『夜明け前の子どもたち』の映画は公開された。糸賀一雄は、「多くの方々に御覧頂いて、そしていろんなご批判、あるいはご意見を伺いながら、こ

---

49) 田中昌人「講座 人間の発達」『みんなのねがい』No.262、1990年7月、pp.72-78. 糸賀一雄もまた、講演の中で、「『夜明けの前の子どもたち』という名前は、まさに今、夜明け前だからでございますが、残された今世紀の3分の1が、この闇をどのように開いていくのでしょうか。この映画が、エンドレスである、終わりという言葉を使わなかったわけは、…これからが始まりなんだという意味でございます」と語っていた（糸賀一雄「夜明け前の子どもたち」〔まみず会での講演、芝公会堂、1968年7月20日〕

ういう研究活動に将来ともに参加して頂きたいと」とする「希望」を強く語ることとなったが[50]、まず、最初の上映会は、東京虎ノ門の国立教育会館での『夜明け前の子どもたち』チャリティ上映会であった。そのことについて、ねむの木学園設立に向けて尽力していた宮城まり子は次のように回想している[51]。

　厚生省から、お電話があり、昭和43年5月4日に、虎の門の国立教育会館へ来るようにとお話があり私はテレビを終えて、タクシーで走って行きました。「ああ、3分前になっちゃった」。今、思い出すのは、そのことです。走って入ろうとすると、教育会館にダークスーツの男性が、ずらりと二列にお並びになり人を迎えいれる態勢にありました。びっくりしましたけれど私は、『ああ電話で来るように』とあったので、私を待っていて下さったんだと、皆様の前を、手をあげて。『おそくなって　すみません。待ったァ、まにあったァ、よかったァ』と大声で叫んで走り込みました。『なんで、あんなにアッケにとられていられるのかナ』。ちらっと、不安は横切りましたが、自分の席に座った途端『皇太子殿下、妃殿下がお見えになりました』と放送があり、全員拍手でお迎えいたしました。あの入口のダークスーツの皆様は、皇太子殿下、妃殿下をお迎えしていらっしゃったのか、消えてしまいたいほど恥ずかしかったけれど、その日は、糸賀一雄先生の新しい療育映画『夜明け前の子どもたち』の試写会でありました。

　今日の日本の「象徴」も含めた上映会からはじまり、文字通りすべての人を巻き込む上映がめざされた。糸賀一雄は、映画製作で一つの施設が建つといわれた膨大な借財を抱えながら上映運動に希望をつないだが、その秋、9月17日、大津市での滋賀県新入職員研修で、「この子らを世の光に」という言葉を残しつつ倒れ、翌日、死去した。
　上映運動は、この映画が製作されていた最盛期に結成された全国障害者問題研究会によっても、障害者運動の一環として広げられた。教育運動の中でも、たとえば、1969年1月の第18次全国教育研究集会（熊本）では、基調報告の討議の後、自由参加での『夜明け前の子どもたち』上映の取り組みかなされた。発達保障の小分科会では、『夜明け前の子どもたち』『人』『公害とたたかう』などの上映運動を積み上げた報告があり、教研分科会まとめでは、「学校へいきたい」「先生なんでやめるのか」といっていた重症心身障害児施設の3人の子どものうち、2人が映画完成後9か月しかたたないのに、強く願っていた学校へいくことを果たせないままに亡くなったとの報告がなされていた[52]。全国教研において、

50）糸賀一雄前掲講演
51）宮城まり子「私の糸賀先生」『滋賀の福祉を考える』（サンライズ出版、2007年、p.21-22）

障害の重い子どもたちの生存と学校教育への希求の姿が訴えられ、障害児の教育権保障の課題を象徴的に示すものとなった。このような、障害者運動、教育運動に勢力的に取り組んでいったのが、製作委員長だった田中昌人であった[53]。

2 柳沢寿男の屈折と大野松雄の「負債」

「監督」柳沢寿男にとっても『夜明け前の子どもたち』は出発点だった。柳沢も、複雑な心境で、フィルムを持って上映運動を行った。『夜明け前の子どもたち』上映会での評価はさまざまだった。柳沢は、ある映画評論家に「こんなもの映画ではない！　見ていられるか！」と罵倒された経験を語っている[54]。

柳沢は、『夜明け前の子どもたち』の後、仙台・西多賀病院で療育を受ける進行性筋ジストロフィーの児童や青年に関わることになる。柳沢は、『夜明け前の子どもたち』では、石運び学習の中でみた子どもたちの姿から「これこそ働くことだ。／重症心身障害児もたしかに人間だ。／私は確信するようになりました」と、ようやく語るようになる[55]。その文章に続けて、柳沢は、「ぼくが鳥になったら、／ぼくが空をとんだら、／…」という筋ジスの子どもの詩をあげ、その子どもたちが自身の病について知りつつ、「明るさ」があると語っていた。国立療養所西多賀病院には、重症心身障害児病棟に隣接して筋ジス病棟があった。筋ジス病棟に入院していた130人の筋ジスの子どもと青年を追って、約1年間で『ぼくのなかの夜と朝』(1971) を製作した。その過程で、柳沢は撮られる筋ジスの青年たち、そして、筋ジスの説明について保護者との間で緊張関係を惹起させたが、映画を契機に、西多賀病院の院長近藤文雄を中心とする筋ジスの研究センターの設立運動へと関わっていった[56]。

続いて、柳沢は、仙台の重度身体障害者授産施設西多賀ワークキャンパスで働く人々を捉えた『甘えることは許されない』(1975)、愛知県知多市の療育グループの活動を通して、地域と共生する福祉を描く『そっちやない、こっちや』(1982)、市民から不要品を回収しリサイクルする財団法人盛岡市福祉バンクを舞台にした『風とゆききし』(1989) を、それぞれ上映活動を行いつつ、完成させる。

これら、柳沢の障害のある人たちに関する「療育」「授産」の映画について、それらのドキュメンタリーの特徴を捉えて、「関係を運ぶ―『夜明け前の子ども

---

52) 日本教職員組合『日本の障害児教育　全国教育研究運動のあゆみ』1975年3月、p.98
53) 『夜明け前の子どもたち』製作以後の田中昌人の活動については、拙稿「すべての障害児の発達と『権利としての障害児教育』」（中村隆一・渡部昭男編『人間発達研究の創出と展開―田中昌人・杉恵の仕事をとおして歴史をつなぐ』群青社、2016年、pp.169-183）参照。
54) 「柳沢寿男監督書き下ろし」『福祉共働作業所太陽と緑の会リサイクルかわら版』第56号、1993年10月。
55) 柳沢寿男「見えなかったものが、見えてきた」（近藤文雄・柳沢寿男編『筋ジスを生きた人々　朝のこない夜はない』太陽と緑の会、1988年、pp.185-196）
56) 柳沢の『ぼくのなかの夜と朝』の背景となった筋ジストロフィー病棟とベッドスクールについては、清水貞夫・玉村公二彦・越野和之「ベッドスクールの誕生と筋ジストロフィー病棟の子どもたち―戦後病弱教育の成立と映画『ぼくのなかの夜と朝』（『奈良教育大学紀要』第65巻第1号、2016年、pp.36-45）参照。

たち』」「瞬間、瞬間を生きること――『ぼくのなかの夜と朝』」「怒り――『甘えることは許されない』」「『働く』ということ――『そっちやない、こっちや』」、そして「『人間のみえない所』を描く」と全体を通しての解説がなされている[57]。また、「柳沢の福祉ドキュメンタリー五作品を全体像として見るならば、はじめの二作品は、ひとびとの病態と日常を凝視し、三作目からは、入所者と仕事の関係へと観察が拡張していく。個から社会的な広がりへという大きなうねりを感じさせる」とも指摘されている[58]。「福祉映画の柳沢」とも呼ばれた柳沢は、1999年、83歳で生涯を閉じる。しかし、その思いは、その弟子にあたる、小林茂監督によって、第二びわこ学園の記録『わたしの季節』（2005年）に受け継がれている[59]。

　柳沢とは対照的に子どもたちに寄り添っていくのは、最終的にこの映画をまとめ上げた一人となった大野松雄である。大野は、「『夜明け前の子どもたち』は嫌いだ」「この現実を見ろというように、上から見ている」ともいう。それはある意味、映画の型と様式美を追求してきた監督柳沢の固定観念と子どもへのまなざしに対する批判であった。大野は、この映画の最終部分での子どもたちのインタビューの経験で衝撃を受けたことを書いている[60]。

　子どもたちは、大なり小なり言語障害をもち、車椅子に坐るとき以外は、寝たままでいなければなりません。聞き取りにくい話のやりとりの中で、私は次第に呆然とせざるを得ない状態になってしまったのです。子どもたちの口から出てきたことは、ベトナム戦争批判、万国博批判、全国の施設の子どもたちとの連帯…これらが、十歳前後の子どもたち、それも障害をもっているために、学校へ行きたくてもそれを免除させられてしまった子どもたちの声だったのです。話はさらに、現場の職員がやめていく問題（へと続きます）。でも、驚いたことに、子どもたちの言葉の中には、批判めいた響きはなく、むしろ、やさしい、いたわりの気持ちが感じられたのです。私たちスタッフは、療育に映画が参加したとか何とか、結構粋がって一年間も現場にいたくせに、子どもたちの確かな眼について全く無知であったのです。…このことは、私にとって、子どもたちへの心の負債として、私の中に長く残ることになってしまいました。

　『夜明け前の子どもたち』のエンディングに使われた「学校にいきたい」「職員

---

57) 鈴木志郎康「内に深化し、外にひろがる映像―柳沢寿男監督の福祉ドキュメンタリー」（『記録』No.142、1991年1月、pp.1-12）
58) 鈴木一誌「柳澤壽男の映画―歩先を歩みつづける＜直前の過去＞」（神戸映画資料館HPhttp:/kobe-eiga.net/webspecial/report/2009/09/　2016年12月1日閲覧）
59) 小林茂『ぼくたちは生きているのだ』岩波ジュニア新書、2006年
60) 大野松雄「光の中に大人たちもいる―独断的発達についての覚書」『幼児の教育』Vol.75、No.6、pp.16-24

がやめていく」という子どもたちの声に、障害のある子どもたちが「日本の現状にたいするきびしさ、職員の現実に対するやさしさ」という確かな視点をもつことを、大野は子どもたちの発達として捉えたのである。そのような「心の負債」の返済として参加したのが、大津市が企画した、障害児保育の制度化を記録する『保育元年』の製作であった。『夜明け前の子どもたち』以降、大野の綜合社は、音響デザインのみではなく、ドキュメンタリー映画も引き受けていく。『保育元年』（1976年）、『続保育元年』（1977年）、『続々保育元年』（1978年）と製作が進められていった。

しかし、それでも、大野にとっては、それらもまた「大人達のために作った」ものでしかなかった。「子どもの『心』を知ることはできない。子どもたちの『心』を知るために、『心』の発達を記録してみよう」と一歩を踏み出すことになった。こうして、『光の中に子供たちがいる』が、保育元年の次の年、1974年から保育園に入園したカズエちゃんを中心に保育園の仲間たちとの関わりをおったドキュメンタリーとして、手弁当で製作されていくこととなる。『光の中に子供たちがいる　1　大津市における新しい障害児保育の誕生』（1976年）、『光の中に子供たちがいる　2　カズエちゃんの二年目』（1976年）、『光の中に子供たちがいる　3　「わかれ」は「かどで」』（1978年）の3部作である。

この時期、大野の製作したもう一つのドキュメンタリー映画が『あざみ寮・もみじ寮　今日も元気です』（1974年）である[61]。

当時のあざみ寮っていうのが、大津の幕末以前にできた料亭、当時の花街にあって、未認可の施設だったんで、認可させないといけないので、それで建て替えというよりも移転をした。カメラマンの瀬川さんが、あんなにユニークなものがなくなるのは惜しいから記録に残しましょうよと。で、「向こうに今度行くから、言ってきましょうか？」と。で、まあ寮としてはありがたいことで。じゃあ何から撮ろうかということで。それが万博の前の年で。ご当人（瀬川順一）はその撮影で、1年以上海外に行っちゃったわけ。だから、こっちはやると言った手前、

61）「あざみ寮・もみじ寮　今日も元気です」映画作成の経緯は次の通り。『夜明け前の子どもたち』の映画を撮り終えた後、カメラマンの瀬川順一があざみ寮の生活について記録に残したいと言い始めた。特に大津市の遊郭の建物を利用した寮生活は貴重であると考えられたので、その建物での生活の様子も含めて映像に残したいと考えた。一方、大野は、『夜明け前の子どもたち』の監督柳沢寿男からあざみ寮の織物を展示する展示場所の依頼を受け、東京大阪の画廊を紹介したという経緯もあり、あざみ寮の三浦了寮長とも懇意であった。カメラマンの瀬川は、万博の仕事の映像のために外国に長期出張となったため、あざみ寮の生活の記録をとる仕事は大野に任された。1969年、あざみ寮は、石部の山の中に移転をすることになった。なお、この編集については、「光の中に子供たちがいる」のドキュメンタリー作成をする際に、どうもまとめていないことが気になった大野によって編集が着手された。「光の中に子供たちがいる」は、保育元年の仕事と共に行われていたが、「保育元年」は広報映画として別のものが制作し、ドキュメンタリーとしての「光の中に」を大野が担当していた。ドキュメンタリーの制作と広報映画の制制作の違いは大きく、「光の中の子供たち」をまとめるにあたっていくつかの逡巡が、「今日も元気です」をまとめる動因にもなったのであろう。前半を大津での生活とし石部での新しいあざみ・もみじ寮の出発を皮切りにして後半部分とした（2013年7月7日、大野松雄からの聞き取り）。

やらざるを得なくなっちゃって。で、『今日も元気です』っていうフィルムを作ったわけ。

『あざみ寮・もみじ寮　今日も元気です』は、『夜明け前の子どもたち』の完成後、まだ、大津にあったあざみ寮での風景、そこからの移転、石部の町での生活が描かれ、「あざみ寮創立20周年もみじ寮創立5周年の祝い」（1974年）とともに歴史をつなげるドキュメンタリーとなった。エンドロールには、製作「進歩における極微の会」（大野松雄・梅田克己・田村俊樹他）との名前が記されていた。

3　瀬川順一と『奈緒ちゃん』

大野に宿題を出した格好となった瀬川順一は、『夜明け前の子どもたち』の完成後、1970年の大阪万博のための仕事で海外に旅立つこととなった。瀬川は、『夜明け前の子どもたち』について、その後、語ることはなかったようである[62]。『アントニオ・ガウディ』などの撮影を行いながら、再度、障害のある子どもたちに向き合うこととなるのは、1980年代に入ってからであったと思われる。

瀬川順一とその弟・瀬川浩[63]は、てんかんに悩みながら懸命に生きようとする子どもたちと両親、それを支える医師や看護婦、ボランティアの人々を、山中湖で開かれる「親子キャンプ」での生活を通して記録するドキュメンタリーの製作に参加する。それが、『おーい、集まれ　てんかんと闘う仲間達1』（1983年12月公開）である。そして、その年から、長期間にわたって、てんかんをもち知的障害のある少女・奈緒ちゃんの成長と、彼女の家族、そして、彼女らを取り巻く地域の人々との12年間の交流を捉えた長編ドキュメンタリーの撮影を行っていく。それが、『奈緒ちゃん』（伊勢真一監督、1995年7月公開）となった。

主人公・奈緒ちゃんの母親・西村信子は、「このフィルム（『奈緒ちゃん』）には、『しあわせ』が写っているとつぶやいたのは、大ベテランのカメラマン、瀬川さん。『しあわせ』という言葉がなぜだかとってもなつかしく、新鮮な響きに聞こえたのを今でも忘れません」と述べている。

西村信子は、この映像について「どこか身内のような気持ちもあったのかな、瀬川さんは撮影しながら、奈緒に幼い頃の私をだぶらせながらファインダーをのぞいたのかな？　と感じるところがあります。…瀬川さんの目がそのままスクリーンから観る人へと伝わり、『自分と同じだ！』『自分たちにもできる！』という希望やいろいろな思いを与えたと思います」とも述べている[64]。

---

62) 日本大学芸術学部映画学科編「瀬川順一・瀬川順一フィルモグラフィ」『映像研究』第25巻、1997年、pp.81-124
63) 安部公房原作の「砂の女」撮影担当などで著名なカメラマン。
64) 西村信子とぴぐれっとの仲間たち『ぴぐれっと　いい一日になればいいな！』いせフィルム、2002年、p.88

第5章　『夜明け前の子どもたち』の上映とその後のスタッフたち

『奈緒ちゃん』について、瀬川の書いた文章を引用しよう[65]。

12年前のこと。
　西村家の初詣、賽銭箱の奥。つまり神様のポジションにあえて私はカメラを据えた。なぜなら、奈緒ちゃんと家族の願いをまともに受けとめてあげようと思ったから…。
　母「お病気が治りますように…」
　父（奈緒ちゃんの手を合わせてあげながら）「…よろしくおねがいします」

12年後のこと。
　奈緒ちゃんは20歳、成人式のお参り。
　カメラはふたたび、神様の場所で、
　母「20年間、ありがとうって言おうね」
　奈緒（小さな声で）「…こんど、電話するからネ」

映画の奈緒ちゃんは20歳が終章。でも現実の奈緒ちゃんはこれからがたいへんです。奈緒ちゃんは、神様に電話したのだろうか…。私はまだきいていない。

『奈緒ちゃん』の完成直後、1995年10月、瀬川はこの世を去ることとなったが、奈緒ちゃんの撮影を共にしてきた監督の伊勢真一は、瀬川の足跡を追ったドキュメンタリー『ルーペ　カメラマン瀬川順一の眼』（1997年1月公開）を製作した[66]。その最後に、奈緒ちゃんの撮影の最後の場面で母親・西村信子へインタビューをする瀬川の姿を映している。瀬川の姿は、ともに仕事をしてきたフィルム編集者・伊勢長之助のことを、そして、その子どもだった西村信子と伊勢真一の幼かりし日のことを思いながら、そして、その娘の子どもとして育まれてきた奈緒ちゃんへの思いを静かに引き出そうとするものであった。

癌の告知をうけ、自らの死を間近に控えていた瀬川の脳裏にはさまざまなものが走馬燈のように映し出されたのであろう。瀬川の幼かりし日の体験、『夜明け前の子どもたち』で向き合った子どもたちの姿、そして、晩年の長い時間、奈緒ちゃんという愛おしい子どもと家族の思いが静かに重ねられて、瀬川の表情に刻み込まれている。

---

65) 奈緒ちゃん上映委員会『奈緒ちゃん　育み、育まれる家族のしあわせ』いせフィルム、1995年、p.49
66) 題名の「ルーペ」とはカメラマンが撮影中に覗くファインダーのことを指している。「をどらばをどれ」や瀬川氏の遺作となった『奈緒ちゃん』でコンビを組んだ伊勢真一監督が10年近くにわたって瀬川氏にカメラを向け、ドキュメンタリーについて、カメラマンについて語る氏の姿を収めた貴重な記録である。

4 秋浜悟史とあざみ・もみじ寮の寮生劇「ロビンフッドの冒険の冒険」

　音楽の三木稔と脚本の秋浜悟史は、『夜明け前の子どもたち』の製作前後の時期、ともに仕事をしている間柄だった。

　三木は、秋浜悟史の詩で、「葬いの歌」(1967)、「はばたきの歌」(1968) などを作曲していたが、同時に、ドキュメンタリー映画への音楽もつけていた。三木の障害に関連する映画音楽としては、東京都立小平養護学校の脳性マヒの子どもたちを描いた、杉原せつ監督『ともだち』(朝日テレビニュース社、1971年) が秀逸である[67]。この映画で、三木は、邦楽をアレンジして、肢体の不自由な子どもの姿を浮かび上がらせ、琴を使いながら、その緊張の様子を表現している。三木の音楽活動は、『愛のコリーダ』などが代表的な作品となるが、その後、音楽監督として現代邦楽をリードし、海外公演をプロデュースして日本の現代邦楽の国際化につとめていくようになる。

　東京で演劇の脚本を書いていた秋浜悟史は、第14回岸田國士戯曲賞受賞の後、脚本を書けなくなった時機が到来する。劇団三十人会を解散し、1973年には、秋浜は活動の拠点を関西に移していた。その秋浜を、再度、障害のある人たちの世界に引き戻したのは、大野松雄だった。あざみ寮創立25周年・もみじ寮創立10周年の記念に、寮内で行っていた寮生劇を大がかりに公演する計画がたてられた。相談を受けたのが大野だった。あざみ寮の寮長糸賀房の発案で、「ロビンフッド」をモチーフとした、寮生みんなが主人公になって演ずる劇とすることとなった。寮生のことを知っており、その上で、劇を編み、演出をしていく専門的な力量がなければならない――大野は瞬間的に「秋浜だ！」と判断した。

　大野は、『光の中に子供たちがいる』の3部作の上映に秋浜を誘い、その場で、あざみ寮・もみじ寮からのお願いということで、その寮生劇の脚本を依頼したのだった。台本は遅れに遅れ、職員をどぎまぎさせたが、ようやくできあがった。舞台稽古では、秋浜は、その鬱憤を職員にぶつけながら、寮生には最大級の賞賛をおくり、演出を行っていった。

　1979年3月、石部中学校の講堂を借りて開催された「ロビンフッドの冒険の冒険」はあたかも即興劇のように、しかし、主人公の寮生たちの確かな力が発揮されて、成功した。振り返って秋浜は書いている[68]。

　　記録映画作りに参加したのが縁になって。それからは子どもたちは私の如き怠け者を捨てようとしてくださらぬ。なにかのはずみで焼きついた情景を、それ

---

[67] 映画『ともだち』については、中村尚子「戦後肢体不自由教育における脳性マヒ問題―東京都立小平養護学校と映画『ともだち』(1971) ―」(『立正社会福祉研究』第17巻1・2号、2016年3月、pp.29-38)
[68] 秋浜悟史「天性の役者達」『テアトロ』1979年9月、社会福祉法人大木会『ロビンフッドたちの青春―ある知的障がい者施設・30年間の演劇実践記録』(中山書店、2009年、pp.8-13) 所収。

は多分単調ともとれるくりかえしの連続の中では記憶に値するフィルムなんだろう。彼女たちはたくわえつづける。そしてそれを再話する時のみごとさ、しつこさ、まことにおぼえられたものは忘れられないものなのだ。

　寮生たちの願いと「しつこさ」によって、秋浜は、2001年まで、おおよそ5年に1回開催されるこの「ロビンフッド劇」の脚本を書き、演出を行った。そのことによって、自らの演劇観をひろげ、そして、障害のある人たちとともに社会的実践活動を創造することとなった[69]。日常的な寮生劇では、寮生をからかいつつ、そのできばえを眺める姿があった。天性の楽天家であり役者である寮生たちによって、荒ぶる演出家としての心が癒やされ、秋浜の人生自体が逆に演出されていく姿だったのかもしれない。

5　未使用フィルムと大野松雄・梅田克己
―― 『びわこ学園療育記録』『びわこ学園1967』

　『夜明け前の子どもたち』のフィルムは、もともと、重症心身障害児の療育のあり方を検討し、その方向をつけるものとして活用されてきたし、さらに活用されることが期待されてきた。

　1967年7月の児童福祉法の一部改正では、重症心身障害児施設が規定されたが、重症心身障害児の概念を「重度の精神薄弱及び重度の肢体不自由が重複している児童」と限定し、いわゆる「動ける重症心身障害児」を対象から排除するものとなった。こうした動向に対して、びわこ学園での療育活動は、こうした状況を自覚した上で、それを批判・克服していくことを意図しつつ、発達保障理念の実践的検証を明確に意識し、それを社会に問う試みとなっていたのである[70]。糸賀一雄は、記録された映像についてのさらなる研究の呼びかけを残して世を去った。

　『夜明け前の子どもたち』においてもやめてゆく職員について描かれていたが、その後のびわこ学園は、1960年代末から70年代にかけて、腰痛の多発、職員の交代、人手不足の恒常化によって療育実践の継続・発展に困難がもたらされてきた[71]。その克服の先頭に立ってきたのが、岡崎英彦園長であった。ことあるごとに、社会に対して発信をしていった。その端的なものは、1971年4月から1年間、NHK教育テレビ『福祉の時間』で放映された「びわこ学園からの報告」

---

69) 秋浜の演劇論については、須川渡「『役者子ども』のもつ想像力―秋浜悟史『幼児たちの後の祭り』と『ロビンフッド劇』をめぐって」(『待兼山論叢　美学編』No.44、2010年12月、pp.29-54)参照。
70) 清水寛『『発達保障』理念の形成―糸賀一雄の福祉思想を中心に―』『発達保障思想の形成』(青木書店、1981年)参照。
71) 社会福祉法人びわこ学園『びわこ学園の50年「生きることが光になる」』2013年参照。

において、びわこ学園の取り組みと課題の訴えを行ったことである[72]。社会的な発信と地道な療育の取り組みは、職員数の増と安定によって、1970年代半ば、国連における障害者権利宣言、養護学校の設置と養護学校教育の義務制の実施、1981年国際障害者年へとつながるものとなっていった。

　1985年1月、岡崎英彦は、朝日社会福祉賞（重症心身障害児療育・障害児早期療育功労）を受賞し、これまでを振り返ることとなった。そのときに、岡崎から、懸案だった『夜明け前の子どもたち』の未使用フィルムの保存によって、びわこ学園の出発点と到達点の確認につなげることが提案された。1985年の9月には、京都大学に移っていた田中昌人と綜合社の大野松雄、びわこ学園の遠藤六郎の協力によって、『夜明け前の子どもたち』の未使用フィルムの確認と、そのビデオ保存に着手することとなった[73]。

　もともと、本格映画用の35ミリフィルムでつくられていた『夜明け前の子どもたち』であったが、汎用性に乏しいので、16ミリフィルム版がつくられ上映が続けられてきた。映画自体のビデオ版の製作によって、よりいっそう多くの人に見てもらうことが可能となった。未使用フィルムのビデオ版保存によって、糸賀が意図した、1967年4月から1968年3月までの、びわこ学園を中心とした、近江学園から生み出されていた多様な施設における取り組み、発達保障と共感の世界の諸局面を捉えることが可能となっていく。

　35ミリフィルムのクリーニングからはじまって、そしてフィルムの映写がなされ、ネガから撮影された切片がビデオとされていった。その過程で、田中昌人と大野松雄によって、未使用フィルムの一部が再構成され、3つの『びわこ学園療育記録』がつくられた。それぞれ、「ミツイ君の場合」「ナベちゃんの場合」「ウエダ君・ベッキ君の場合」のタイトルがつけられ、大野がインタビューし、田中が解説を加えるというものであった。製作の年月日はいまのところわかっていない。1987年6月、岡崎英彦はこの世を去ったが、1967年のびわこ学園の療育記録としてまとめられたこの『びわこ学園療育記録』をみることができただろうか。

　1980年代末の『夜明け前の子どもたち』未使用フィルムの吟味は、田中昌人の「講座　人間の発達」（『みんなのねがい』連載）に反映されることとなる。静かに、すべりこまされた『夜明け前の子どもたち』のエピソードと子どもたちの

---

[72] 1971年度月1回放映され、1年間続けられた。そのテーマは次の通りである。4月：びわこ学園の歴史と方向（その8年のあゆみとめざす方向）、5月：寝たきりの33人の子どもたち（ほとんど動けない子どもの療育の問題）、6月：マー坊が歩いた（歩き始めた子どもたちの問題）、7月：先生ここあけて（動き回る子供たちの問題）、8月：太陽と砂と水（湖水浴の場を通して）、9月：おむつ5000枚（サービス部門の問題）、10月：腰痛と戦う（腰痛問題の現状と対策）、11月：地域社会の中の施設（地域とのかかわり）、12月：ぼくも学校へ行きたい（教育権問題）、1月：おかあさんがやってきた（親・家族の問題）、2月：施設と医療（医療の問題）、3月：この子らを世の光に（子どもたちのねがい）

[73] 岡崎英彦「『夜明け前の子どもたち』の「余録」」（『びわこ学園だより』第30号、1985年9月『岡崎英彦著作集』医療図書出版、1990年、p.318）

第 5 章 『夜明け前の子どもたち』の上映とその後のスタッフたち

フィルムの編集をする梅田克己と解説を点検する田中昌人（撮影・田村俊樹）

発達の論究は秘めたる力がこもっていた[74]。『びわこ学園療育記録』と田中の論究は、これまであまり注目されることはなかった[75]。その後、2005 年秋、田中の死によって、ふたたび、『夜明け前の子どもたち』の探求の旅がはじまっていく。未使用フィルムのビデオ版から、デジタル化へとすすみ、そして、その再吟味の旅がはじまっている。

『夜明け前の子どもたち』の助監督梅田克己は、撮影がはじまった当時32歳だった。梅田は助監督として、びわこ学園の現場に最も密着して、子どもたちと職員の様子をうかがい、声を拾うことをした。だからこそ、仕事が終わったらびわこ学園の子どもと職員のもとを去らなければならない、そして、そのようになったという事実に最も心を痛めることになった。『夜明け前の子どもたち』が終わった後、あざみ寮の寮生や映画班のまかないを担当した元寮生との交流は若干あったものの、その後、海外番組製作のために交流は途絶えていた。

梅田は「私は今『夜明け前』のことを喋る資格があるだろうか」という―梅田を招請した柳沢監督のこと、職員の「どうせ帰るんでしょ」の声、子どもたちの見つめる瞳、そして完成直前の事件のこと、最終的に完成にこぎつけたときのことなど、心に去来するものが多すぎて葛藤をしていたのであろう。2015 年 4 月、梅田は、田村俊樹、大野松雄らとともに、第一びわこ学園、第二びわこ学園、あざみ寮、近江学園のそれぞれの跡地、そして、現在のびわこ学園医療福祉センター草津、びわこ学園医療福祉センター野洲、もみじ寮・あざみ寮などを訪問する。

74）田中昌人「講座　人間の発達」『みんなのねがい』No.196 － No.283、1985 年〜1990 年
75）田中は『夜明け前の子どもたち』と『光の中に子供たちがいる』3 部作をあわせて、「障害のある場合の教育方法に関する新たな解説書を準備中です」として、その構想を練っていたが実現されなかった（田中昌人『障害のある人びとと創る人間教育』大月書店、2003 年、p.88）

第 2 部 『夜明け前の子どもたち』の製作過程と映画スタッフたち

びわこ学園医療福祉センター草津の職員宿舎で膨大な 35 ミリフィルムに再会した。そのときのことを梅田は次のように書いた[76]。

　1967 年に療育記録映画「夜明け前の子どもたち」のスタッフとして参加した私は、約 1 年半、そこの子ども達と関わりを持つことになりました。学園に入った時の重っ苦しい雰囲気、饐えた臭い、そして子ども達への対応に大変戸惑い、苦慮しました。

　それから 48 年過ぎた今年 4 月末に、別の所に移転した二つの施設を訪ねました。
　広くて、明るい雰囲気、無臭、それに充実した設備の数々に変容していることに先ずは驚かされました。子どもであった子達が、子どもと呼べなくなったことに戸惑いも致しました。
　ただ、変わらないのは、多岐にわたる、重い障害を持った人たちに接する職員の人達の真摯な姿勢でした。何か、人間と人間の深い関わりのようなことが気負いなく、日常的に行われていることに深い感銘を受けました。
　今日のびわこ学園は、こうした人々の、50 数年に及ぶ、限りない行為、努力によって成し遂げられたものであることを、疑いのない事実として納得したのでした。

　「びわこ学園の 50 年」という本を広げてみると、社会福祉法人・大木会の斉藤昭理事長は、映画「夜明け前の子どもたち」を見ての感想として、「その頃と今日と医療技術を比べると隔世の感がありますが、どんな重い障害を持った子ども達にも生命を守り、一人ひとりの成長発達を大切にして行こう、という職員の真剣な取り組みが伝わってきて、当時も今もまったく変わらないなと感じられ、それが、びわこ学園の伝統であろう」と書いていました。
　私が往時と変わらないと感じたのは、多分、理事長の言葉と同じようなものだと思えてきたのでした。

　そうならば、もう一度、あの映画を見直そう。とりわけ、膨大に残っている未使用のフィルムを見てみよう、と思うに至りました。

　『夜明け前の子どもたち』が製作されて 50 年になろうとしている。製作委員会の委員と製作のスタッフの多くが鬼籍にはいり、その全容を知るものは多くはな

---

[76] 梅田克己「企画案」（療育記録映画「夜明け前の子どもたち」未使用フィルムにみる半世紀前の「びわこ学園」）2015 年 7 月

い。「あの映画を見直そう。とりわけ、膨大に残っている未使用のフィルムを見てみよう」という梅田の決意は、大野と田村俊樹の援助のもとに、2016年7月、『びわこ学園1967』として結実した。梅田と大野がつけた最後のエンドロールは次のようになっていた。

　「夜明け前の子どもたち」完成から49年、子どもたちに「夜明け」は訪れたのだろうか。
　今振り返ってみたとき、その現場に立ち会った一人として云えることは、それは「子どもたち」は懸命に生きていたこと、「おとなたち」は「未知の空間」を進もうとしていたこと、そうして「発達保障」への道を切りひらこうとしていたことを映画班の一人としての報告とします。

　療育記録映画「夜明け前の子どもたち」を、ぜひ一度ご覧下さい。
　そして、1967年から2016年までの「時間の流れを」お感じ下さい。

　映画『夜明け前の子どもたち』は、重症心身障害児療育の歴史のなかで初発の問題提起としてあり、発達保障の出発を告げるものであった。エンドマークをつけなかった映画班の気持ちは、その後にまで受け継がれていった。新たな映画づくり、未使用フィルムの吟味、そして、びわこ学園とそこでの子どもたちと関わった人たちすべての生き方の中で、さまざまな形でその波紋を広げ、そこに新たな価値を生み出すものとなったといえよう。

むすびにかえて
――『夜明け前の子どもたち』を受け継ぐもの

　『夜明け前の子どもたち』のスタッフたちは、草創期の重症心身障害児施設の現実の中で、障害の重い子どもたち、そして職員たちとともに生活し、手探りの療育の取り組みに関わるという希有な体験をした。子どもたちの声や表情、そして活動の中に「心の杖」「心の窓」を見いだし、そこから心の動き、悲しみ、喜びにふれることとなった。撮影は、びわこ学園にとどまらず、近江学園、あざみ寮、一麦寮などへも及び、スタッフは、そこでもおおくの子どもたちや大人たち

に言葉をかけ、からかったり、遊んだりしながら、交流の輪の広がりを期待しながら撮影を行った。そのことは、残された多くのフィルムが語っていたし、そればかりか、その後のスタッフたちの歩みの中に、思いとして、また、障害のある人たちと関わる姿として、刻み込まれてきた。

「わからないことが多すぎる」―映画『夜明け前の子どもたち』の導入場面でのナレーションである。どうしたらよいのかという戸惑いの中で、びわこ学園とそれを捉えようとしたスタッフたちは、重症心身障害の子どもたちの前に、稚拙であっても自らをさらけ出して関わっていった。そして、スタッフたちの中に何ものかが生まれ、そしてそれが新たなものを生み出す原動力となっていったのである。びわこ学園にとっても、スタッフにとっても、視聴者にとっても、「わからないこと」に決して解決がついたわけではないし、それは問い続けられなければならなかった。それが、エンドマークのない『夜明け前の子どもたち』の最も重要な意義であったのであろう。そのことを私たちは、このスタッフたちの歩みに重ねて、受け継がなければならない。非力をかえりみず、『夜明け前の子どもたち』について、製作過程とスタッフのその後について示してきたが、あらためて、『夜明け前の子どもたち』について、わたしの個人的なかかわりを語ることで、むすびにかえさせていただきたい。

わたしは、1981年から1988年3月まで京都大学大学院教育学研究科に籍をおき、教育指導講座の田中昌人先生のもとで児童問題史の研究を志した。当時、教育指導講座では、京都府障害児教育研究会と共同で、養護学校教育の義務制の実施を受けて、障害のある子どもたちの発達と教育に関する追跡調査を行っていた。歴史研究を志しつつ、「歴史の転換点を裏づける貴重な仕事」との田中先生からのおさそいがあり、障害と発達についての素人だったわたしは、その追跡調査に参加することとなった。

はじめての重症心身障害児病棟で、水頭症の子どもの姿に衝撃をうけた。ベッドがずらりと並び、その中の一つに布団をかぶって寝ていた子どもに教師が働きかける。大きな頭であごにひげが生えた子どもがちらっとこちらを向く、その姿に圧倒された。教育を机に座ってノートと鉛筆での学習としか考えていなかったわたしは、研究室にかえって、田中先生に、「あの子たちには教育というより医療が必要なのではないか」と感想をいった。そのとき、田中先生は、カッと目を見開いて、静かで短く、しかし毅然としたものいいで、「そのような医療も含む教育を私たちは追求してきたのです」と話してくれた。率直に言って、「わからなかった」。しかし、その眼光の強さに有無を言わさぬものがあった。それから、障害児教育の現場をまわることとなった。それがわたしの障害児教育とのかかわりの第一歩だった。

追跡調査をやっている間、田中先生は『子どもの発達と診断』（全5巻、1981年〜1988年）の仕事をされていた。わたしには、健常児の発達の姿を捉えようとしていたと見えた。そのような仕事の姿に、ある意味、障害のある子どもの発達はどうなのかと田中先生に伺う機会を逃してきた。障害児教育には初心者だったわたしは、現場の方たちに誰かれなく、この世界に入ったきっかけ、そのときの戸惑い、その後のさまざまな出会いについて聞いていた。養護学校や障害児学級の子どもたちとも仲良くなったことは大きな収穫だったが、あまり多くを学ばずに、障害児教育の教員養成に携わることとなってしまった。だから、『夜明け前の子どもたち』の映画とはじめて出会ったのはいつの時か記憶にない。

　『夜明け前の子どもたち』について自覚的になっていったのは、講義の際の教材としてだった。ビデオカセット版の『夜明け前の子どもたち』が流布したのはいつからだったのだろうか。1990年代に入ると、年に必ず1回か2回、講義で見せることとなった。『夜明け前の子どもたち』は、発達的にみると回転可逆操作の階層にある「ねたきり」のしもちゃん、連結可逆操作の階層にあるみついくん、そして次元可逆操作の階層へ移行の段階にある動きまわるなべちゃん、次元可逆操作の階層にあり、もつれをもつうえだくん・べっきくんの姿をとおして、重症心身障害児の発達と療育のあり方が検討されている[77]。この映画をみて、それぞれの発達的特徴について、そして療育や働きかけについて説明してきたが、映像の迫力をなぞるに過ぎず、発達と療育の深みにまで及ぶものではなかったと反省している。

　この映画『夜明け前の子どもたち』についても、「わからないことが多すぎる」と言わざるを得ない。それぞれのシーンや音響、音楽をみていくと、発達と療育活動の奥行きの深さと同様、汲みつくせない広さと深さがある。「進歩における極微の世界にはたくさん人手が必要なのである」と語るこの映画自体もまた、「進歩における極微の世界」に焦点を当てるための「大きな装置」なのである。映画の、カメラの、音響の、音楽の作り手たちが、その広さと深さを創りだしている。そのことを自覚しはじめたのは、2005年11月に田中先生がお亡くなりになって以後のことである。

　田中先生の映像関係の仕事の整理の要請を受け、大野松雄さんを紹介いただいたのがはじまりだった。大野さんは、『夜明け前の子どもたち』の音響を担当して以後、『光の中に子供たちがいる』『ロビンフッド劇』『ビデオ・発達診断の実際』『ビデオ・あそびの中にみる各年齢児』『ビデオ・あそびの中にみる子ど

---

77) 田中昌人「胎生期から青年になるまでの『発達の階層ー段階』と『新しい発達の原動力の生成』（通常の場合）および発達障害を含む『発達保障の階梯』との対応関係」において『夜明け前の子どもたち』の場合（下出口君、三井君、渡辺君、ハトAの仲間たち）を位置づけている（田中昌人『障害のある人びとと創る人間教育』大月書店、2003年、p.88）

もたち』などの音響や映像を担当してきた。大野さんが京都に来られたのが、1990年に入ってからだったので、大学ではお目にかかったことはなかった。大野さんには、戦後の文化運動のこと、映画やテレビ放送のこと、さらに電子音楽や音響のことなど、とてもたくさんのことを教えていただいた。そして、『夜明け前の子どもたち』が製作されていく過程やその後のことなどについても、導いていただいた。そのような中で、『夜明け前の子どもたち』『光の中に子供たちがいる』『保育元年』『あざみ寮もみじ寮　今日も元気です』などの未使用フィルムのデジタル化の作業もさせていただいた。

　あらためて『夜明け前の子どもたち』の製作過程とその後について整理するなかで、田中先生が、製作過程から晩年まで一貫して『夜明け前の子どもたち』に対する思いを強くもっていたことを実感することとなった。製作過程のラッシュ解説のメモには、子どもの発達に対する解説と実践に対する厳しいコメントが記されていた。音声の語りの中には、状況の正確な叙述と、しかし、実践者に対する目配りのきいた押さえたことばがあった。そして、『夜明け前の子どもたち』の完成後は、発達にかみあった療育の方法についての理論化をすすめ、さらに『子どもの発達と診断』の編集の渦中にあっても、岡崎園長の要請に応えて『夜明け前の子どもたち』未使用フィルムの吟味を行い、その成果を人間の発達全体の中に位置づける試みを静かにされていた。田中先生にとっては常に立ち戻る立脚点のひとつだったことを知った。

　『夜明け前の子どもたち』は、1967年のびわこ学園での重症心身障害児をふくめた障害のある人たちが主人公となっていく取り組みの萌芽を示した。そのための装置として、映画人・芸術家たちが、重い障害のある人たちと正面から向きあい、次の歴史の幕を上げようと努力した異色で未完のドキュメンタリー映画でもあった。その取り組みは、すべての人の基本的人権獲得へつらなる重大な取り組みであり、重症心身障害児の発達を保障する科学として、文化として、生活の中に普遍的な共有財産としていく営みでもあった。そこで示された営為は、その後も全国各地で求められ、受けとめられ、そして続けられ、発展させられることとなった。本稿は、その努力の出発点を素描したにすぎない。『夜明け前の子どもたち』が作成されて半世紀が過ぎることとなる。この半世紀の中で、しもちゃん、みついくん、わたなべくん、うえだくん・べっきくん、ハトAの仲間たち、びわこ学園のすべての子どもたちがどのように育ち、療育が発展していったのか、全国各地で子どもたちの発達がどのように保障されていったのか、スタッフたちのその後と重ねながら、検証が求められる。人権と発達の保障のあらたな到達に向けて、障害の重い子どもたちを中心においた、人間発達の取り組みを奏でる協奏曲が、そしてそれらを束ねた壮大な交響曲が書かれる必要がある―

――その課題を胸に刻むことで、『夜明け前の子どもたち』の試みを受け継ぐことを誓いあうものとしたい。

　本稿で使用した写真は、『夜明け前の子どもたち』のスチール担当の田村俊樹が中心となって当時撮影されたものものであり、人間発達研究所「故田中昌人・杉恵氏の発達研究・発達保障論関係業績・資料保存プロジェクト」によって保存され、デジタル化されたものを使用させていただいた。

　謝辞
　本稿の執筆にあたっては、『夜明け前の子どもたち』の製作スタッフであった、大野松雄さん、田村俊樹さん、梅田克己さんにはいくどにもわたる聞き取りなどで非常にお世話になった。また、社会福祉法人びわこ学園の山崎正策理事長をはじめとするびわこ学園のみなさま、斉藤昭大木会前理事長、三浦了先生、石原滋野先生など、社会福祉法人大木会およびもみじ・あざみ寮の関係者のみなさま、寮生さんたちのご協力に感謝申し上げたい。
　この研究には、2012年度放送文化基金助成「戦後障害児保育・教育における実践記録映像のアーカイブ化に関する研究」（代表　玉村公二彦）、2014年度放送文化基金助成「福祉社会形成期における肢体不自由教育映像の研究」（代表　玉村公二彦）。人間発達研究所「故田中昌人・杉恵両氏の発達研究・発達保障論関係業績・資料保存プロジェクト」、日本学術振興会平成28年度科学研究費助成事業（基盤研究（B））「戦後における重度重複障害児教育実践の創成に関する歴史研究とアーカイブ化」（代表　越野和之）による援助を受けた。

コラム

『夜明け前の子どもたち』を何度も味わい直す

木下孝司

味わい方の個人的変遷

1981年以来、学生時代はサークル活動で、1990年以降は大学の授業で毎年『夜明け前の子どもたち』を見ている。よく言われることだが、見るたびに（私の場合、正確には5、6年ごとに）新しい発見があり、自身の見る視点の変化を感じることがある。

発達を学び始めた1980年代、子どもの具体的な姿をイメージするのにこの映画は原点となった。1980年12月から翌年1月、まったく予備知識がないまま第二びわこ学園でアルバイトをさせていただく機会があり、その後にこの映画や発達保障の取り組みを知った。映像には、私が出会った園生の方々や、見覚えのある建物が登場していた。それもあって、よりリアリティをもって、子どもたちの姿をイメージすることができた。

1990年代、大学で授業を担当する立場になって、教職科目において「発達とは何か」を考える際に、『夜明け前の子どもたち』を使い始めた。たとえば、しもちゃんの箇所では、「仰向きで寝かされている子どもだ。うつぶせでも寝ることができるのではないか。」の意味に触れ、子ども理解における視点の転換について考えた。また、「しもちゃんが笑った。…笑顔とみるのは、もしかすると間違いかもしれない。だが先生たちに笑顔は確かに蓄えられた。私たちにはそれがすばらしかった。」というところでは、価値概念としての発達について述べ、障害児者のlife（生命、生活、人生）がないがしろにされた歴史的事実を紹介するようにしている。

1990年代から2000年代にかけて、この映画は、発達概念や発達保障の変遷を学生に知ってもらうための貴重な歴史的資料として、私の中では位置づけられていた。それは、この映画の時代である1960年代を知らない人たちが学生となってきて、その時代精神を共有できなくなってきたことに起因している。また、先人たちの努力の成果として、障害児が教育を受けて発達することは、若い学生にとって「当たり前」のことになってきていた。だからこそ、歴史的事実を振り返り、先人たちの願いや努力に思いを馳せて、未来を語る足場を確かなものとしたいと考えたのである。

あらためて発達理解の方法を学ぶ素材として

ここ5年ほど、『夜明け前の子どもたち』を、発達理解の方法を学ぶためにも活用している。実践者の思いや悩みを織り交ぜながら、子どもの日常的な事実が丹念に描かれている

映像は、他にない貴重なものだからである。
　まず、本編全体を視聴して、上述の歴史的な背景と発達観に触れる。その後で、なべちゃんが登場するシーンをピックアップして編集した３つのビデオクリップを利用し、次のような演習を進めている。

+ 各映像を２回以上見て、「気がかりな行動」（なべちゃんの場合、注意や行動の切れやすさ）が見られる場面と見られない場面を記録する。
（2）グループごとに記録した事実を集約して、「気がかりな行動」が起こる場面と起こらない場面に分けて、シャープな問いを立てるための討議を行う（「なべちゃんは、なぜ飛び出すのか？」という問いを、「なべちゃんは、〜のときには飛び出すのに、…のときには飛び出さないのはどうしてか？」とより限定的なものにしていく）。

　以上の作業は、子どもの事実・実態を明らかにしていくことで、ある行動が出現するメカニズムに関する問いをシャープにするという認識様式が、発達診断と教育実践に共通していること（木下、2013）を実際に理解してもらうことをねらっている。

（3）得られた事実に基づいて、問いに対する仮説を検討していく。
（4）１歳半の質的転換期に関する発達研究の成果を学び（目的を表象する能力、「〜ではなく…だ」と調整する力）、そこで提案されている仮説的構成概念を活用して（3）の仮説を整合的に説明

紐をほどかれて職員の方を振り向いた後猛然とダッシュするなべちゃん（『夜明け前の子どもたち』より）

可能であるかについて検討する。
（5）再度、ビデオ映像を視聴して、①仮説ないしは仮説的構成概念を意識して、新たに発見した事実があるか、②それらの仮説では了解できない事象があるかを確かめる。

　（5）は受講者に発見的に学習してもらうのが大切だが、時間の都合で、こちらが解説してしまうこともある。事実を丹念に見ていくことの重要性、ならびに記述された現象の背後にあるものを見て取る仮説的構成概念の有効性を実感するには、それだけの時間と労力を要するものである。それでも、そのたいへんなプロセスを私たちが追体験できるのは、『夜明け前の子どもたち』が、実践者のまなざしをくぐった実践的事実をリアルに記録したものであるからだろう。
　　　　（神戸大学大学院人間発達環境学研究科教授）

［引用文献］
木下孝司　2013　発達保障における発達診断の方法の検討　障害者問題研究、41、pp.10-17

コラム

『夜明け前の子どもたち』が語るもの
教養教育科目での活用

西垣順子

「教育と発達の心理学」という教養教育科目を担当している。受講生数は40-200名と幅がある。多くは1年生で、2年生も2割程度いることが多い。3年生以上は稀である。教員免許状の取得をめざしている者や、医療・福祉関連の進路を選ぶ者が一定数いる（多いときは半数を超える）が、発達心理学を専門に学んでいる学生はいない。

授業の到達目標を「発達することと発達を保障していく（守っていく）こと」について、自分自身が「守る人でもあり守られる人でもある」という立場から考えるというところにおいている。また発達の障害について考える際には、「誰もが障害をもつ子どもの親になる可能性がある」ことを、機会を捉えて指摘している。教育や福祉のあり方についてさまざまな意見があるとしても、「みなさんの中の多くが将来に子どもを授かると思うが、どんな子どもが生まれてくるかはわからない。もし障害があったとしても『大丈夫』とみんなが思える社会であってほしい」というのが、筆者の素朴な願いであると伝えることにしている。

2012年からこの授業の中で『夜明け前の子どもたち』を視聴する時間を設けている。最初のきっかけは「授業時間が余ったので見せてみた」という程度のものだった。すると学生からの反応（各授業終了時に書くミニッツペーパー）が一気に活気づき、学期末のアンケートでも『夜明け前の子どもたち』が印象に残っていると記述する学生が多くいた。以来毎年、授業の中で視聴時間を設けている。

教師にとって『夜明け前の子どもたち』を視聴させることには次のような利点がある。

第1の大変大きな利点は、子どもたち個々人が発達していく様子を具体的に映し出していることである。この映画は子どもたちの日常を記録した映画で、子どもたちが何かをめざして達成するようなイベントが設定されているわけでもない。シモちゃんやナベちゃんが、日々を送る中で見せていく「発達変化」が収録されている。受講生の中には「障害のある人も発達するのだとわかった」という感想を書く者が毎年少なからずいる。また、授業が展開していく中で、それぞれの発達の階層と段階の特徴等を説明することがあるが、映画の視聴後にナベちゃんたちの様子に言及しな

から説明すると、格段に説明しやすさが増す。

第2の利点は、「集団の発展の系」や「社会の進歩の系」についても示していることである。1年間の記録映画ということもあり、「シモちゃんが笑った」に匹敵するような集団の発展や社会の進歩の具体的な姿が描かれているとは言い難い。しかし、教職員が次々と辞めていくという現状を抱えながらも療育のあり方について真剣に議論する姿や、社会に向けて発信し、働きかけていく様子が描かれている。

「可逆操作の高次化における階層―段階理論」では、階層間移行が不可逆性をもって成立する上で重要なことは、交通（交流）・新しい交流の手段の獲得である。ミツイくんやナベちゃんの彼らなりの外界への働きかけを、教職員が試行錯誤しながら捉えて働きかけ返している。交流が創られていく様子がわかる。同様に、教職員同士の相互の働きかけあいがある。びわこ学園から社会に向かっての働きかけや社会からの応答がある。

他方で学生の側から見ると、「夜明け前の子どもたち」は昔に製作された映画であり、理解しにくい映画でもある。「療育」という言葉を知っている物知りな学生であっても、映画の冒頭の「医療の療と教育の育はお互いに結びつかなければならない」という台詞の歴史的な意味までは知らない。本授業では、丸山啓史・河合隆平・品川文雄（著）『発達保障って何？』（全障研出版部）というブックレットを学生に読ませるなどして、この映画がつくられる

療育会議（『夜明け前の子どもたち』より）

に至った経緯と、すべての人の発達する権利を保障していこうという運動においてこの映画が果たしてきた役割について、一通りの知識をもって視聴できるようにしている。

学生に誤解をさせないために教師が特に気をつけるべきことは、この映画を「献身と辛抱の美談」と解釈させないことだと考えている。日本の社会においては今も、医療や福祉、教育をテーマにしたテレビ番組等では「職員の献身と辛抱の美談」が少なくないため、よほど気をつけていても、そういう美談としてこの映画を読み取る学生は少なくない。「夜明け前の子どもたち」の中にも、そういう要素が全くないわけではないが、大事なことは「子どもが発達するか、職員が倒れるか」というあり方を乗り越えて、社会全体を変えていこうと関係者が立ち上がっていったというところにある。それがあって初めて、集団の発展や社会の進歩があり、そして、個人の発達が真の意味で守られていくことになる。なおこの点について解説する際には、人間発達研究所通信28（1）に掲載されている平田棟治さんのインタビューも活用している。

（大阪市立大学大学教育研究センター准教授）

第3部

あらためて『夜明け前の子どもたち』の発達の世界に迫る

中村 隆一
Ryuici Nakamura

第3部　あらためて『夜明け前の子どもたち』の発達の世界に迫る

第1章　「心の発見」から目をそらせることなく……

1　『夜明け前の子どもたち』とは一体どんな映画だったのだろうか？

　映画『夜明け前の子どもたち』のパンフレットには、「療育記録映画」と銘打たれており、実際この映画は1967年の春から1968年年明けまで撮影班が第一びわこ学園・第二びわこ学園を訪れ制作されたドキュメンタリー映画である。

　したがって、当然のことながら半世紀前のびわこ学園の職員と園生の日常が記録されている。だからこの映画は、重症心身障害児施設が児童福祉法上に盛り込まれた直後の重症心身障害児施設の記録である。同時に、第二に、その記録の射程は福祉施設職員の職場づくりの取り組みにもひろがっていた。本書第1部で触れられているが、この時期の障害児施設は、非常に複雑な状況に直面していた。そのなかで、障害児施設に働く職員が職場のさまざまな問題を解決しようとする動きが起きていた。この映画には、そうした職員の職場づくりの姿も記録されている。映画撮影時期には、まだ労働組合は非公然で、労働組合の結成の動きなどはナレーションの端々から伝わってくるだけだが、岡崎英彦園長との話し合いの場面や、病棟の様子をタイムサンプリング的に撮影した場面からも職場のかかえる問題の深刻さがうかがわれる。

　そして、第三に、職員と園生の生活・療育実践が記録されている。しかし、『夜明け前の子どもたち』における療育の記録は、さらに二つの内容を含んでいるように思う。一つは職員の療育実践と園生の姿の記録である。これは、「療育記録映画」という場合の一般的な中身だといえるが、今一つ、通常の療育の記録とは異なる内容がある。それが、野洲川の「石運び学習」についての部分で。映画全体の中では、そのシーンが映画開始後40分頃から1時間18分頃までの約40分、映画全体の三分の一を占めている。

　第1部でも述べられているように、びわこ学園は、1963年に近江学園の中から、重症心身障害児の医療と福祉と教育を結合した療育の新しい拠点となることをめざして開設された。1961年には、1950年代後半から逆流のように強まった障害のある子どもへの権利侵害のなかで、近江学園の現場では「発達保障」ということばで、それに立ち向かおうとする動きが始まっている。また、近江学園研究部では田中昌人などを中心とする発達研究もあらたな深まりをみせ、1964年から65年にかけては発達研究の対象が何であるかを規定した「可逆操作」やその「可逆操作」の発達的な位置をしめす「次元」などという概念をもちいて発達

研究のあらたな展開をめざす努力が本格化していたのである。

　この時期、発達研究と発達保障について、田中昌人は次のように整理をしている。

　「一つには教育活動を通して指摘されていた心的特性がかわっていくためのかかわりかたの中にしめされる法則性と条件を発展的かつ力動的にみて、えられた成果を体系づけていく領域、一つにはそのようにしてえられてきた成果を現場に適用するさいに、技術を生かす方法の技術化を体系づけていく領域である。前者を発達心理学、後者を発達保障の学的体系としてとりあつかってみたい」（1963年度の京都府立大学で非常勤講師をしていた授業科目「発達論」の講義ノート）。実践の中で把握される発達の法則性の認識とその理論化の努力を発達心理学が、そして、そこでの知見を現場に生かす場合の方法の体系化を「発達保障の学的体系」とし、この両者が一体不可分であると考えていたのである。

　しかし、この時期に開設された重症心身障害児施設びわこ学園は、田中昌人にとっても「わからないことが多過ぎる」（『夜明け前の子どもたち』シーン3でのナレーション）といわざるをえないような、つまり解明すべき課題の山積した現場であった。実際、その「わからなさ」は、容易に決められるものではなく、映画完成後20年以上を経て田中昌人が『夜明け前の子どもたち』の再分析をこころみた文章でも「生後第二の新しい発達の原動力が誕生しているが、まだ解明されていない問題をもっているために」（傍点引用者）[1]と述べているような深さをもった難問であり続けていた。

　さて、この映画の中では、なべちゃんが紐で縛られている姿は、もっとも衝撃的な場面の一つである。もちろん、紐で縛ること自体、許されるべき問題ではないのは明らかだが、同時に、紐をほどくだけでは問題が解決をしないこともまた事実であり、そこに「発達心理学」と「発達保障の学的体系化」の課題が交錯していた。

　映画の中で、当時第一びわこ学園の指導主任だった森敏樹は、その問題を「石運び学習」での姿とかかわらせながら、次のように述べている。

　「やっぱり園外活動なんかで、石をひろってポトンポトンと容器に入れることはできる。しかしある程度入れ終わったところで、その容器を持って運びだすにはやっぱりその子自身にとってみれば、なかなかこう、――なんていうんですか――、発動機がかからんという場合があるんです。

　そこで職員がちょっと手をそえてやるとか、"サァ運ぼうか"と声をかけてやるとか、そうすると持ちあげることができる。それから容器を持って、運んでい

---

1) 田中昌人：連載「講座　人間の発達」『みんなのねがい』No.250、1989年、p.67

る途中で職員が前に立って笛を吹いたり、手をたたいたりしなければ途中で缶をポトンと落としてサッサと違うところへ逃げてしまう、と。

　しかしそこで職員が声をかけて、またあらためて持ちなおすとか、ひろいなおすとか、そしてまた運び始める。そうゆう職員と子どもとのかかわりがあって、子どもが逃げない訳ですよね。

　ヒモで縛る場合には職員がそうゆうかかわりを、もう、放棄してしもうとる訳ですよね。

　そうゆう意味で、それはいろいろな条件があります。そうゆう中で縛らざるを得ない条件もありますけれども、そうゆう中で、できるだけ縛ることにかわる、ヒモにかわる何かが見いだせんか、これが絶えざる悩みですよね」（本書巻末資料編シーン27・以下シーン番号は同様）

　田中昌人は、「そのかかわり合って行くということ、それが自分の方から自発的に発動機が動いて行くように、そのためにぼくたちはどんな風な工夫ができるだろうか」と森敏樹の発言をうけとめる。森敏樹は、1950年代から近江学園で指導員として仕事をしてきたベテランで、いわば直感的に"支援のツボ"を見抜いて園生にかかわることのできる職員だった（第1部参照）。

　問題は、どの職員でも、森のように、それを見抜いてかかわりあいを展開できることが可能か、ということだった。びわこ学園の開設にともなって多くの新しい職員が採用され、しかも離職率も高いなかで、森のような技術と方法をもった職員で実践を展開することは望むべくもない。発達心理学も発達保障の学的体系化もまだ不充分な中で、いわば「見切り発車」のように開設したびわこ学園の現状を、中から変えていく実践的要請として制作されたのが『夜明け前の子どもたち』であった。

　後になってこのやりとりについて田中昌人は、「（子どもの発動機が）動いていくために必要なかかわりあいの工夫の中で、子どもの心について発見をしていくことから指導者の心を閉ざしてはいけない」（傍点引用者）ということなのだ、とまとめている[2]。

2　現場で「心についての発見」がなぜ欠かせなかったか？

　ではなぜ、「心についての発見」が療育の現場で必要だったのだろうか。

　『夜明け前の子どもたち』で、とりあげられている当時の第一びわこ学園・第二びわこ学園には、それぞれ2つの「病棟」、すなわち第一びわこ学園には南病

---

2) 田中昌人：連載「講座　人間の発達」『みんなのねがい』No.255、1990年、p.89

棟と北病棟、第二びわこ学園には、西病棟と東病棟があった。第一びわこ学園の南病棟には、映画の中で「寝たきり」の「重症心身障害児」と言われていた子どもたち、北病棟には、「精神医学的な問題」があると言われた子どもたちがいた。他方、第二びわこ学園には、「寝たきり」ではないが歩けない子どもたちの多い西病棟、東病棟には「動きまわる重度児」と言われる子どもや脳性まひが主体の子どもたちがいた。

「療育」の新しい拠点として開設されながら、その「療育」の技術や方法が確立したとはいいがたい状況の中で、とくにことばのない子どもたちを前にして、子どもたちとの関係そのものについて大きなとまどいがあった。『夜明け前の子どもたち』の冒頭で、映画班は子どもたちとの間で存在しているはずの関係が見えない戸惑いを次のように述べている。

　第一びわこ学園
　「光を感じているが、見えてはいない。音を感じているようだが、聞えない。口は、——口はただたべものを流しこまれるためにだけあるようで、そうして十年間をねたきりで暮らしてきた。
　重症心身障害児と呼ばれている。
　歩むことのできる子どもたちがいる。動きまわる重症心身障害児と呼ばれている。今、音楽にのって歩を刻んでいる。そのはずだ。
　そのはずだ、というのは、子どもたちの心のうずきを、体のひずみをうかがい知るのが非常にむずかしいから——」（シーン３）

また、
　第二びわこ学園
　「なべちゃん——。耳がきこえない。ヒモをほどいたらどこへ行くかわからないという。事故があったらたいへんだ。命を守る必要悪として、縛られている。
　子どもをヒモで縛ることが要するに気にくわなかった。
　なぜ？　どうして？　とだれかれかまわず私たちは質問してまわった。
　先生たちの願いも、私たちと全く同じだった。保母や看護婦の先生たちもどうしたらよいか、と訴えていた。なべちゃんだけにかまっていられないことをなげき苦しんでいた」（シーン７）

　子どもと関係をむすぶことは、実践の第一歩であるが、その関係を成立させにくい。このような状況の中で、療育実践があった。実践——ここでは療育だが保育や教育なども含めて——ひろく人を援助する実践は、実践者によって目的意

識的、計画的にとりくまれる営みである。同時にその実践には、実践が働きかけている人、びわこ学園で生活している子どもたち、すなわち発達の主体として存在して構成されている。したがって、実践者は自らの責任において発達主体である子どもに目的意識的に向きあうことになる。

そのため実践と発達は次のような構造をもつ。すなわち実践には、実践のめあて（目的）が必ず存在するし、だからこそ実践をふりかえる場合にもまず、そのめあてが重要な基準になる。しかし、それは発達の主体の状態と一致しているわけではない[3]。ある意味それが最初から一致していれば、実践も必要ないとさえいえる。したがって、実践には、実践者のめあてと生活主体の心の状態など内的な条件とのあいだにはずれがあり、時には実践者と生活主体との間に緊張関係すら生じるのである。

だから、「寝たきりの状態が変わらない」「強いこだわりがある」「多動で目が離せない」というような実践者の困り事は、そのずれの表明でもある。そして、一歩視点を生活主体に置くと、実践上の課題として意識される。それが意識されないと、生活主体である子どもの「心」、子どもの求めや願いがみえないから、例えば「多動で目が離せない」という困り事としてのみ意識化されてしまう。その結果ひもで縛ることが生じるのではないか。それをどう乗り越えていくかが問われていた。

先に紹介した森敏樹の発言の中の「発動機」ということばは、こうした実践者と生活主体の実践的な関係のあり方を問うものであり、それが「心の発見」（正確に言えば「心の動きの発見」）の課題だった[4]。

3 「石運び学習」という場面の構造
(1)「石運び学習」場面とはなんだったのか？

このような「心の発見」には、「発見すべきもの」が明確に意識され、それに必要な方法についても一定の吟味がいる。

心理学では一般的な研究方法として、実験や観察が用いられる。後者の観察の中にも、観察者が対象に関与しない自然観察法、観察者が関与する参与観察法、あるいは一定の条件を統制して、そこでの反応を観察する実験観察法があるといわれている。それにならえば、一般的な記録映画の手法は、自然観察法という

---

3) 中村隆一『発達の旅——人生最初の10年 旅支度編』クリエイツかもがわ 2013年 p.115
4)「発動機」「心の発見」「発達の原動力」は、教育学において「発達」を念頭において議論するときに、欠かせない視点を提示している。
　ソビエト時代、1960年代から1970年代にかけてレオンティエフたちの内化理論を援用して極端な詰め込み教育が試行された時期がある。こうした動きに対して、ルビンシュティンは、教育の作用の一般的な意義は認めつつ、実際には内的条件を介したものである、と批判を加えた。同様にたとえば中内敏夫は、教育との関係で発達を論じる際に、「教育の内発的性格」を指摘している（中内敏夫『教育学第一歩』岩波書店　1988年）が、そうした議論を教育学として自覚的にうけとめようとしたものであるといえる。

ことになる。

ところが、『夜明け前の子どもたち』では、野洲川での「石運び学習」(シーン21)の場面で、アナウンサーによるナレーションから、田中昌人の「解説」に交代し、場面によっては映画班のスタッフも園生に積極的に関わる展開となって、映画の組み立てが自然観察法から参与観察法あるいは実験観察法に切り替わっていく。したがって、この映画をみている私たちにとってはナレーションのように聞こえるが、実際には田中昌人による観察結果の分析・検討内容の報告を聞いていることになる。

(2) 観察のねらいは？

この「石運び学習」の場面は、先にも述べたように、「参与観察法」あるいは「実験観察法」で構成されていて、その観察にあたって当然、明確な観察意図や分析方法が存在している。

「このままではやりきれない。子どももおとなもがんじがらめだ。味方のつもりが敵になりかねない。第一狭すぎるのだ。
もっと心と体を解き放とう。この身動きのとれない状態を抜け出す手がかりとして、療育の場を学園の外へひろげてみよう。それを新しい友だちを得て行く中でやっていこう。
園外療育活動(野洲川での「石運び学習」のとりくみ:引用者注)を共同でしようという呼びかけが、北病棟から東病棟に向かってなされた」(シーン19)。

「石運び学習」は、こうした新しい試みという側面とともに、「心の発見」にむけた心理学でいう「参与観察法」「実験観察法」の方法が踏まえられていた。そこには、『夜明け前の子どもたち』以前の近江学園での映像作品を用いた経験から引き継いだ問題意識、さらには「進歩における極微の世界」の探究という方法論、などが背景にあった。以下では、場面構成における「目標」から「目的」にという転換、その転換過程における他者との関係のもつ意味、「極微の世界」の探究の試み、という3点に注目してその概略をみておきたい。

(3) 『一次元の子どもたち』から『夜明け前の子どもたち』へ:目標から目的に

本書第2部でも紹介されているように『夜明け前の子どもたち』の監督であった柳沢寿男は、『夜明け前の子どもたち』の撮影2年前に東京12チャンネルの科学ドキュメンタリー番組『未知への挑戦』シリーズの一環として、近江学園を取材し、1985年4月に放映された40分の『一次元の子どもたち』という番組を

制作している。

　この番組では、「一次元の子どもたち」、すなわち発達的にみた場合の"1歳半の節目"を軸に、それ以前の子どもたちから、そこをこえて新しい発達的世界に向かっている子どもたちまでをとりあげている。発達を記述するための基本概念である「一次元可逆操作」なども田中昌人によって、このテレビ番組の制作過程と並行して発想され提起された。発達的に言えば、重症心身障害児施設びわこ学園は、こうした「一次元の子どもたち」への独自の取り組みを展開する新しい拠点となる施設として開設されたわけである。

　テレビ番組『一次元の子どもたち』の中で、まだ一次元可逆操作を獲得していないきよしくんの姿が紹介をされている。

　朝、きよしくんは、職員から洗顔を促されて洗面器を渡されると、いったん歩き始めはするが、廊下に出る前にまず部屋をぐるりと一周する。ところが、部屋から廊下に出ようとするところで、再び立ち止まってしまう。その後、廊下を歩き始めるが、途中で見聞きするものに気を取られて、なかなか洗面所にたどり着けない。

　あるいは、お茶当番の場面。職員と一緒にヤカンを持って給食室までお茶をもらいに部屋を出る。しかし、歩き始めるとすぐに廊下にあったシーソーを見つけ、職員といっしょに持っていたヤカンから手を離し、一人シーソーで揺れを楽しみ始める。そうして遊んでいるところに、お茶の入ったヤカンをもった職員が戻ってきて、きよしくんにお茶が入って重くなったヤカンを手渡す。そのヤカンをうけとったきよしくんは、再びシーソーの方に行きかけるが、ふっと我に返ったかのように向きを部屋の方に変えて歩き始める

　こうした不思議なきよしくんの行動に、一次元可逆操作をまだ確実に獲得していない状況の中で生じる特徴をみることができる。きよしくんは、一連の行動において「目的」と「手段」を分化させることが難しい。きよしくんにとって、「歩く」という行動は、なにかの目的にむかう手段としての行動としてではなく、「そこに○○（たとえばシーソー）があるから」行くというような目標定位が基本になっている。

　そうした中で、きよしくんは、本来は目的に対する手段を構成するはずの手にした物を意識すると、戸惑いをみせる。たとえば洗面器を渡された時、あるいは部屋から廊下に出る時、さらにはお茶の入ったヤカンを渡された時、行動がふっと滞る。

　この滞りに、目標定位の行動から目的に自らが切り替える契機がひそんでいる。まだ目的をきちんと意識することはできないが、しかしそれはすでに目的に対して閉ざされた世界でもなく、むしろ目的をつかみなおそうとしているかのよ

うにすら見える。実際、お茶の入ったヤカンを手にすると、本来の目的に立ち返ることができる。

こんな発見をもって、びわこ学園のまだことばをもたない「一次元」の子どもたちの生活をみた場合、生活の基本が病棟内の中であるという制約にぶつかる。病棟によっては、日中プレールームで過ごすのだから、決定的に空間が狭いわけではない。しかしそこでは、空間を、「目的」とそこに向かう移動（これは「手段」）で分節化し再構成できるような過ごし方は、なかなかできない。びわこ学園の園生たちの多くももきよしくんと同じ「一次元」の世界にある子どもたちだとすれば、生活の中に「目的」と「手段」の分節化が必要でないのか。そして、目的がある場面で行動がどう変化するのだろうか、これが「石運び学習」場面設定の検証すべき課題の一つだったといえるだろう。

(4) 関係の意味・関係を形成する力

しかし、「目的」を組み込むことのできる大きな空間構成を実現し、その空間の中で「石を運ぶ」という活動を用意し参加させたからといって、「一次元」の世界にいる園生たちの内面に自動的に「目的」が登場してくるほど、事は単純ではない。むしろ、実践者が実践をそのように構成しようとすると、場合によっては子どもたちの内面を無視した「強制」になりかねない。それこそ、実践者が子どもの「味方のつもりが敵になってしまう」。そこで、映画の中で森敏樹が語っているように、「発動機を自分でかける」条件（つまり、行動の内発性）を探るということが次の重要なテーマになる。

すでに、近江学園では、発達に着目をした集団編成も試みていた。発達に注目するとはいっても、単純に発達的に均質な一つの集団の編成のなかだけで実践を展開しようとしていたわけでなく、生活・学習・生産という性格の異なった3つの集団を保障する中でその課題に迫ろうとしていた。こうした中で、時にはお互いにさまざまな違いのある園生同士の関係の中で、「発動機がかかる」ことにも注目をしていた。きよしくんと職員の関係が、お茶の入ったヤカンの重みでかわったのと同じように、関係の変化が注目される。それは「石運び学習」も回を重ねるごとに、「関係」に着目した分析が多くなることでもうかがわれる。「友だち関係を運ぶ」（シーン32）などの表現は、そうした発見の産物だといえるだろう。

発達的に似た子ども同士の関係は、職員にとって行動の予測もつきやすく、環境の構成の配慮も単純化できると思える面があるかもしれない。しかし、「目標」はつかめるが、まだ「目的」はつかめないという子ども同士の関係の中から「目的」がすぐに生じるわけではない。そこで、異なる発達の時期にある園生同士の関係

づくりを積極的に試みる。たとえば、なべちゃんとはべっきくん、あるいはいくまくんのペアが試みられる。実際のところ、こうした場面の映像では、そうした試みが石運びへとなべちゃんの「発動機」をしっかりとかけたようにはみえないのだが、この野洲川での「石運び学習」のあと、園内でプールをつくるために同じような取り組みが展開されたとき、なべちゃんも含め多くの園生が実に生きいきと、プールづくりに参加をしている姿をみることができる。いわば一対一の子ども同士の関係だけではなく、「集団」のもつ力動性への着目という形で、この「石運び学習」の試みが本来の意味での実践に発展していったともいえる。

　もともと、この「石運び学習」には、日常的に関係をもっていない園生同士が参加をしている。その意味で、上で述べたような一対一の関係そのものが、すぐに成立してそこで相互に作用しあうものではないことは、おそらく当初から予想されていたのだろうが、関係を形成する力という点では新しい発見もあった。先に述べたように「石運び学習」の場面で石運び自身は、あまりうまく引き出せなかったなべちゃんだが、「石を運ばない石運び学習」というナレーションもあるように、なべちゃんも石運びの道行きには参加している。また、病棟では乱暴な行動が問題になっていたべっきくんも、実に細やかになべちゃんの行動を見届け、なべちゃんの動きを待つなどの姿もみられた。それは、病棟でひとりぼっちで黙々とガラスに文字を書きなぐっていたいくまくんにもあてはまる。

　障害の影響で関係がもちにくいと言われる子どもたちも、全く初対面の他の園生と関係を結ぼうとする様子がみられることに驚かされる。

　これは、「石運び学習」を通して見えてきた関係の意味の深まりといえる。

(5) 「極微の世界」の探究の試み

　『夜明け前の子どもたち』は、もともと『進歩における極微の世界』というタイトルで企画をされていた。

　この「極微」という表現に込められた意味の一つは、文字通り「きわめて小さい」変化、発達的にみると長期間停滞傾向を示している重度障害児の発達の世界、という意味もあるのだろう。しかし、それは当時主流であった「停滞」「停止」という見方とは一線を画している。そして、そこに発達に迫ろうとする人たちの矜持をも感じるのである。

　「極微の発達」を英訳すればmicrogenesisとなる。

---

5) ウェルナー　H・カプラン　B：『シンボルの形成――言葉と表現への有機－発達論的アプローチ』ミネルヴァ書房　1974。なお、原書はWerner H, & Kaplan B. Symbol Formation:ANo.rganismic Developmental Approach in Language and the ExpressioNo.f Thought. 1963。
　田中昌人は、園原太郎などをとおして原書に接していた可能性が非常に高い。
　同書では、それまで「発生論的実験」としてとりあつかってきたものを「microgenesis微視発生」として、発達論の展開に組み込んで論じている（同書訳注p.497なども参照のこと）。

このmicrogenesisは、発達心理学者のウェルナーが発達論の再構成に際して組み込んだ概念[5]の一つである。ウェルナーは、発達を「分化」と「階層的統合」という、より上位の概念のもとで位置づけ直した。つまり、個人の発達（「個体発生」）は、それ単独で進行するのではなく系統発生の過程とも密接に関連するとまず考えた。こうした系統発生は種の変化でもあるので、その意味では非連続で、個体発生においては言語の獲得などがそれにあたる。ウェルナーは、そうした非連続性とともに連続性をも想定し、そうした連続性を論じるために発達全体の下位概念としてmicrogenesisを設定した。

ウェルナーは、1920年頃から1950年代にかけて、音律の変化や図の呈示時間の微少な延長などを通じて生じる知覚の体制化をテーマに実験をおこない、微視的な変化が知覚の体制化に影響を与えると考え、それをmicrogenesisと結びつけて論じた[6]。このようにウェルナーは発達的な飛躍・非連続について、「選択、修正、廃棄、是正、水路づけ、変換、等々の操作を繰り返して、経験の意味感情やきめ（texture）と公共的な言語—統語的フォルムとの間に適合関係を達成していく過程である」と述べる。

めざましい変化、飛躍的な変化は、そうであるがゆえに非連続・断絶という印象がつきまとうが、ウェルナーは単位とする時間を短くしていくと、細かな変化の姿が取り出せるはずである、という。いわば発達の"微分的な解析"という視点を内包したものといえるかもしれない。当時、田中昌人も参加していた京都大学文学部の発達研究グループの中心であった園原太郎は、こうしたウェルナーの議論にも影響を受けて、発達の連続・非連続の問題も論じている[7]。

田中は、ウェルナーの"microgenesis 極微の発達"という発想を、『一次元の子ら』の撮影と分析を通して、発達認識の有効な方法として一度自覚的に用いていたはずである。というのは、実際のフィルム作品の制作では、一コマ単位の編集が欠かせない。それは、コンマ何秒という単位を切り出す作業であり、その過程に参加した田中は、おそらく細かな行動の切り替わりや表情の変化をフィルムをとおしてとらえていたのだろう。そして、すでに発達をとりだす基本概念（一次元可逆操作など）を手にし、そうしたmicrogenesisという方法も用いながら、園生の発達に切り込もうとしたのだろう。

同時に、びわこ学園のような生活型の施設では、日々の生活の繰り返しは制約

---

6) たとえば、Werner. H. 1925。Ueber Mikromelodik und Mikroharmonik。Z. f. Psychol. 28. 74-89。あるいはWerner.H. 1956. Microgenesis and aphasia. J. abNo.rm. soc. Psychol. 52. 347-353. など。

7) 園原太郎　行動の個体発達における連続性の問題　京都大学文学部内京都哲学会「哲学研究」1961年, pp.41(4)。なお同論文は、人間発達研究所紀要（No.22-23　2011年）に再録されている。
　　また、田中昌人における「階層」概念も、ウェルナーの影響を感じさせるものであるが、田中昌人自身は、「発達における『階層』概念の導入について」（京都大学教育学部紀要 No.23 1977年）でも特にウェルナーの議論を取り上げてはいない。そうした関連などについては今後の検討課題となろう。

ばかりではなく大きな価値をもつという側面がある。そこで療育実践が展開するとするならば、なおさらそうした極微の時間単位で展開するであろう発達の事実の発見が、実践の方法や技術の深まりにとっても大きな意味をもつと考えていたのではないだろうか。

4 「心の発見」から「心の窓」に

以上のように『夜明け前の子どもたち』の「石運び学習」の場面は、上記三つの視点、すなわち、第一に発達的に"一次元の子どもたち"の実践の再構成における「目標」から「目的」への転換、第二に関係の意味の探究、第三に、極微の発達の世界を取り出す基本となる概念として「次元」や「可逆操作」の内実を豊かにしていく、という「実験観察法」でもあったのだ。

だから、『夜明け前の子どもたち』は単にびわこ学園の1967年の実態が記録されている記録映画ではなく、実践の再構成の試みの記録でもあり、同時に映画制作の過程で田中昌人の発達認識の深まりの過程を「実験観察法」という観点からたどった「子どもの心の発見」の記録でもある。そのため「『夜明け前の子どもたち』を見直すたびに新しい発見がある」と感じる人が多いのも当然のことなのだろう。

この1960年代の半ばを起点にして1980年頃まで、田中昌人は「可逆操作の高次化における階層―段階理論」の理論的臨床的な検討を深め次の理論上の枠組みをつくり上げようとしていた。さらに、その後「対称性原理」という新しい展開がなされていく[8]。

それは、『夜明け前の子どもたち』完成後の再分析の過程にも示される。

その萌芽が、シーン28の「ふとしたことなんですけれども、なべちゃんとの関わりの中で、右側の後からパンツを履かせようとして、履かなかったのが、前にまわって、そして手こそたたきませんでしたけれども、左側の足をたたいて履かしてみたら、うまくいった。なんかそこに面白いことがありそうだなあというふうに、気づかされました」ということばでさりげなく語られていて、「自分から発動機をかける」という議論と結びついていく

図①

---

8) 「可逆操作」や「階層」など基本概念の理論的展開は、田中昌人『人間発達の科学』（青木書店、1980年）、「対称性原理」という新しい理論化の展開は田中昌人『人間発達の理論』（青木書店 1987年）などに詳しい。
9) 田中昌人：「要求で育ちあう」原点に立ち返って（寄宿舎教育研究会編『あの日あの時　寄宿舎と私』2005年、pp.174-175

第1章 「心の発見」から目をそらせることなく……

(映画冒頭より1時間3分ころ)。

　この場面は、『みんなのねがい』誌に1985年から1990年にかけて連載された「人間の発達」でも再分析されていて(連載第45回『みんなのねがい』No.255　p.72)、そこで「心の窓」として表現されている。

　つまり、この田中のたどった過程は、それまでつかめなかった心が職員によって"発見"された『夜明け前の子どもたち』から、その心と実践とが結びつけられる「心の窓」、すなわち実践上の発達的注目点の焦点化に、とすすんでいく。「心

「要求で育ちあう」原点に立ち返って

田中　昌人

プロフィール

1932年生。滋賀県在住。京都大学卒業。同大学助手を務めた後、1956年～1969年、近江学園に教員として住み込み、生活指導と発達研究にたずさわり、1961年より、発達保障の科学的理論化に努めてきた。初代全障研全国委員長。京都大学名誉教授、人間発達研究所所長。大学評価学会共同代表。

　私は1956年から13年間、今でいう知的障害児施設兼児童養護施設近江学園に住み込み、大津市立南郷中学校近江学園分校教諭兼児童指導員(ただし無給)の発令で働いた。「四六時中勤務」「耐乏生活」「不断の研究」の三条件が旨であった。
　2003年に全国障害者問題研究会第37回全国大会が滋賀で開催された機会に、近江学園での実践記録『要求で育ちあう子ら－発達保障の芽生え(1967～1971)－』を刊行するために、本文は組み上がり、年表はでき、あとは説明資料と前書き、後書きを記す段階で作業が止まり、今だに未刊であるが、国連で障害者の権利条約が採択される年には刊行予定である。
　第1章　育ちゆく少年期
　第2章　みんなあつまれ
　第3章　結びおる子どもたち
　第4章　もうだまってはいられない
　第5章　結
　以上の本文はなかなかの内容である。
　その特色は、①発達保障の萌芽の実践であること。②環境に問題のあった子どもたちと能力に問題のある子どもたちが生活を共にした教育実践であること。③小学生、中学生、20歳未満の少年少女期の子どもたちが認識を変革し、生き方を変え、人格形成の故郷をつくっていった実践であること。　④新しい発達理論がどのような教育実践によってつくり出されてきたかがわかり、実践の理論的再構成にあたって求められてくる発達的視点がわかること。⑤施設が社会の終着駅でなく、始発駅となっていく姿が示されていること。　⑥21世紀に国際人権規約、障害者の権利条約、ILO条約、日本国憲法第25条～28条を生かす取り組み、運動が発展していこうとしている時に、その基礎にどのような実践が求められるかに示唆を与えるものであること。　⑦「近江学園の存在とその発展の根源が、日本の、そして日本民族の存在とその発展の根源につらなるというほのかな自覚」(糸賀一雄・1948)をもって生まれた実践の系譜としてどうであったかを検証できること。　⑧特殊教育が特別支援教育にかわり、また施設の役割が問い直されている今日、教育の本質を問い直して出発することができること。──である。
　本文の原稿が早く出来上がっていながら、刊行が遅れていたのは、1970年代に近江学園が不便な地へ移転させられ、第2組合がつくられ、毎年十数人の教職員が退職させられ、発達保障をめざす実践に不当なイデオロギー攻撃が厳しく掛けられる中で、残って頑張っているなかまを守る必要があったからに他ならない。
　ところがそれに重ねてこの30年ほどの間に、政府、財界からは平和、民主主義、発達保障への攻撃として、

「能力主義の徹底」へのインテグレーションや「成果業績主義の徹底」へのノーマライゼイション、さらには「応益負担の徹底」へのグランドデザインなるものが持ち込まれてきた。その度に個人や集団、社会体制の発達が敵視され、施設や寄宿舎の存在はないがしろにされてきた。『要求で育ちあう子ら』の前書きを3度にわたって書き直さなければならないほど施設や寄宿舎をめぐる事態は急変してきた。
　財政事情をおおいかくすこれらのイデオロギー攻撃の誤りは今や人びとの前に明らかになってきた。私たちは封建的、優生学的な隔離主義とは決別し、社会に開かれた平和と民主主義、発達保障をめざすインテグレーション、ノーマライゼーション、グランドデザイン、そして何よりも21世紀に求められるグランドセオリーである発達保障をもって施設や寄宿舎の位置づけをし、その実践から人の世の光を発信するものを生み出してきた。寄宿舎教育の実践はその重要な一翼であると思う。
　私たちの発達研究の方も、発達保障を掲げて研究をすすめ、45年かかって現在、発達の大階層の概念を導入して、発達の原動力と人格の発達的基礎を総合的に取り出すことができるまでになった。そこに教育的発達の源泉を発達保障の視点から組織して、教育的人間関係の相互浸透を大切にして育ちあう文化をつくり出すことにより、発達保障の道は一層科学的概念とヒューマニズムの拠り所を新しくすることができ始めた。財政事情でぐらつくことなく、21世紀を発達保障の前史から歴史時代にすすめるために互いの成果を持ち寄る時がきたと考える。(2005. 8. 31)

の発見」から「心の窓」にいたる実に20年近くの探究は、田中によって2005年にりょうちゃんについて書かれた一文[9]にも引き継がれていて、個人の系における発達の原動力と実践支援との関係の重要な分析視点であったことがうかがわれる。

とっておきのフィルム 10秒

1967年、全国障害者問題研究会の結成と並行して行われていた療育記録映画『夜明け前の子どもたち』の制作委員長としてプールを作るための"石運び学習"に参加していた最初の場面。35ミリの映画フィルム10秒間。1967年5月25日(木)薄曇り。午前10時。1次元形成期の子ととりくんで。
「(ナレーション)私も、まず良ちゃんととりくみました。・・・」(向かって右が筆者、当時35歳)

① 野洲川河原に座り込んで左手で小石を器の中に入れた後、対比的に右手で大きな石を探して、手を伸ばして、腕を伸ばして、見て、持ちました。

② 器へ入れる前に右手に持ったまま器を見て表情がなごむ。左手は器をもたない。協応しない。

③ 大きな重たい石を、やや裏返しに入れた後、入れた石を見て右手を見る。(右上へ↗)

少しニッコリして右手を次の構えにする。

その後、石の入った容器を渡すといったん左手で受け止める。立ち上がるが石の入った器をもたない。もたせると落とす。落とさないようにもたすと前に進まない。前に進むと、もっていた器を落とす。── 行動が発達的な1次元において途切れる。1次元可逆操作もできない。しかし、発達的な1次元形成期において、①どちらの手も同じレベルになり始めており、②しかも右手が利き手として先行し、③利き手で容器の中に入れて、入れたところを見る。④左側に自我の窓があり、そちらへさそい出しのリズムを入れる立つ。⑤やがて向かい合ってリズムをとると石を入れた器を両手でもって歩けるようになり、⑥後には自分で拾う石の大きさも整いはじめ、⑦帰りは手ぶらで走るようになる。⑧その他、石を渡すと口に入れてから器に入れるとか、すりむいた足に当ててから口に入れて、それから器へ入れるなど"間"をつくり、そこで結節点をふやして入れる ── といった自我の拡大を基にした豊かな1次形成の力が系統的に発揮されるようになった。そのような潜在的可能性がでる前の10秒である。10秒間で随分多くの情報を発信してくれるのが自我の拡大期の子どもたちである。それを読み取って教育的発達の組織化を!

第2章 「心の窓」を吹き抜ける風をもとめて

1 「心の窓」から実践における発達的交流関係論の展開に

　このようにして田中昌人の「心の窓」という注目点は、1980年代半ばからの田中昌人の後半生、亡くなるまでの議論の、いわば通奏低音のような意味をもつ。その理論化が、個人の発達の系における「対称性原理」であり、かりにそれが個人の系における発達の原動力と実践支援との関係を深めるものであるとすれば、それは実践を再構成する重要な手がかりになりうる。

　ただ「心の窓」は、なべちゃんにしてもりょうちゃんにしても、それぞれの発達の特徴として、いわば個人に属する特徴として論じられている。たしかに、そうであるから実践者は一人ひとりの子どもをよくとらえる必要があるし、「心の窓」を発見するためには、そもそも発見すべきものが意識されている必要がある（112頁図①）。そして、それがどのような意味をもつのかについての理論的位置づけも欠かせないだろう。

　しかし、目を発達研究から実践場面に転じると、別の課題もある。

　なべちゃんを紐で縛るということにかかわって、『夜明け前の子どもたち』の中で指導員の森敏樹は次のように語っている（シーン27）。「ヒモで縛る場合には職員がそうゆうかかわりを、もう、放棄してしもうとる訳ですよね。そうゆう意味で、それはいろいろな条件があります。そうゆう中で縛らざるを得ない条件もありますけれども、そうゆう中で、できるだけ縛ることにかわる、ヒモにかわる何かが見いだせんか、これが絶えざる悩みですよね」。

　この森の発言は、すぐれた実践者としての率直な、そしてきわめて強い思いが込められているように思う。森は、「絶えざる悩み」という表現で悩みの存在を嘆いているのではなく、むしろそうした実践上の悩みを、紐で縛るということで放棄する危険性をまず問題にしている。つまり、「悩むことを手放さない」ことを自らに課している。

　実践者は、自らの責任において、なべちゃんやりょうちゃんに向き合う。その責任のゆえに、「これでよかったのか」と自問自答し、よりよいものを求め続ける。これが、「悩むことを手放さない」ということだろう。しかし、同時に、自らの責任においてなされたことであるから、自らの実践に対して説明責任も負う。しかも、すでに述べたように実践者と子ども（発達主体）との間には、ある種のずれと緊張関係がある（第3部第1章）。そのずれや緊張関係も含めて実践者には

説明責任を負うことになる。

　問題は、こうした実践者の双肩にかかってくる責任の重さは時として、実践者を押しつぶしそうになるほど大きいということであり、それを森敏樹も痛切に感じ続けていたのだろう。

　このような実態と課題を前に「発達保障の技術や方法」を構築していくというとき、子どもの中に「心の窓」がとらえられるだけで充分だろうか。かりに「窓」が発見されたとしても、それは単なる入り口にすぎず、具体的な実践場面では、そこから発達主体である園生たち一人ひとり実際の心の動きがつかめ、それをやりとりとしてどう組み立てていくかが問われる。

　だとすれば「心の窓」を通していききする「風」をどうつかむか、それが実践者の「絶えざる悩み」であり、実践上の大きな課題であるだろう。

　「石運び学習」の中で、子ども同士の関係だけではなく、実践者との関係についてもたとえば次のように語られている。

　「やっぱり坂の入口でこの人、立ち止っています。
　先生が姿勢をかえて、目の高さになって、ぐっと、心でひく。
　ずーっと坂のところを離れていっても止まらずにいっています。いろんな笛を入れたり言葉を入れたり、手を入れたり、あるいは道具を様々に変えたり、友だちどうしで運んだりというふうなことをして、その関わり合いが変って行く。
　ま、つまり子どもだけが発達していくんじゃなくして、子どもと私たち、そういった関係が発達していくといってもいいんだと思いますし、またそうなんだと思ったんですけれども、そのために、それが、かかわりが発達していく場として、この坂道に象徴される、まあ抵抗といったらいいでしょうか、そうゆうものを、状況として作っていかなければならない。これがこれから考えていかなければならんことになる、そうゆうものを抜きにしては、教育的な効果がそれほどあがらないんじゃないか、というふうなことを学びました」（シーン31）

　ここでも、「心の窓」として概念化した発達の内発性に焦点を当てた実践者と生活主体との関係が語られている。つまり、ここでの「坂道」のような「発達の場」、あるいはそこでひらいた子どもの「心の窓」の発見によって、実践者と子どもの「関わり合い」が変わっていかねばならない。そのように論じられている。

　とはいえ、ここで論じられているのは、主として実践者の側からの議論に終始していないだろうか。おそらく、実践者にとってはこの関係を構成する実践者と子ども（発達主体・生活主体）のそれぞれの側から求められるような関係として一歩踏み込んで再構成される必要があったのだろう。

もちろんそのために、「心の発見」や「心の窓」のような子どもの側からの独自の概念が必要であったのだが、それらが、両者の関係について発達的な規定性を抜きに論じるのみであれば関係が固定化されてしまう。逆に具体的な関係のあり方を抜きに、発達が論じられると"この場合にはこうすればいい"という技術主義的な指導になっ

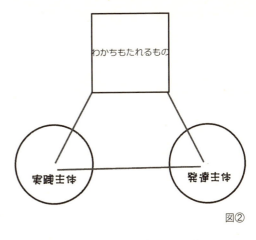

図②

てしまう。いずれにしても実践者の悩みを手放さず「創造性を発揮して行くこと」（シーン32）にはたどり着けない危険性があるのだろう。

以下では、そうした実践者と生活主体との現実的な関係、つまり「心の窓」をいきかう風をどうつかむか、という点から再分析を試みたいと思う。

その場合に、ここでは実践者と生活主体の直接的な関係を議論することを避けたいと思う。直接的な関係――「信頼関係」や「愛着関係」など――はいずれも、「あるか」「ないか」という形で問題にされるのだが、ここで重点的に問いたいのは、関係がどう成立し変化していくかという、まさしく"関係の発達"である。

その実践者と生活主体の"関係の発達"をさぐるために――ニュートンがリンゴが地面に落ちるのをみて、リンゴと地球が引きつけ合う万有引力と読み替えたように――、実践者と生活主体とを潜在的に引きつけあう力（図② つまり「絆」）がなんであるのか、を対象化し、分析をしてみたいと思う。そのために、図のような三角関係をかりに想定し、それを実践者と生活主体の「実践における発達的交流関係[10]」と名付けて論じてみたい。

2　発達と実践における発達的交流関係

(1) 胎生期

発達は、受精からはじまっている。出生までの期間はおおよそ38週だが、この間にも、田中昌人が「発達の階層」と呼んでいる時期が3つある。受精から着床までの卵胎期、着床から受精後8週頃までの胎芽期、そして出生までの胎児期、である。

この時期にも発達保障や支援という営みが必要で、実践における発達的交流

---

10) ここで「実践における発達的交流関係」と呼ぶものは、「発達的交流関係」（中村　2013）と同じであるが、ここでは、実践者との関係に注目するために「実践における発達的交流関係」とした。

関係もまた存在している。胎生期全体としてみると、分かちもつものは両親からの物質的なものが中心となる。もちろん胎生期第3の階層である胎児期にはいると神経細胞が登場するので、なんらかの心理的な活動も成立すると考えられ、「音楽を聴かせると胎児の動きがしずまる」、あるいは「活発になる」というような経験知に即したかかわりや「胎教」といわれるような胎児への働きかけも可能だが、胎生期全体では心理的な過程の検討には大きな制約があり、現時点で胎生期の実践における発達的交流関係の解明は、今後に残された課題となっている。

(2) 応答的活動期[11]

出生によって、「実践における発達的交流関係」は大きく変化する。実際の身体の動きは子宮内とくらべるといったん抑制されたようにさえみえるのであるが、外界の変化として生じる音や光の刺激を私たちと分かちもつことができるという新しい条件をえる。

たとえば、新生児期、赤ちゃんをおこさないように気遣っていても、どうしてもドアのノブの音など生活上の雑音がしてしまうが、そのかすかな音で赤ちゃんをびっくりさせてしまうことがよくある。「ごめんごめん、びっくりした？ おかあさんもびっくり！」。出生によってこのような周囲の世界で生じている変化を、分かちもつことが可能になる（図③）。

もちろん、分かちもつことの可能な対象は限られているが、出生を機に心理的な活動も分かちもつことが可能になり、その場に居合わせれば赤ちゃんはだれとでもそれが可能であること、そういう大きな変化がある。だから、排便時にいきんで顔を真っ赤にしているようすをみて、私たちは「大便がでそうだ」ということとして了解する。このように、外界の変化だけではなく、自分の内部の変化についても、分かちもてるようになってくる。出生を経て、こうした外界や自己、つまり世界の変化を周囲の人たちと分かちもつことができるようになる。

ただ、こうして分かちもたれる世界の変化は、中心的には感覚器官のはたらきであるから、発達の舞台にながれる時間（図④）は、瞬間・瞬間で途切れており連続していない。世界で「今」生じた変化を分かち

子宮内の胎児は子宮外の子どもとおとなのようにはわかちもてない

図③

---

11) ここで「応答的活動期」と呼んでいる発達の時期は、田中の「可逆操作の高次化における階層―段階理論」では、「回転可逆操作の階層」にあたる。発達に障害がない場合、出生から生後5か月頃までに相当する。

もつのであって、その瞬間はまだつながっていない。こうした発達の舞台の時間が連続するようになるのは乳児期後半においてであり、その兆しは生後4か月頃、対追視[12]という現象からもうかがわれる。赤ちゃんの目の前で、2つのもの（ガラガラなど）を左右反対方向にゆっくり移動させる。通常は追視であるので、どちらか一方を目で追うのであるが、生後4か月頃になると、一方を追視した後、もう一方のものをふりかえる反応が見られるようになる。あたかも、「さっきのガラガラどこいった？」とでも言うようにふりかえるのだが、このようにして「今」と「過去」がつながりはじめる。さらに、6か月頃になると、動いているおもちゃが姿を消しても、動きの先の方に目をむけてあたかも待っているような反応がでてくる。こうして、「今」と「未来」がつながりはじめる。

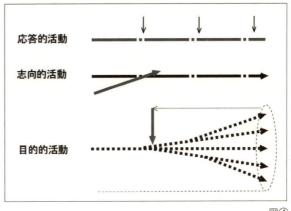

図④

(3) 志向的活動期[13]

　　志向的活動期では、分かちもつ対象が「体験される意図」に変化する。ヒトの赤ちゃん、特に乳児期の前半は、他の霊長類とくらべてじっと見つめるところに特徴がある[14]といわれている。ところが乳児期後半に入ると、寝返りをしたり這い這いしたり、お座りでさかんに物に手を伸ばしたりと、活発になる。こうした運動は、すでに反射ではなく、随意運動として展開している。このように、じっとはしていないのだが（ここが乳児期前半とはちがうところ）、やはり周囲をよく見ている。何を見ているかというと、たとえば食事の場面、私たちが赤ちゃんの前で食事をしていると、「みられている！」と感じることがよくある。その視線の先は手元であることが多い[15]。

　　こうして、手の動きが物と接点をもったところを集中的に注目をしている。そして、私たちが動きを止めると、おなじ物に手を伸ばすなどの行動が続く。このようにして、随意運動が中心となる志向的活動期には、おなじ移動運動（おなじ

---

12) 田中昌人・田中杉恵『子どもの発達と診断1　乳児期前半』大月書店、1981年、p.6613)「志向的活動期」は、田中の「可逆操作の高次化における階層―段階理論」では、「連結可逆操作の階層」にあたる。時期的には、発達に障害のない場合、生後6か月頃から12か月頃に相当する。
14) 竹下秀子『心とことばの初期発達――霊長類の比較行動発達学』東京大学出版会、1999年。
15) たとえば、Woodward. A.L. 1998 Infants selectively encode the goal object of an actor's reach. Cognition 69 1-34

の中身は、動作と目標物）をすることによって相手の意図を体験する。私たちも、まだことばがない志向的活動の時期の人たちの動作がお茶の入った

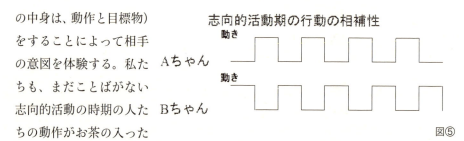

図⑤

コップ（目標）に達するのをみて、「あ、お茶がほしかったんやね」などと了解をする。
　このように、志向的活動期では、分かちもたれるのは外見的には同じ動作であるが、実は「体験される意図」でもあり、それを基盤に実践における発達的交流関係が展開する。まねっこは、文字通り、「体験された意図」のやりとりといえる。このようにして展開する志向的活動期の実践における発達的交流関係は、相手と自分の動作の関係は、相手が動いているのを見る、相手の動きが止まると動く……、と入れ替わることが多く、実践における発達的交流関係でもこうした"相補性"のなかでやりとりが展開する（図⑤）。

(4) 目的的活動期[16]

　以上のように志向的活動期には、相手の意図を実際の動作によってともに体験することで共有しているので、その場面からはなれては成立しない。また、なんのためにそうした動作がなされているのかをその動作の主体自身が常に対象化しているわけではないので、目につく物・興味を引く物に広がってしまう。いわば、動作に意図が埋め込まれた状態であって、対象化された意図が動作を制御するという状態にはなっていない。
　こうしたなかで、ことばが登場すると、動作と意図の関係が大きく変化する。たとえば、ことばがあることによって、現実場面からはなれた未来を想定することが可能になる。それによって目の前の目標ではなく想定された未来を到達点にして努力することも可能にする。したがって、「お外いく？」というような"相談"も可能になる。そのために、図④のように、多様な未来の選択が可能であり、それを実現するために——目的を実現するための手段として——、さまざまな動作が展開することになる。だから、こうした目的的活動では、動作は目的に従属し、目的は動作を調整する。
　このようにして、目的的活動では、関係が共同から協同に切り替わる。志向的活動では、分かちもつための"チャンネル"は、同じ動作でだったが（共同）、目的的活動期では、目当てが共有される。目当ての共有にあたってなされる相談

16）「目的的活動期」は、「可逆操作の高次化における階層—段階理論」では、「次元可逆操作の階層」にあたり、発達に障害がない場合、1歳半頃から7、8歳頃までに相当する。

は、文字通り、互いに話し合うことであって、そこには拒否する自由が留保されている。また、目当てさえ共有されていれば、動作の一致は必要でない。協同の「協」の字義通り（図⑥参照）、「心」（中身は、目当て）でむすばれ、お互いにちがうところで力を発揮することが可能になる。

①力をあわせること。②かなうこと。和合すること。③相談して一致すること

図⑥

(5) 実践における発達的交流関係の意味
①交換可能性と持続可能性

　　以上のように見てきた実践における発達的交流関係（「実践における三角関係」）で重要なことは、実践者と生活主体の位置を入れ替えても同じように論じることができるということである。いいかえると、この「実践における三角関係」では、分かちもつものを頂点にして、実践者と生活主体の位置を入れ替えることが可能になる。そうした関係を、ここでは「交換可能性」と呼んでおく。

　　この実践における発達的交流関係における三角関係で、実践者と生活主体とが交換可能であるということは、お互いがお互いを支配したり従属するということから自由である。いわば、お互いの自律性を維持しながら関係を結ぶことができる。

　　同時に、こうした交換可能性によって、関係の持続可能性が生じる。「まねっこ」や「追いかけっこ」は子どもたちの大好きな遊びの一つだが、遊びの単位が複数回、繰り返されると、だれがきっかけだったかがわからなくなる（図⑦参照）。そして、その面白さは、関係の持続が最大の動機になる。

　　ところで「時間は人間発達の舞台である」[17]といわれる。同じ時に同じ位置を占め他者と同じ関係をもつことはありえず、そうであるから私たちは個性的な存在である。そして、私たちの自分づくりにとって時間は逆戻りのできない一方向の流れとして存在している。そうした発達主体に実践者が向きあうとき、上記のような関係の持続可能性は、実践が成立する基盤の一つといえる。その時間は連続しているが同時に急激な変化の時期が存在し

図⑦

17）マルクス　K「時間は人間の発達の場である」（『賃労働と資本・賃金、価格および利潤』新日本出版　1999年、pp.170-171）

ている。ちなみに田中昌人の「可逆操作の高次化における階層―段階理論」で、発達の質的転換期である新しい「可逆操作」の登場は27回ある。しかし、こうした発達の質的転換は、相対的に短期間に急速に進行するので、私たちの人生の中で、発達の質的転換期のようなめざましい変化のある期間は実際には非常に短いといえる。それ以外の期間は、ある意味、日々の生活時間の持続・繰り返しこそが特徴の局面になる。だとすると、そうした発達の舞台の上で、持続可能な関係の成立は、実践に欠かせない条件の一つということになる。

②ひらかれた関係

『夜明け前の子どもたち』の終わりで、労働条件の厳しさもあって、次々とびわこ学園の職員がやめざるを得ない現実が紹介された後、次のようなナレーションが入る。

「辞めていってもいいじゃないか。
　2年たらずしか勤められなくてもいいじゃないか。
　人間の発達の道すじには激しく短くしか燃焼できない時もあるだろう。
　その青春の時が、このような施設に結びついたことを喜び合うべきだろう。
　子どもたちに学んだことが、もっと広い社会を解き放って行く土台になってくれるだろう。
　明日は沢山の若い人たちが学園を訪れてくれることだろう。
　それでもなお、決して単純には明るくなろうとしない空だ。深い夜の刻々にも、どこかで子どもが生れ、重症心身障害児と呼ばれるだろう人もいることになるのだ」（シーン49）

この場合、職員の立場からすると、とうてい「辞めていってもいいじゃないか」ということはできないのだが、実践が生涯にわたる発達主体の自分づくりの支援であるとすれば、このナレーションから敷衍すると、実践者のひらかれた関係とはなにか、ということだろう。

実際のところ生涯にわたる自分づくりの過程を一人の実践者が支援し続けることは不可能だ。障害のある人のご両親が、ときとして「私より1秒でも早く死んで欲しい」と時として言わざるを得ないのは、家族と障害のある人たちを家族内の支援に追い込んでいるからだろう。

やはり、もとめられるのは「実践における発達的交流関係」がひらかれたものであるかどうかであるのだろう。

先に見た実践における発達的交流関係における三角関係は、実践者と発達主体

だけではなく実践者同士も交換可能である必要がある。つまり、実践における発達的交流関係の出発点としてみた場合、特定の実践者と発達主体の三角関係ではなく、ひらかれた三角関係であったし、そうだから実践は社会的歴史的営みであるといわれるのだろう。

その中で、実践者や生活主体の創造的な営みがあり、関係が個性化していく。だから、実践における発達的交流関係における三角関係は、生活主体を軸にして、それを取り囲むように成立することが可能な関係であるといえるだろう（図⑧参照）。

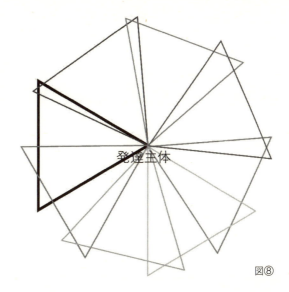

図⑧

『夜明け前の子どもたち』に登場する子どもたちを読み解くのに必要な私なりの視点を提起した。こうした視点から、しもちゃん、りょうちゃん、なべちゃん、うえだくんの４人にもう一度向き合ってみたい。

第3章　しもちゃん・りょうちゃん・なべちゃん・うえだくん、そして私たちの発達……

1　しもちゃんが笑った

(1) 重症心身障害児のしもちゃん

冒頭と終わりの場面で登場するしもちゃんは、重度の身体障害と知的障害とをあわせもつ「重症心身障害児」で、重症心身障害児施設びわこ学園の療育記録映画『夜明け前の子どもたち』の中心主題をになう子どもである。登場する場面は決して長くないが、しもちゃんは映画を見る私たちに鮮烈な印象を残している。

冒頭で目覚めているが、視線を動かせたりはしないしもちゃんの姿がながれる。クローズアップで撮影されているので、カメラはしもちゃんの右手方向の間

近にいるにもかかわらず、そこにもしもちゃんは視線をむけようとしない。
　この場面にまず大きな衝撃を受ける。そして次のようなナレーションが入る（シーン３）。

　「光を感じているが、見えてはいない。音を感じているようだが、聞えない。口は、──口はただたべものを流しこまれるためにだけあるようで、そうして十年間をねたきりで暮らしてきた。
　重症心身障害児と呼ばれている」

　その後『夜明け前の子どもたち』は、みついくんが入園した第二びわこ学園の様子を映し、そして、再び第一びわこ学園の中にカメラはむかう（シーン18）。

　「寝たきりだからといってベッドから離さないのはていのいい縛りつけだ。
　この子どもたちも、この子どもたちなりの豊かさをつくるはずだ。
　どこに療育の糸口を見いだしたらいいのか。
　しもちゃん。目も耳も私たちをこばんでいる。表情にはそよぎもない。
　表情を通して、働きかけの効果を確かめてきた私たちは、ここで拒絶の壁にぶつかったようなもどかしさを感じた」

　「寝たきりだからといってベッドから離さないのはていのいい縛りつけだ」と言い切るナレーションは、往々にして"寝たきり"という安直なことばで重症心身障害児の姿を表わそうとしがちな私たちへの鋭い告発としてつきささる。
　なし得ることは寝ていることだけ、とでもいうかのような「寝たきり」ということばに、撮影班は、"しかし、しもちゃんが求めている（必要としている）ことがあるのではないか"と一度は前に進もうとする。けれども、同時にそのしもちゃんから、「拒絶されている」とも撮影班は感じてしまう。こうした「拒絶の壁」をつきくずす糸口はどこにあるのか、と映画は問いを続ける。

(2)「どこに療育の糸口を見いだしたらいいのか」

　映画は、その問いを療育の課題としてうけとめようとする。「どこに療育の糸口を見いだしたらいいのか」というナレーションだ。表面的には、しもちゃんのような重症心身障害児へのかかわり方、その方法が見いだせない、という意味でもあるが、問いの基盤はもうすこし深いところにある。
　第一びわこ学園は、1963年に大津市の長等山という小高い山の中に開設された。記録によると開設時、当時普及しはじめた電気洗濯機もない状態だった、

という。この時点では、児童福祉法に重症心身障害児施設という施設の類型もなく、近江学園とおなじような知的障害児の生活施設としてあゆみをはじめた。近江学園では開設ほどなくして小学校と中学校の分校が園内に設置され、その9人の教員も近江学園職員と同じように「四六時中勤務」して園生の対応にあたっていたが1958年に国立秩父学園が開設された時点で、秩父学園では入所対象者を、就学猶予あるいは免除している子どもとし、それが全国の障害児施設の入所要件に広げられていく。そのため、近江学園のような分校を施設内に有する障害児施設の運営は、「不適切」とされ、近江学園内の分校の存在も問題視されるようになる。その結果、1963年開設の第一びわこ学園には近江学園と同じ大津市内でありながら分校などは設置されなかった。

　びわこ学園は、障害の状況が重度で発達的にも話しことば獲得までの子どもたちが多かったので、当然よりゆたかな職員配置が求められていたにもかかわらず、近江学園で配置されていた職員数分だけ低下するという状況の中で、出発をすることになる。このために、腰痛など職員の健康破壊が発生し、休職・離職も多く、その補充も充分されないなかで、かかわりたいけれども、そしてなすべきことはたくさんあるけれども、「できない」という現実があった（第1部参照）。

　だから、次のような意見も当然園内でも存在していた（シーン47）。

「南病棟では10月から日光浴のグループが編成された。先生たちの力仕事の負担がまた増した。6割の先生に腰痛症のあることが調べた結果わかった。積極的な取り組みが先生たちの体の犠牲の上でしか実現しないという問題を重くかかえ、子どものためにも、おとなの力がこわれないようにしよう、そうゆう運動が先生たちの間で組織されてきはじめた。そんなに人手がかかるのなら、もっとてっとり早く、効果のあがる子どもから手がけたらいいんじゃないか。

　しかしあえて言おう——。

　この子どもたちこそ、私たちみんなの発達の道すじのたえず一歩前を歩き、進む導き手なのだ。障害を受けている子どもたちが正しく保障される時、社会全体が健康になって行く体質ができるのだし、その逆も成立するのだ。

　ここは未知へ向う列車の始発駅だ。

　ここでは看護婦の先生も、保母の先生も専門の仕事にだけ視野を限っていられない。

　一人ひとりが主体的に行動できる療育者に自分を変えていかなければならない。

　寝かせておけば、あるいは眼に見えるヒモで、眼に見えないヒモで縛っておけば、それで一日一日が過ぎていく子どもたちに、そうでない何かを期待し、創り出そうとする意志で、自分をたえず発達的に解き放っていかなければならない」

このようにして、しもちゃんへのかかわりの糸口をみつける営みは、単に重症心身障害児へのかかわり方、指導方法の探求だけではなく、職員自身、学園、そして学園をとりまく社会全体の変革と結びつけて考えられる必要がある、いいかえるとここで展開された日光浴の取り組みは、それが可能な条件整備の取り組みと結合しなければ、一度だけの打ち上げ花火に終わってしまう、そのような切羽詰まった取り組みだった（なお、「子どものためにも、おとなの力がこわれないようにしよう、そうゆう運動」とは、職場に労働組合を結成しようという取り組みのことである。ちなみにびわこ学園で労働組合が結成されたのは1967年12月11日のことであった）。だから「拒絶の壁」は、「しもちゃんの」でもあると同時に、社会の「しもちゃんに対する」「拒絶の壁」でもあるという現実を象徴していることばでもあったのだ。

(3) しもちゃんの日光浴をめぐって問われていたこと

このような厳しさのなかでは、職員の視点から実践を語るのみでは、体位の変換、入浴、日光浴、こんな当たり前のことをよびかけても職員同士の合意形成自身が大きな困難にぶつかってしまう。人手不足、健康破壊という職員の事情の中に、あるいは「寝たきりなんだから」という声にかき消されてしまいかねない現実が「効果のあがる子から」ということばの背景にある。

つまり、職員に腰痛などが頻発する、その対策としても外気浴など積極的な取り組みは控える必要があるという意見が出される。一方、現場の職員の方は、「これまでせっかくとりくんできたことは譲れない」という対立になる。さらに「一刻も早く人手不足を解消してほしい」「それをするための財源がない」……。職員の視点からだけでは、職員自身が引き裂かれかねない。まさに、一歩間違えれば、ここでも「味方が敵になってしまう」という状況が現場の中にひろがっていたのである。

しもちゃんたち重症心身障害児を前に撮影班が感じた「拒絶の壁」、そのうえにびわこ学園をとりまく社会からの「拒絶の壁」、その2つの壁にしもちゃんたちの生活そのものが揺らぎかねない状況があった。そうした現実に現場がどのように向き合えるのか……。

(4) しもちゃんの笑顔

日光浴の取り組みでは、しもちゃんに笑顔をひきだすことができた。そして、その笑顔がなんともいえず穏やかで、お地蔵さんのほほえみにもにた穏やかな表情であるために、この笑顔が特に鮮烈に記憶されることになる。日光浴の中で、指先をそっともってゆすっていく、次第に口元から目元にまで笑顔が広がってい

く、ほんとうに身震いするような場面だった。しかし、その後同じような取り組みがあっても、必ずしもしもちゃんはそのような笑顔を出すわけでもなかった。

そもそも、笑顔は応答的であって、「笑い続ける」という姿はあり得ない。だから外気浴・日光浴という取り組みの意味を笑顔に焦点化させると、それを支えているはずのしもちゃんの生活を支えるさまざまな取り組みの意味がかえって見えにくくなる。

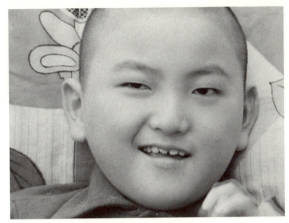

しもちゃんの笑顔（『夜明け前の子どもたち』より）

あるいは安定した笑顔が出ないから、「あの先生だから」「私の関わりが悪いのかな」という感想も生じてくる。そうなるとせっかくの「しもちゃんを寝たきりにさせない」という議論も再び袋小路におちいってしまいかねない。

その場面を、映画では次のようにナレーションを入れている（シーン48）。

「しもちゃんが笑った。先生たちも、私たちもとてもうれしかった。
　姿勢をかえ、体全体をゆさぶる試みを続け、そして末端の手の先に与えられたリズムが体の中のエネルギーをほころびさせ、花をひらかせた。笑顔とみるのは、もしかしたら間違いかもしれない。だが先生たちに笑顔は確かに貯えられた。
　私たちにはそれがすばらしかった」

(5) しもちゃんの欠かせない生活づくりとして

つまり、一瞬のきらめきともいえるしもちゃんの笑顔を丁寧にゆっくりと引き出せたこと、それを大切なこととしつつも、このナレーションはしもちゃんの笑顔からいったん距離を置く。そして、その意味をきびしい職場の現実の中で子どもの見せるきらめきを心の糧に前に進もうとする職員の側からもたどろうとする。しもちゃんと実践者とのそれぞれの笑顔をはさんだ関係の交換性である。

ところで実は、この笑顔のでてくる直前の20秒間ほどの場面にも「心の窓」をいきいきする"風"が映像としてとらえられている。この場面は、乳母車で日光浴に出てきたしもちゃんを、ナレーションなく映像を見る私たちにしもちゃんの表情にのみ集中することを求めるかのように映し出している（シーン47）。ここに私たちは注目しよう。

最初、しもちゃんは背を起こした状態で乳母車の上にいて、まどろんだような表情をみせている（写真1）。スタッフが、しもちゃんの乳母車を揺らせ続けている。カメラはだんだんしもちゃんの顔にせまる。すると、しもちゃんの表情がやや苦しげに変化し、しきりに口元を動かし始める（写真2〜6）。どうも痰がからんで咳き込んでいるようだ。しかし、その後、しもちゃんはゼロゼロと動き始めた痰を自分できって、それを飲み込む（写真11、12）。その後、再び呼吸が落ち着き、ほっとしたような表情になり、その後、覚醒の水準もあがる（写真16）。

　このような姿の後、先ほどのしもちゃんの笑顔の場面になる。

　しもちゃんは、日光浴に出かけるのに、ベッドから乳母車に移される。それによってベッドでの臥位の状態から姿勢を起こすことになり、さらに病棟から中庭にむかって移動するためゴトンゴトンと小径をたどる。日光浴では乳母車が緩やかに揺らされている。

　こうした中で臥位の状態では気管支に粘り着いたままだった痰が動き始め、その痰が引っかかるようになった、それに気づいたしもちゃんが、どうすれば良いのかわからないけれども悪戦苦闘して、飲み込んで、「あー、すっきり」と表情が緩んだ。

　このプロセスは、実は、現場がぎりぎりの状態で決して手離そうとしない「寝たきりにさせない」生活づくりの非常に大事な点だと思う。つまり、排痰のチャンスをつくり、それを励ましきる。重症児にとっては、排痰と安定した呼吸の確保は非常に重要な日々の生活づくりの課題であり、それは心地よい生活を積み上げていく上でも欠かせない。

　そうだとすると、その後の笑顔も大事だが、まずしもちゃんが自分の中で生じた息苦しさを「どうした？　どうした？」とでもいうような表情で受けとめていることも、同じように注目すべきではないか。排痰の支援はしもちゃんの生活ではおそらく欠かせない営みである。それをしもちゃんの「どうした？　どうした？」という表情（この背景に先に述べたしもちゃんの応答的活動の展開が存在する）を介してしもちゃんし、その表情を見ながら「どうした？」と煩悶しながら乳母車の動かす手を止めないおとなが力を合わせ、みのらせる（交換性）。

　だとすると、「寝たきりにしない」生活は、「しもちゃんも望んでいる」ことではないか。そしてしもちゃんの笑顔は、単に指先にあたえられた刺激に対する反応ではなく、支えを受けながら生活づくりに参加できたしもちゃんの会心の笑顔でもあったといえるだろう。ともあれこの場面は、単なるおとなのはたらきかけの結果とみるだけでは充分ではなく、細心の配慮のもとで成立した実践における発達の交流関係であると見るべきだろう。

第3章 しもちゃん・りょうちゃん・なべちゃん・うえだくん、そして私たちの発達……

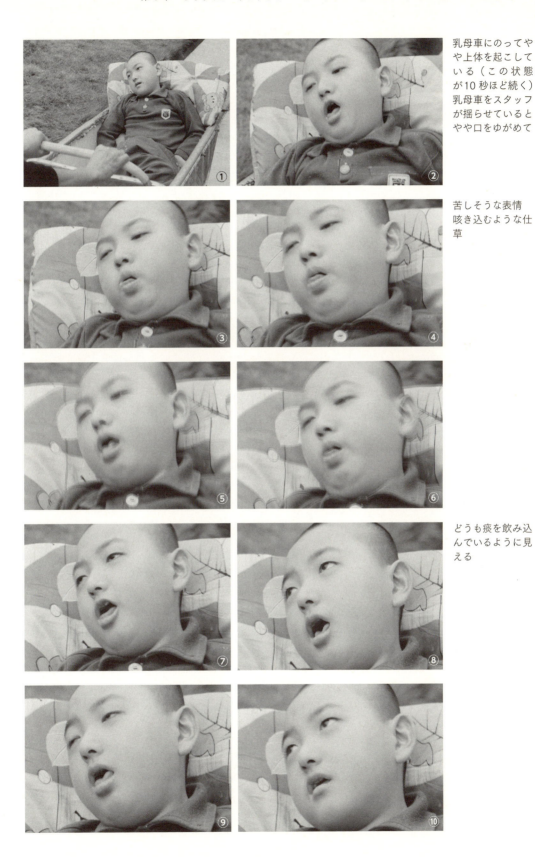

乳母車にのってやや上体を起こしている（この状態が10秒ほど続く）乳母車をスタッフが揺らせているとやや口をゆがめて

苦しそうな表情 咳き込むような仕草

どうも痰を飲み込んでいるように見える

第3部 あらためて『夜明け前の子どもたち』の発達の世界に迫る

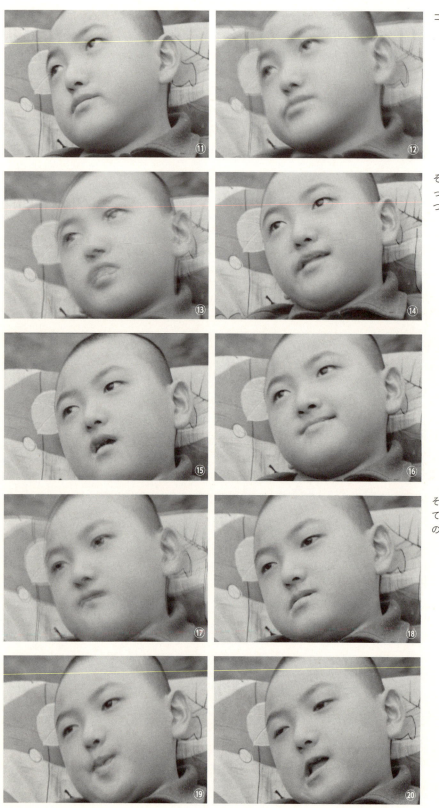

第3章　しもちゃん・りょうちゃん・なべちゃん・うえだくん、そして私たちの発達……

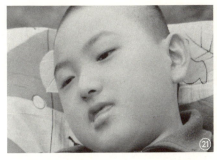
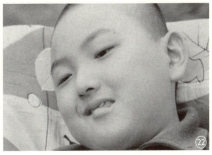

やはりゴックンがおわるとほっとした表情に一瞬かわる

(6) さらに笑顔について

　　乳児期前半の赤ちゃんの社会性の発達という面で見ると、たしかにまず笑顔が注目されることが多い。
　　この「笑顔」についても、いくつかの区別がされている。
　　第1は、新生児微笑といわれるもので、新生児期におっぱいなどを飲んで、飲みつかれたように寝入るとき、いわば入眠時に、口元が両端に引っ張られるような表情をする反応である。同様の表情については、子宮内の胎児においても観察をされていて、胎生期のある時期から出生直後の新生児期までに見られる反射として理解することができる。
　　そして、通常笑顔といわれるのは、いわゆる社会的微笑である。そして、あやされるなどして見せる笑顔で多くの場合は、口元の反応だけではなく顔全体の笑顔であることも多くなり、人をみて自分の方から笑いかけるなど双方向でありえること、あやすという人の行為に焦点化してきていること、などがそなわっているということで社会的である。こうした笑顔は、生後3、4か月頃に本格化すると考えられている[18]。
　　しかし、しもちゃんの笑顔は、このいずれにも属していない。目が覚めている状態であるので（あやされている時の反応だから）、入眠期にみられる新生児微笑とはいえない。一方、しもちゃんの笑顔は、おとながあやして笑うので確かに

---

18) 高橋道子『微笑の発生と出生後の発達』風間書房　1995年

社会的な反応であるとはいえるが、その笑顔で働きかけているという双方向性は、確かめにくい。

ナレーションが慎重に「笑顔とみるのは、もしかしたら間違いかもしれない」と語るのは、このような事情があるからだ。

おそらく、しもちゃんの笑顔は上記のいずれにも当てはまらない第3の笑顔だといえるし、こうしたしもちゃんの笑顔は、たしかに乳児期前半の手や足をゆさぶるようなかかわりをすると1か月を過ぎると、しもちゃんと同じような笑顔がでてくる。また、3か月頃までは、人のかかわりとは関係なく、おもちゃなど新奇な物の出現によっても笑顔がでることもよく観察をされ、時にはおとなのくしゃみなどで笑うなどもある。応答的という意味では、しもちゃんも障害のない赤ちゃんも同じような反応を見せる。おそらく、こうした生後1か月から3か月頃までの独自の笑顔が、この場面で見せたしもちゃんの笑顔ではなかっただろうか。

こうした応答的な笑顔は、第2章で述べたような応答的活動の一つである。だから、笑顔だけに焦点化せず、さまざまな場面で見られる応答的活動、たとえば、痰を飲み込む前の、息苦しさに対する「どうした？　どうした？」という表情、「あれあれ」と少し険しくなり、相当苦労して痰を飲み込んでほっとした時にも、しもちゃんの「心の窓」がひらいた、といえるだろう。そして、同じようにわたしたちが「うん？　どうした？」と気づくことで、実践の風がかよいはじめる……。

2　りょうちゃん——極微の世界をとらえる顕微鏡
(1) りょうちゃんの10秒

『夜明け前の子どもたち』には、何人もの子どもたちが登場するが、そこに映画班の一員であった田中昌人の語りが挿入されている。この田中昌人のコメントは、子ども一人ひとりについて「子どもの事情（生活主体）」と「おとな（実践主体）の思い」が、丁寧に解説され、それがこの映画の大きな魅力の一つでもある。

特に、野洲川における「石運び学習」の場面は、第1章でも述べたように、「実験観察」の場面である。ここでは直接、田中昌人自身も登場して「石運び学習」に参加して、子どもにかかわり同時に解説もするという独特の構成になる。

この「石運び学習」の冒頭で、わずか20秒ほどだけ登場する子どもがりょうちゃんである。

田中の解説は以下の通りである（シーン21）。

「私もまずりょうちゃんととり組みました。20分作業をして、20分休憩をする。

また次に20分作業をするというふうな計画で進められました。

　なかなか手ごわかったんです。石を入れても立ちあがってくれません。やれやれと思って持たした、ところが進んでくれない。

　なんか無理矢理やらせているような、いやそうじゃないんだ、と思いながら、とにかく石を運ばさなければ、ということでいろいろやってみました。

　あとで先生がたに聞いてみますと、とてもそうゆう風な気持が強く感じられたそうです」

　この語りからもうかがわれるように、「石運び学習」初日ということもあってりょうちゃんは他の多くの子どものように缶に石を入れてさっさと歩いて行く、というようにはならず、また当時35歳の田中自身もとまどっている、そんな姿が約20秒映し出される。

(2) 田中昌人の胸の内

　田中昌人も含めた映画の撮影班自体が、「なぜ？　どうして？」と多くの疑問をもち、「拒絶の壁」や療育の「迷路」にぶつかり、戸惑いながらも、そこに「心の発見」を課題にして向き合おうとする姿勢がうかがえる秀逸な場面であるともいえる。

　ただ、田中はこの場面を前掲のようにこの映画撮影から37年後、亡くなる直前にもう一度分析しなおしている。そもそもたった10秒の場面の分析になぜ40年近くこだわり続けたのか[19]。

　たしかに、先に述べたように『夜明け前の子どもたち』の子どもの姿についての田中のコメントは、「子どもの事情」と「おとなの思い」の両方が、きちんと区別をされ、それが縦糸と横糸のように丁寧に編み込まれているのだが、りょうちゃんの部分だけは、上記のようにそれが崩れていて、実践者、つまり田中の視点からのみに終始している。りょうちゃんの側の事情、りょうちゃんの「つもり」や思いが言語化されていない。

　おそらく10秒（全体では20秒ほど）という短いカットに対応した解説であるという制約からくる不完全さもあろうが、それが田中にとって棘のようにずっとひっかかり続けていたのだろう。そして70歳を過ぎてこの場面の記述を完成したい、それが田中の40年後の再分析の動機の一つだったのではないかと思う。

　映画から37年後の田中の再分析は次のようになっている。

---

[19] この再分析については、人間発達研究所2010年度総会での大泉溥の講演から学んだ（大泉溥：「発達保障の生成と実践現場での発達研究——若き日の田中昌人の場合」人間発達研究所紀要　No.22・23　2011年、に再録されている）。

「行動が発達的な1次元において途切れる。一次元可逆操作もできない。しかし、発達的な1次元形成期において、①どちらの手も同じレベルになり始めており、②しかも右手が利き手として先行し、③利き手で容器の中に入れて、入れたところを見る。④左側に自我の窓があり、そちらへさそい出しのリズムを入れると立つ、⑤やがて向かい合ってリズムをとると石を入れた器を両手でもって歩けるようになり、⑥後には自分で拾う石の大きさも整いはじめ、⑦帰りは手ぶらで走るようになる。⑧その他、石を渡すと口に入れてから器に入れるとか、すりむいた足に当ててから口に入れて、それから器へ入れるなど"間"をつくり、そこで結節点をふやして入れる——といった自我の拡大を基にした豊かな1次形成の力が系統的に発揮されるようになった。

そのような潜在的可能性がでる前の10秒である。10秒間でずいぶん多くの情報を発信してくれるのが自我の拡大期の子どもたちである。それを読み取って教育的発達の組織化を！」[20]

　この再分析は、おそらくこの場面以外の「石運び学習」でりょうちゃんが見せた姿もおり込み、この映画撮影以降40年の間に「心の窓」や「対称性とその破れ」、あるいは「次元可逆操作の階層」に対応した「自我の窓」にも注目をするようになった田中の新しい視点にもとづいていて、1980年代の後半からのより抽象度を上げた田中の発達のとらえ方にかかわる議論の展開の試みが伝わり、そこに私たちは、晩年まで自説の革新に注力してきた田中の誠実を感じる。

　しかし、実践における発達的交流関係の記述という視点から見るとどうだろうか。確かに、りょうちゃんの事情は、発達的に述べられている。しかし、実践という面からみたとき、「具体的に何をどう展開していくのか」にきりこむ実践の再構成の視点が、そこに表現されているわけではない。

　たしかに発達の真実にせまる理論化は抽象度をあげていく。

　しかし実践は具体的でなければならない。実践の創造性は、リアルな具体性をもとめる。だから、実践の再構成という意味では、別の接近が必要ではないか、そしてそのためには、むしろ、1960年代から1970年代にかけて田中が発展させてきた「可逆操作」が適切であるのかもしれない、と思う。

　発達の研究では、すでに述べたように発達の普遍を論じる法則定立的な方向とともに、個々の事象を臨床的に論じる個性記述的な方向が存在する、といわれることがある。両者は、お互いを前提として成立しているものの、お互いは還元することはできない。

---

20) 第1章（120ページ）参照。

たとえていうと、後者「可逆操作」が光学式顕微鏡であるとすれば、抽象度の高い前者はいわば電子顕微鏡なのだろう。電子顕微鏡は当然より高い倍率なのだが、逆に倍率が上がることによって見えなくなる事柄もある。実践場面に実践者として向き合うとき、なぜそうはたらきかけるのか、を具体的に問うとき、たとえば「りょうちゃんはどう思ったのか」問うことが欠かせない。そして、おそらく、その問いの最終的な答えは厳密には存在しない。しかし、実践場面では、問いに向き合うことがもとめられるのではなく、子どもに向き合うことが求められる。はたらきかけの中心はやりとりであるから、そうしたやりとりを繰り返しながら、つまり実践的に、向き合うことが求められる。
　あるいは、こうも言えるだろう。法則定立的な方向は真実という一つの答えに向かって進んでいくが、実践では唯一の絶対的な答えがあることを前提としない。実践者が自らの責任において実践に向きあわざるを得ないのはそのことによる。その実践の多様性を根拠をもって語ることのできるツールが必要なのだろう。
　そのように見るとき、ここにあげた40年後の再分析では、りょうちゃんの発達の事実は丁寧に記述されているのだが、逆に田中との具体的な関係が見えにくくなってしまった、というもどかしさも感じる。そこで、ここでは、別の道をたどってみよう。議論の抽象度を、田中のつくりだした「可逆操作」と「実践における発達的交流関係」に焦点をあてて、再構成を試みてみたい。

(3)「一次元可逆操作」という顕微鏡

　すでに述べたように『夜明け前の子どもたち』の撮影の時点で田中は、「可逆操作」「次元」などの概念を設定することで、発達認識の対象を規定していた。後に「可逆操作の高次化における階層―段階理論」となるものの基本的な部分は、すでにこの時期に登場していたのである。
　こうした基本概念は、実際の発達という現象の中から、核心部分をとりだす道具である。
　田中の議論の中では「可逆操作」は、外界を変革すると同時に自分自身を変えるという「二重の生産機制」をもつものとして定義をされ、さらにその可逆操作が人格的価値の形成を介して新しい変数を形成する、とされる。これは、あくまで発達認識の出発点であるから、「私はそう考える」という宣言に過ぎないが、それによって発達の内発性をも明確にするものである。内発性がとらえられると、外部からの働きかけの意味も逆に鮮明になる。
　たしかに、映像から得られる情報は限られているが、次のようなことは確認ができる。りょうちゃんは歩行は可能だし、「缶にいれて」というようなはたらきかけに応じて、スムースな応じ方ではないけれども、石を缶の中に入れている。

おそらく、1歳半頃の発達の節目の前後――「可逆操作」でいうと一次元可逆操作の前後――と考えられる。

さて、田中は、この「一次元可逆操作」について、たとえば次のように説明している。

「水道の水をひねって器を持って行って水をくんで、それからそこだけで遊ぶのではなく、むこうのほうへ行って、広場の途中にある石のところへ持って行って水をかけます。

また戻って来て水をくむ。そしてまた持って行って、水をかけるというように行ったり来たりします。

一次元可逆操作です。

これが行動の基本にあって、しかもそれだけではなく、水を入れる時に、さっきは立って入れたのに今度はしゃがんで入れます。今度は少したくさん入れてみます。さっきとは違う「～デハナイ」「さっきとは違う今度はこうダ」という水のくみ方をします……」（田中昌人：『子どもの発達と健康教育②「我しりそめし心」から「理（ことわり）しりそめし心のいとなみ」』（クリエイツかもがわ　1988　p.58）。

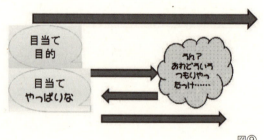

図⑨

こうした中から浮かび上がってくるのは、一つの目当て・目的をもって外界に働きかけ、状況の変化や抵抗にぶつかると、「～デハナイ、……ダ」と調整していく「一次元可逆操作」の姿で、外見的には"いって、もどって、またすすむ"（図⑨）というような姿を示す。したがって、"いって、もどって、またすすむ"という場合の、行動の屈折はその場面で意識されている行動の目的・目当てを支点として展開している。もちろん、「逆は真ならず」であって、状況によっては、目的・目当てが存在していても、こうした行動の屈折が生じないこともある。

ただ、"いって、もどって、またすすむ"というような屈折が生じたときには、その屈折点で、目的・目当てが、顕在化していることが多い。『夜明け前の子どもたち』ではなべちゃんの行動について「刻む行動」と解説されているものと同じである（シーン29）。おそらくそれはりょうちゃんの行動を実践的交流関係という面からとらえなおす手がかりになるだろう。

第3章　しもちゃん・りょうちゃん・なべちゃん・うえだくん、そして私たちの発達……

(4) では、りょうちゃんの行動を……

　ここからは、ぜひ、実際に『夜明け前の子どもたち』をみながら、できればコマ送りで確かめていただきたい。ここでは、まず私が取り出したりょうちゃんの行動記録で分析を試みる（DVD開始後42分11秒から約20秒間）。

　りょうちゃんは左手をついてすわって、そして田中は腰をかがめて石だらけの野洲川の川原にいる。その前の姿が不明だが、りょうちゃんは左手で持っていた石を缶の方に投げるが、勢いあまって石は缶を超えて落ちてしまう。
　そこですかさず田中が指さしをしながら缶を差し出す。
　りょうちゃんはいったん左手で持っているこぶし大の石を入れかけるが、それをやめ(持っただけの石1個目(No.3　この数字は138頁以下の写真の番号を示す。以下同じ)、そのあとさらに川原の石をさぐるようにいったん前に（No.4）、そして腰の方にと手を引いて（No.5）、その石を手にとる（No.7）。りょうちゃんは、缶を指さした田中にこたえるように、視線を缶のほうに向け、手にした石を入れる（No.9　入れた石1個目）。
　そして、りょうちゃんは、右方向に視線を向け（No.10）、からだをねじり（No.11）、右手で足下にある小さな石（持とうしただけの石2）に手を触れ（No.12）、その手元に視線を向けると（No.13）その石から手を離して、その近くにあるより大きな石の方に再び手を伸ばし（No.14）、それを手にとる（No.16）。大きな石なのでりょうちゃんは石の下から支えるようにして力を入れて（No.17）持ち上げそれを缶にいれる（入れた石2個目No.20）。おそらく石が大きくて重いためその石が缶に入ると、勢いよく右手があがる（No.21）。それがおもしろかったのか、うつむきかげんのりょうちゃんは笑顔になった（No.21、この写真はりょうちゃんの表情がわかりやすいように顔のみをアップしている）。そのあと、りょうちゃんは右手で顔を触る（No.22）。石が缶に入ったのを見て、田中は缶を両手で持ち、立ち上がる（No.24）。田中はりょうちゃんを立たせようと左手の肘のあたりをもち引き上げようと試みる（No.25）。一方りょうちゃんは、それに抵抗するよう左手とからだを引き気味にする（No.26）。さらに、左手で持っていた缶に右手も添えて、缶を手元にひきつけようとする（No.27）。
　立ち上がった田中は、りょうちゃんの左手も缶にさわらせ、りょうちゃんを立たせようとする（No.29）。そのため、りょうちゃんは上体のバランスがすこし崩れて右手を地面につき、田中の動きに合わせ膝立ちになる（No.31）。そして、立ち上がるために左足を踏ん張ろうとする（No.32）。田中は、さらに力を入れて引き起こそうとするが（No.33）、それでかえって重心が右の方に移るためバランスが崩れたので再び座ろうとする（No.34）。田中はそこをなんとか支

え、りょうちゃんはようやく立ち上がる（No.35）。そこで缶を渡されそれ持って正面をむいたりょうちゃんは（No.37）、再び前方右の大きな石をみつけとろうとする（No.38）。あわてて、田中はりょうちゃんの前に回り込む（No.38）。りょうちゃんは、その大きな石をいったん持とうとするが（持とうとしただけの石3　No.39）、それをやめて、こぶし大の別の石を手に取り（No.42）、それを缶に入れる（入れた石3　No.44）。そのあと、缶をおいたまま立ち上がる（No.45）。

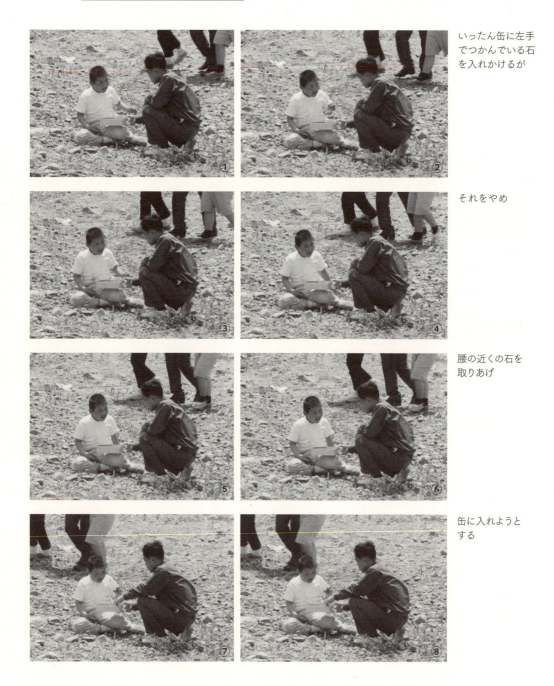

いったん缶に左手でつかんでいる石を入れかけるが

それをやめ

腰の近くの石を取りあげ

缶に入れようとする

第3章 しもちゃん・りょうちゃん・なべちゃん・うえだくん、そして私たちの発達……

その後視線を右手
方向に切り替え、
膝下の石を手にと
るが

さらにより遠くの
より大きな石に
手をのばし

その石を取り上
げる

大きくて重いので
石の下から持ちあ
げるようにとりあ
げ

第3部 あらためて『夜明け前の子どもたち』の発達の世界に迫る

第3章　しもちゃん・りょうちゃん・なべちゃん・うえだくん、そして私たちの発達……

りょうちゃんは立とうとしないのでかえって右方向に上体を引き戻そうとする

バランスがすこし崩れて右手を地面につき、田中の動きに合わせ膝立ちになる

立位になったので

缶を渡され正面を向くが

第3部　あらためて『夜明け前の子どもたち』の発達の世界に迫る

再び前方右の大きな石をみつけしゃがみながらとろうとする

その石を手に取るが大きすぎて持ち上がらない

かわりにこぶし大の石を手にとって缶に入れようとする

そのまま立ち上がるので

田中が缶を渡す

田中は置き去りにされた缶をりょうちゃんに手渡す（No.47）。

(5) りょうちゃんが働きかけるもの

　　りょうちゃんの働きかける対象は石である。缶は、渡されると手にするが、No.49にみるように、あまり缶に執着はしていない。他方、石に対しては、自分の方からさかんに手を伸ばしている。そして、その石に対する働きかけでは、口に入れたりたたきつけたりは一切せず、缶に入れるか、いったん手にとって再び捨てるか、である。

　もちろん野洲川の川原なので、ほとんど石しかないという状況ではある。結果的に石に手を伸ばす回数が多くなるのは当然とも言えるが……。そして、おそらくそれは石と缶の間の好き・嫌いの違いではない。りょうちゃんにとって石と缶は、"石＝入れられる物・缶＝入れるもの"という関係として見えている、とみることができる。

　つまり、石が操作対象で、缶は操作の目標である。さらにいえば、りょうちゃんのここで多く見られる行動は、基本的に目標に向かう行動、つまり田中のいう一次元形成期における「定位的行動」である。そうであるから、りょうちゃんは、目的・目当てを共有することを基盤に成立している「一次元可逆操作」に入りきっていない、ということになる。事実、目当て・目的が共有されていないから、缶に石を入れてもなかなか動こうとしない。つまり、石を運ぶために、缶に石を入れているわけではない。

　しかし、では目的をつかめないりょうちゃんに「一次元可逆操作」の片鱗も存在しないかというと決してそうではない。

(6)「いって、もどって、またすすむ」に着目した分析

　　先ほど140頁でみた「いって、もどって、またすすむ」という枠組みを想起してほしい。

　そしてそれを使って(4)の場面を分析してみよう。そうすると、りょうちゃん自身が「いって、もどって、またすすむ」という切り返しをつくり出していると思われる場面——これは下線部分だが——、合計5箇所あった。

　いずれも、「缶に石を入れる」という場面だが、その際に手当たり次第ではなく、結果から見れば"より大きな石"、"もっとたくさんの石"を缶に入れようとして、「こっちじゃなく」「そうじゃなく」と切り返しが生じていることがわかる。

　もちろん、缶を見てただ機械的に入れ続けているだけではないか、あるいは思い込みではないか、という反論もあり得るのだが、そうであるとしても、ではなぜりょうちゃんがわざわざ「いって、もどって、またすすむ」と切り返している

のか、その解釈が反論に対する再反論になるだろう。

　この「いって、もどって、またすすむ」という行動の「もどる」時には、それまでの行動をいったん止めて、反対方向に動いているのだから、それを機械的な行動と考えることは適切ではないだろう。また一度目の「いく」、「もどった」後の二度目の「すすむ」とを対比したとき、りょうちゃんの手にする石は常により大きい石、よりたくさんの石というように、ある判断の基準をもって外界に働きかけていることを強く示唆している。

(7) 関わりのポイントの発見

　だとすると、りょうちゃんは、「さあ缶に石を入れて運ぼう」という田中の働きかけを、完全にではないにしても、りょうちゃんなりにうけとめ、缶に石をいれるために、さまざまに行動を積み上げているとはいえるだろう。田中は、そうしたりょうちゃんと、自分自身のつもりとが重なり合っていないと率直に語っている。つまりうまく両者が噛み合わずそれが「なんか無理にやらせているような、いやそうじゃないんだ、と思いながら、とにかく石をはこばせなければ、ということでいろいろやってみました」という田中の感想になっている。

　しかし、「缶に石を入れる」という点では、りょうちゃんと田中は、ぴったりと噛み合っているといえるのではないか（図⑩）。むしろ、りょうちゃんは、「早く行こう！」と誘われるたびに、「缶に石をいれるんやろ」、「まだ、入れられるやん」と、「缶に石を入れる」ことを意識し、入れるべき、つまり操作対象である石をより大きな石を求めて調整しようとする。

　実践者としてこの場面を再構成すると、おそらく「缶にいっぱい入れたいんだね」「じゃあ、しっかりいれようか」「全部はいった？」「もういっぱいになった？」「じゃあ、あそこにいこか」などと声をかけようとするのではないか。こうした実践者のことばすべては、りょうちゃんには了解できないかもしれない。しかし、決してりょうちゃんの障害が重いから「石運び学習」と歯車が噛み合わないのではないとわかるだろう。そして、田中のはたらきかけが、りょうちゃんの"缶にしっかり石を入れる"という意図（この場面では、ほとんど目当て・目的にまでいたっている）をより鮮明にする方向にはたらいていることもまた明らかなのではないだろうか。

図⑩

⑻ その発達的な意味

　「いって、もどって、またすすむ」という顕微鏡でりょうちゃんの行動を見たとき、上記のような関わりポイントが鮮明になり、「無理矢理」という表現にあるような実践者である田中から生活主体であるりょうちゃんへの一方向的な働きかけの記述から、お互いが力を合わせる「協同性」（図⑥参照）をもった関係に組み替えうる可能性が出てくる。
　一次元可逆操作の「いって、もどって、またすすむ」というフィルターでりょうちゃんの行動を見て微視的に分析することで、上記のようなかかわりポイントを発見できるのだが、だからといって、たちまち単純にりょうちゃんは一次元可逆操作の段階に移行するわけではない。
　りょうちゃんは、缶を石でいっぱいにするため"よりよい石を、よりよく入れよう"とは試みるが、「入れてあそこまで運ぶ」という大きな目的はとらえられているようには見えない。また、目当てを目当てとして成立させるために欠かせない「ことば」（これは単に話すかどうかではない）があったり「表現」をしているともいえない。そうであるから、実践者はりょうちゃんの行動を手がかりにりょうちゃんの内面を探らざるを得ないのである。
　りょうちゃんの"いって、もどって、またすすむ"が生じてくるのも、「さあ、あそこまで石をはこぼう」と田中が誘いかけて生じたものであった、といえるだろう。その意味で、一次元可逆操作の発動は安定的だとはいえない。そして、"いって、もどって、またすすむ"という顕微鏡で分析することによって、はじめてりょうちゃんの潜在的な可能性を探ることができたのであって、むき出しの行動のままでは、「協同性」というような展開にはならない。そのような意味で、形式的には一次元可逆操作のようにみえる行動があるにもかかわらず、一次元形成期と田中が判断している根拠がここにあるように思う。
　りょうちゃんの姿をさらに広げて考えると、仲間関係と関係のもつれ合いの意味が浮かび上がってくる。一つは、りょうちゃんの潜在的な一次元可逆操作的調整は、他者との関係のなかで顕在化してくるということ、そこではお互いの歯車の噛み合いにくさによって生じる関係のもつれ合いが生じやすいだろう。ただ、そのもつれ合い（ここでは田中との）を通じてりょうちゃんは、自身の意図もより鮮明にしていくことになっていた。いわばりょうちゃんの意図が行動の中に埋め込まれた状態になっていたのが、行動と意図の分節化が引き起こされるという意味では、歯車の噛み合いにくさやもつれ合いが常に否定的であるわけではない。
　実践という面では、一見否定的に見える展開も、支援の契機に転換することが可能であり、そのためにも、たとえば一次元可逆操作前後の時期では"いって、もどって、またすすむ"というような顕微鏡を用いた分析に基づく実践的判断を

根拠にして、より多様で創造的な展開を可能にしてくれる。

⑼ 「一次元可逆操作」にピントを合わせる"顕微鏡"

　　一次元可逆操作ということばは、ただのことばだが、そのことば（すなわち発達を既述するための基本となる概念）を用いてりょうちゃんの行動を記述すると、りょうちゃんのつもりや目当てが見えてくる。このようにして明らかになった事実に即して、実践をより豊かに広げていくことができる。

　　ここで用いた映像記録は、事実を記録している。しかし、ただの記録は実践に迫る入り口でしかない。実践へのあゆみを踏み出そうとすれば、何らかの言語化が必要である。発達を記述する概念は——たとえば「一次元可逆操作」——、そのように言語化する場合の一つの道具である。こうした発達研究の基本概念は、まず真実に接近するための部品である。同時にそれがすぐれた道具であればそれを用いて個々の具体的な場面における発見をもたらしてくれる。発達研究が実践をよりゆたかにすることに貢献しうるとすれば、こうした発見をもたらす道具を提供できる点であろう。

　　そうした発見の営みを集団的に展開できることは、重要な意味をもつ。なによりも、記録は、あの日・あの時であって、そこに実践がもどることはできない。したがって、集団的な討議はどうしても大きな制約があるのだが、そうした制約を逆手にとって、「何が真実か」と真実への収斂をめざすのではなく、「どう捉えることができるか」という多様性にむかってひらくことができる。対話や集団的な討論のもつ意義がここにある。その場合に、話しことばという媒体がもっている共感性が優位であることの意味は大きい。

　　反対に、書きことばという媒体は、「ほんとかな？」という批判を生じさせる。そのために、文字化された記録は書く過程で幾多の批判を書き手自身が加え続けた成果物であるといえる。これが実践研究や実践記録という文字化が真実に接近する作業では欠かせないゆえんだろう。しかし語りのない文字化は、私たちを暗闇の中においこんでしまう、とさえいえるだろう。

　　発達研究が、実践に寄与できるとすれば、その第一には、それまで見えにくかったものにピントをあててくっきり鮮明に提示すること、つまり記述の部品、顕微鏡という道具であることである。他方で、発達研究は実践の答えを提示できるわけではないが、言語化の部品や判断の材料を提示する課題を負っているといえるだろう。

⑽ 極微の世界をとらえる時間軸

　　発達という現象はなんらかの変化を問うことによって意識される。したがっ

て、発達を論じる際に時間は欠かせない。そして、問題にする発達現象の水準によって、時間の単位が分節化されなければならない。

たとえば、直立二足歩行やことばの獲得、道具の使用などは、個人の発達の系では、すでに述べたような一次元可逆操作と関連づけておおよそ「年」あるいは「数十年」の単位の中で語られる。しかし、人類というような目で見るとそれは進化の産物であり、時間軸の単位は一気に「万年」という単位になる。

他方、個人の系においても、発達の質的転換期は、比較的短期間に大きく発達の基本となる構造の変化・断絶が生じるが、生活として連続をしている。実践、とくに生活場面での実践では、生活という連続性・持続性を基盤に成立するので、より短い時間の単位での議論も可能になった。

ここでもわずか20秒の映像をもとにりょうちゃんの姿の分析を試みた。つまりそれは、極微の時間単位で展開される発達（microgenesis）の姿を問題にしたことになる。そこからも豊かな発見が得られる。それが可能になったのは、映画など映像記録が可能になったという技術的な進歩が大きく寄与している。『夜明け前の子どもたち』から半世紀たち、デジタルビデオ化が可能になって記録の加工や分析も驚くほど自由度を増してきており、その活用の方法を学ぶ素材の一つとしての値打ちをこの『夜明け前の子どもたち』はもっている。

(11) しかしさらに……

ただし、ここでの分析は、2005年の田中昌人の再分析で用いられていた「対称性とその破れ」という電子顕微鏡ではなく、「可逆操作」という光学顕微鏡によるものである。ここで分析に用いた枠組みに違いがあることを述べておく必要がある。

もちろんこの分析の材料は、『夜明け前の子どもたち』の作品の20秒間のみの姿でしかない。だから、りょうちゃんのすべてがとりだせるわけでもない。生活全般の状態などを踏まえた田中の分析は、より高い妥当性をもっていると思われるが、ここから先は討論の領域になる。ぜひ、みなさんも自分流の分析をもって、こうした討論に参加してくださることを願う。

3 なべちゃん——実験と実践は大違い

(1) 厳しい療育会議

なべちゃんの行動が映画で映し出される場面で、音声は次のような職員会議のやりとりが流れる（シーン26）。

「東病棟のなべちゃんは野洲川の石運び学習、園外学習に参加できずにいます。なべちゃんをやっぱり参加させるべきじゃないかという意見と、それはちょっ

と難しい、とてもたいへんなことなんだという意見とがあって、なかなか病棟の中でまとまりがつきません」
　（療育会議での討議）
　（ある看護婦の意見）
　「それから園外活動に対しての考えですけれども、私自身、子ども自身にとっては、あの園外活動が日常生活に対して直結しないとは思っていません。直結してくるものだと思います。
　問題にしたいのは、おとなの方の療育の考え方で、そうゆう外に出さなければ、友だち関係が作れないとか、そうゆうふうに思い、思っていかれそうなのが心配なわけで、そして日常生活の中ではそうゆう工夫とかをしないで、今のような外に出さなければ、ということがありますと、人手不足でもありますし、ますます減って行く状態ですし、ない状態でいかにしたらいいかっていうのを、そうゆうことをね、考えるのが案外ここの場合少ないので、ちょっと心配だったわけです」
　（ある保母の意見）
　「あの、病棟の中で、なべちゃんの友だち関係をつくるのに、くくった中で友だち関係を作らせる。そうゆう試みっていうものをおっしゃいましたけど、私はなべちゃんに対して、一番考えなくちゃならないのは、くくる状態から離すというのが一番大切だと思います」
　（別の保母の意見）
　「あの、私も縛らないのが一番いいと思います。縛らなくてもいい状態でも縛ってる時もあるように思うし、そうゆう面で、あの、縛るのをほどくことが第一条件になるんだ、なるんじゃないか。それから何かが考えられていくんじゃないかと思うんです」
　（看護婦の意見）
　「あの離す（紐でなべちゃんを縛るのをやめる：引用者）ことが大事だっていうことは充分わかっているんです。ただ今離したら、あの離しっぱなしにだったら、どこへ行くかわからない。職員が彼を探す、彼がいないことに気がついて探し出す人はほんの少ししかいない訳です。そこらへんのみんなの監視能力っていうものも足りない訳です。そんなところで、離すことだけが大事だっていうことは私は充分わかりながらゆっているつもりですから、そうゆうつもりで聞いて下さい。中のことをしっかりしないで、外にばかり目を向けるっていうのも、どうか、ていうだけです。
　それから、そうゆう友だち関係とかを作るのに川原でのあれがいかにも出さなければつかないんだというようにちょっと聞こえるわけですが、今実際私なんかが試みていることは、あのなべをくくるとしたら、一本のヒモに充分動きがとれ

るように、一本のひもに二人とか三人とか、こうくっつけているんですけど、そしてその間におもちゃを置いたりして、そしてそのおもちゃを取ったり取られたり、あるいはのぞきこんだりすることによって人間関係というものが作られていくことができると思います」

　この療育会議でのやりとりは、議論のテーマが錯綜しているが、なべちゃんの生活づくりをどうするかが根底にあって、それが重要な論点になっている。
　ただ、表面的には「紐でしばる病棟内での活動」対「ひもをとって戸外での活動」という図式になって議論の深まりを困難にしているようにみえる。この野洲川での石運びの取り組みを実施する場合に、病棟から職員が別途配置をされ、そのために病棟はいっそう厳しい状況になる。それをどう考えるのか、という病棟運営の厳しい条件も加わって議論は次第に先鋭化する。
　しかし、「ひもをとって戸外での活動」という正論が現場に受け入れられないだけではなく、まったく噛み合わない。最後には、「紐で縛られた子ども同士の人間関係」の可能性すら飛び出してくる。この議論のねじれは一体何に起因するのだろうか。

(2) 野洲川の川原での取り組み
　その議論の後、場面はかわって５月25日の「石運び学習」になる。音声は第一びわこ学園の指導主任だった森敏樹と田中のやりとりがながれる（シーン27）。

（森敏樹）「やっぱり園外活動なんかで、石をひろってポトンポトンと容器に入れることはできる。しかしある程度入れ終わったところで、その容器を持って運びだすにはやっぱりその子自身にとってみれば、なかなかこう、——なんていうんですか——、発動機がかからんという場合があるんです。
　そこで職員がちょっと手をそえてやるとか、"サァ運ぼうか"と声をかけてやるとか、そうすると持ちあげることができる。それから容器をもって、運んでいる途中で職員が前に立って笛を吹いたり、手をたたいたりしなければ途中で缶をポトンと落としてサッサと違うところへ逃げてしまう、と。
　しかしそこで職員が声をかけて、またあらためて持ちなおすとか、ひろいなおすとか、そしてまた運び始める。そうゆう職員と子どもとのかかわりがあって、子どもが逃げない訳ですよね。
　ヒモで縛る場合には職員がそうゆうかかわりを、もう、放棄してしもうとる訳ですよね。
　そうゆう意味で、それはいろいろな条件があります。そうゆう中で縛らざるを

得ない条件もありますけれども、そうゆう中で、できるだけ縛ることにかわる、ヒモにかわる何かが見いだせんか、これが絶えざる悩みですよね」
（田中昌人）
「なるほどね、そのかかわり合って行くということ、それが自分の方から自発的に発動機が動いて行くように、そのためにぼくたちはどんな風な工夫ができるだろうか。

例えば前に立つとか、手をたたくとか、笛を吹くとか、あるいはもっと他のことが考えれるかもしれない。

そうゆうふうなことを、もっともっと考えていったらいいんじゃないか、そうゆうことなんやね。

そうゆうことで、子どもによって、どうゆうふうなかかわりをつくっていったらいいか、とてもいろんな発見できるんじゃないか、いろんなことが考えられていくんじゃないか、子どもの見方がまた新しく展開していくんじゃないかということなんやな」

ここでの指導主任の発言からもわかるように、「石運び学習」の取り組みは、びわこ学園の園内の実践のあり方を考えるための取り組みであり、そこで明らかにしたいことは、どのような条件のもとで、「発動機が働いていく」のかを検証していく実験的な性格の強いものだった（第3部第1章参照）。

(3)「実践」と「実験」

そうした実験と実践とが先の療育会議で混同されて論じられている。

なべちゃんの担当職員は、病棟での限られた人員配置の中で、「どこに行くかわからない」なべちゃんの安全を確保するため紐で縛るという方法で生活づくりを余儀なくされている。なべちゃんを担当する実践者も、実際にそうした現状を是としているわけではなく、なんとかできないかと悩んでいる。

療育会議で議題にあがったのは、「石運び学習」に参加させるかどうか、についてであった。ただ「石運び学習」は名称は「学習」であるが、それは「実験」であって「実践」ではない。なべちゃんの担当者は、直感的にその実践と実験的観察の混同を意識して、実践に議論を引き戻そうとする。ここで、すれ違いが起きてしまう。

第3節第2章で述べたように、実践者が自らの責任において生活主体・発達主体に向き合いさまざまな文化的要求を提示する。要求の内容は、歴史的社会的な背景をもちながらも普遍であると意識されている（とはいえそれは相対的ではあるのだが）。ただ、要求する相手は、さまざまな個別的な事情を有している。

ここに、ずれがある。ただし、実践一般で言えばそのずれはむしろ当然で、生活主体・発達主体に対する要求内容が、生活主体・発達主体と一致していれば実践という介入は必要性がないとさえ言える。だから、実践では実践者と生活主体・発達主体とのある種の緊張関係が必然的に生じるし、時には要求内容が妥当性を欠く危険性があるから、実践家による生活主体・発達主体に対する説明責任が生じる。おそらくなべちゃんの担当職員は、紐で縛りながらも、そのようにしてなべちゃんに向き合っている実践者自身の責任の厳しさに押しつぶされそうになっている。なべちゃんと向き合う実践者は、いわば「無限責任」を負っているかのように自身をみている。「無限責任」を負うと感じる実践者は、その無限性ゆえ、時として深い孤独を感じる。おそらく実践はこうした危険な構造をもちやすい。

一方、実験も実験者の責任においてなされるのであるが、実験参加者の生活や人生に「侵襲しない」という前提でなされる。もちろんそれでも実験参加者への説明責任は存在するが、非侵襲性が前提にあって、その範囲は生活全体、ひいては人生全体におよぶものではない。限定的である。そして、実験は認識が目的で介入が目的ではない。言いかえると、実験は人生とか生活に対して限定的でしかない。したがって実践者からみると評論家的で無責任さがめだつ。そうした実践者のいらだちが根底にある。

なべちゃんを担当する職員がどこまでも病棟内の取り組みにこだわるのは、上記のような実践者の悩みに実験者が正面から向き合っていないように感じているからではないのか。すくなくとも、なべちゃんを自分の責任で、紐で縛り続けている実践者は、そうであるからこそ深い孤独感の中にいる。だからこの時点の療育会議では、なべちゃんの真実の姿、すなわち「本当に、紐をほどくと、どこに行くのかわからない、のか？」という問いを共有できていない。

⑷ 「実験」としての問い

こうした中で、なべちゃんのパンツを履かせる場面の分析が語られる。園内をうろうろしているなべちゃんがパンツを履いていないのではかせようとする。

その場面について田中は「ふとしたことなんですけれども、ナベちゃんとのかかわりの中で、右側の後からパンツを履かせようとして、履かなかったのが、前にまわって、そして手こそたたきませんでしたけれども、左側の足をたたいて履かしてみたら、うまくいった。なんかそこに面白いことがありそうだなあというふうに、気づかされました」とあり、「どのような条件で発動機が働くのか」の一端を発見している。

さらに、こうしたなべちゃんの行動を整理し分析する中で、なべちゃんの遊び

方の変化ばかりではなく、飛び出し方もやたらにとびだすのではなく、なべちゃんなりの「目的」があるようにみえることも出し合われるようになる。

　それらを、田中は「刻む行動」とよび、それが「なんかそこに決まりきった行動を、自分の力で切り離して行く、解き放して行く力を、自分なりにつかんでいる」と意味づけている。これは、すでにこの時点で田中が1970年代後半に「二重の生産機制」と呼んで概念化した「可逆操作」の本質──すなわち、外界をかえることと自分自身をかえることとが結びついた行動のしくみ──のあらわれであるとみていて、おそらくこうした発想がもう一度現場にも返されて、「なべちゃんは本当に、紐をほどくと、どこに行くのかわからない、のか?」という問いが、実践者と実験を行おうとする撮影班の間で共有されていったのだろうと思われる[21]。

　このようにして、すくなくともなべちゃんについては、当初病棟の反対もあったからこそ、病棟内での観察がより詳しくなされ、多くの発見がすでに病棟の中でもなされた状態まで職員の目が深まる[22]。したがって、なべちゃんに限っていえば「どのような条件の下で発動機が働くか」という一般的な問いではなく、なべちゃんの「刻む行動」の意味を確認する、という絞り込んだ仮説をもって、「石運び学習」という実験的観察場面に参加することになったのだった。

(5) 実験の意味と限界──坂道の不思議な意味、しかし実験でしかないことの限界も

　ここで、まず、職員との一対一の関係ではなく、友だちとの関係に条件が変えられる。おなじ難聴だが、文字も書いたりしているいくまくんと、なべちゃんとの関係の中で、なべちゃんの好きな車押しに近い条件で石運びを試みる（シーン31　1:08:57）。

　「まあ車はありませんけれども……。いくまくんや、それから私が、かじとりをしてやれないだろうかと思ったわけです。
　坂のところで行動がとぎれてしまう。難物だなあ、と思ったんですけれども、

---

21) シーン29　東病棟療育会議は、1967年6月6日に開かれ、病棟の中でのナベちゃんの様子がもう一度議論しなおされ、その直後6月8日になべちゃんは野洲川の「石運び学習」に参加している。
　　ここで取り上げている実践と実験のねじれは、映画撮影を現場がどう受けとめるかという根本にもかかわってさまざまな議論があったことがうかがわれる（第2部参照）。
22) シーン7　第二びわこ学園東病棟の朝の会の場面。なべちゃんはひもで縛られたまま朝の会に参加している。両手で椅子をもって立とうとするが、年長の女の子が洗濯物の入ったバケツをもってきてなべちゃんの前にどんと置き、みんなにむかって話しかけると、椅子を持って立ちかけたのを一端やめて座り直す。
　　シーン26　紐をほどかれて走り出しはじめたなべちゃんが一旦止まって後ろを振り向き再び走り出す。窓にのぼりかけて、それをやめ別の部屋から出て行く。コンクリートのたたきのうえでも木のトラックのおもちゃを押してあそぶが、田中の言う刻み込む行動が連続する。職員がなべちゃんを迎えに来てもトラックを離そうとしない。
　　太鼓をもって廊下を走っているなべちゃん。みんなが眠っている部屋を縦横無尽に動きまわって外に出ようとするが、子どもを踏んだりはまったくしない。外に出て砂を太鼓にかけ、太鼓の皮ではじかれる砂の動きに見入っていたが、太鼓の向きを変え、太鼓の胴に砂をかけ、その後あたかも飲むような仕草をする。

第3章　しもちゃん・りょうちゃん・なべちゃん・うえだくん、そして私たちの発達……

坂へかかってくると、ひっぱっているようにみえますけれども、ものすごい力で押してきたのでびっくりしました。

衝突、あっちこち衝突してしまうほどでした。

"いけた！"って、この時に思ったんです」

（次頁写真7）

その後、次のように田中の解説が続く。

「何がいけたのか、よくわかりませんけれども、とにかくその押しまくってくれたっていうことが、これだけのことがあれば、何かできるんじゃないか。

でも、その上り坂で発揮してくれた力は、下りの坂道ではうまくいきませんでした。両方とも耳が聞こえないっていう障害をもっているもんだから、こちらの言うことも、なかなか通じません。で、前にもう一台機関車に来てもらって、やったんですが……、坂道のもつ意味というものは、上り道の場合と、それから下ってくる場合とでは、少し違いそうだなあ、と」

この「坂道のもつ意味」の発見は、『夜明け前の子どもたち』の映画の中でも、心に残ることばの一つである。

なかなか「石を運ぶ」という活動にさそっても、なべちゃんの方はうまく入ってこず、かかわる田中も悪戦苦闘している様子がとらえられている（No. 3〜5）。

第3部　あらためて『夜明け前の子どもたち』の発達の世界に迫る

　ところが、坂道でまさに「発動機」が働きはじめる。なべちゃんの体勢も、それまでの、からだをひくような姿ではなく、力を入れて押そうとしている様子がうかがえる。しかも、同じ坂道であってもくだり坂では、なべちゃんばかりかいくまくんも、なかなか動きはじめにくくなってしまう。たしかに不思議な場面だった。

　こうして発見された「登り坂の持つ意味」をふまえ、「石運び学習」ののち、園内でのプールづくりに取り組む。園内でわざわざ仮設の坂道をつくり、それをつかって可能な園生みんなで参加するという取り組みが行われることになった。こうした実践の展開をみるにつけ、先行する実験的な野洲川での「石運び学習」の取り組みがいかに大きな意味を持ったか、そして紐で縛るという前提でしか向

160

き合えなかったなべちゃんと実践者の関係から脱することができた。なべちゃんをみる目の転換にもつながる場面だった。「石運び学習」の「学習」は、実は実践者の学びを意味していたのかもしれない。

「石運び学習」についてはこうした実践上の突破口としての意味をおさえつつ、しかし、実験であるがゆえの限界も見ておく必要があるだろう。

特に、注目したいのは、この実験的な取り組みの中では、なべちゃんの表情が一貫してさえないことである。もちろん、園内で紐をほどいた場面でも、あまり豊かな表情は見せていないので、むしろそれが当然ともいえる。しかし、園内でのプールづくりでは、驚くほど豊かな表情を見せている（1:24:50 以後）。この園内のプールづくりに、なべちゃんはお気に入りの手押し車を一人で押して参加している（その手押し車は、野洲川の「石運び学習」にも参加していた池沢俊夫さんが車を紐で前から引いてはいるが）。最初は、なべちゃんは、やはり地面をのぞき込むように参加している（写真 11 〜 13）。そこに、坂の上から白い服を着た園生が、降りてくる。その園生をなべちゃんはちらっと視野に入れる（写真 18）。

その園生は、なぜか再び方向を変えて、なべちゃんの方からすこし遠ざかる。その園生を目で追いながら、顔をあげていき（写真 19）、なぜか誇らしげなにこやかな表情で大きく口を開ける（写真 20 〜 25）。この場面では、音が収録されていないので、なべちゃんが声を出したかどうか、どんな声を出したか、までは不明だが、おそらく突然に大きな声を出したのだろう。というのは、なべちゃんの後ろで坂道を下っていた女の子が、振り向いてなべちゃんの後ろ姿を見ているからである（写真 25・26）。

このなべちゃんの表情と声、これを野洲川での「石運び学習」では見ることができなかった。いや、実はそうした姿もあったのかもしれないが、野洲川での「石運び学習」とは違う条件が、園内のプールづくりにはあって、なべちゃんの笑顔や発声を引き出していたのではないか、と考えてみたいのである。

野洲川の「石運び学習」は、あくまで実験的な試みだった。もちろん、撮影班や参加した職員には、先にも述べたような明確な仮説・問題意識があった。ただ、実験であるために、参加した園生たちの疑問、「なぜ、石を運ぶのか」という実践的な問いには答えが存在しなかった。

そこに参加している子どもたちにとっては、確かにそれほど難しい活動ではないはずだが、なべちゃんを含め多くの子どもたちも、一つひとつの行動の区切れで立ち止まることが多く、なによりも表情が、かたい。一方、スタッフは、ほぼ子どもと同数いて、積極的にかかわっているのだが、全体の動き・雰囲気がとても重い感じが映画から伝わってくる。

一見、物理的には同じような条件で、人的にも決して少ないわけではない。園

内のプールづくりでは、職員やボランティアが、園生をないがしろにしているわけではないのだけれど、むしろ石を運ぶことのみに気を取られているようにすらみえる。野洲川の「石運び学習」では、川原から土手におかれた木箱まで石を運び上げるのだが、それはあくまで試み的な取り組みに過ぎず、一日の「石運び学習」がおわれば、みんなで運び上げた石は、そこで子どもたちとのつながりが切れる。つまり、土手の上の箱に川原から石を「運び上げ入れる」という行動は、園生と実践者が分かちもつべき目的・目当てを欠いている。園生にとっては、自己目的的な活動なのだ。つまり、構造としては、「石運び学習」は、その活動の中に目標地点はあるけれども、目的がない、このことがなべちゃんだけではなく多くの子どもたちにとっても戸惑いの大きな原因になっていたのではないか。

ましてや坂道でない場面では、石ころだらけの場所まで石ころを運んでいく（図⑪）、必然性のあまり感じられない場面になってしまっている。

それに対して、園内でなされたプールづくりでは、石はプールづくりの材料であるから、運べば運ぶほどプール予定地で石が増えていく。「プールをつくる」という大きな具体的な目的は、難聴のため話しことばを理解しにくいなべちゃんにとってはつかみにくいかもしれないが、「石をたくさん集める」という目的の手段として「石を運ぶ」ということは、一次元可逆操作といわれるなべちゃんにとっても理解できる。しかも、そうした目的をもった活動であるプールづくりの構造は、「石をいっぱい運ぶ」という目的・目当てが、職員もボランティアも園生たちも共有可能である、そんな構造の違いをなべちゃんもしっかり取り込んで、上述のような姿を見せているのではないだろうか。

「おーい、がんばりや、まだおわらへんで」、そんななべちゃんの心の声が聞こえてくる気がする（写真21〜25）。

野洲川での「石運び学習」という実験において、「登り坂の意味」という大切な宝物を撮影班や職員たちは発見した。しかし、そこから実践として引き出すべきは「坂道があるから発動機がしっかり働く」という気づき以上に、実践の必要条件は坂道ではなく、目当て・目的のある活動の構造であるという点ではなかったか。実験が呈示する「わかりやすさ」は、なべちゃんにとっても重要な配慮ではある。しかし、それだけでは、実践全体も構想で

図⑪

第3章　しもちゃん・りょうちゃん・なべちゃん・うえだくん、そして私たちの発達……

きない。実践には、そこに参加する子どもたちの「なぜ？」という問いに対してどう向き合うか、を抜きにすることはできないのであろう。

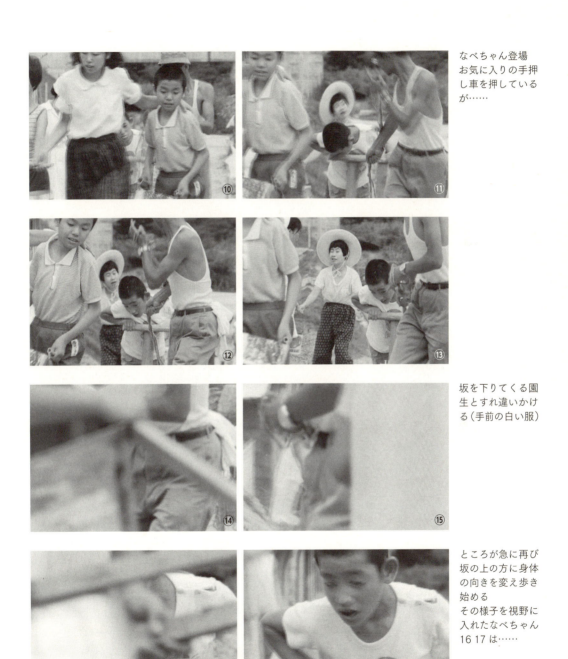

なべちゃん登場
お気に入りの手押し車を押しているが……

坂を下りてくる園生とすれ違いかける（手前の白い服）

ところが急に再び坂の上の方に身体の向きを変え歩き始める
その様子を視野に入れたなべちゃん 16 17 は……

第3部　あらためて『夜明け前の子どもたち』の発達の世界に迫る

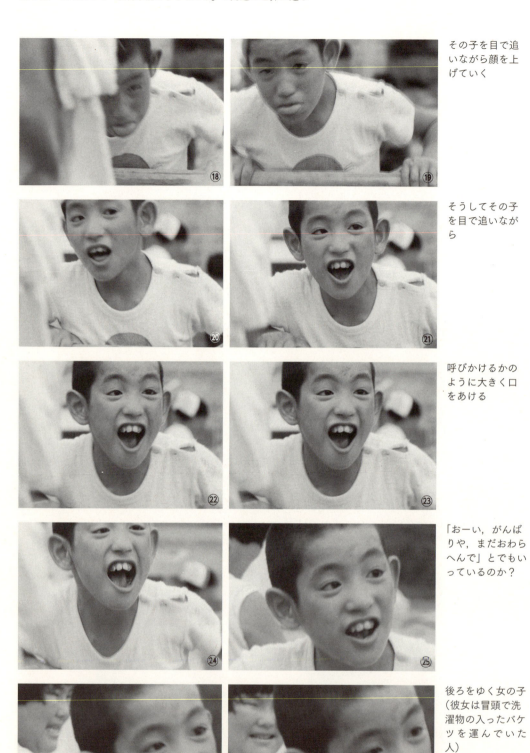

その子を目で追いながら顔を上げていく

そうしてその子を目で追いながら

呼びかけるかのように大きく口をあける

「おーい，がんばりや，まだおわらへんで」とでもいっているのか？

後ろをゆく女の子（彼女は冒頭で洗濯物の入ったバケツを運んでいた人）
はなべちゃんの声に気づいたように26 27振り返る

4　うえだくんの「心の杖」と発達保障

(1)「心の杖」

　　　　　うえだくんは、第一びわこ学園の北病棟で生活をしている。この北病棟は映画撮影時点で、窓に金網が張ってあるという環境だった。こうした環境から子どもたちも職員も解き放たれたい、そういう切実な願いをもって、野洲川の川原での「石運び学習」にうえだくんも含む北病棟の子どもたちや職員が参加をした。

　　この北病棟の指導主任の森敏樹がなべちゃんを縛り付けている紐について、「そうゆう職員と子どもとのかかわりがあって、子どもが逃げない訳ですよね。ヒモで縛る場合には職員がそうゆうかかわりを、もう、放棄してしもうとる訳ですよね。そうゆう意味で、それはいろいろな条件があります。そうゆう中で縛らざるを得ない条件もありますけれども、そうゆう中で、できるだけ縛ることにかわる、ヒモにかわる何かが見いだせんか、これが絶えざる悩みですよね」と語っているのは、同じような「かかわりの放棄」という危険にぶつかっていたからでもある。

　　うえだくんの手にしている紐は、やはり縛り付けられた姿だが、なべちゃんを縛り付けている紐と同じではない。うえだくんは、自分で紐つかんでいる。だからうえだくんの心が紐に縛り付けられている。うえだくんは石を運ぶという活動ができないわけではない。にもかかわらず、紐を離さないために、石を運ぶという活動に積極的に参加できない（ように見える）。それは、石運びの学習場面にふさわしくない、合理的でない、とみえる。だから「石運び学習」を組織してうえだくんにかかわろうとする実践者にとって、こうしたうえだくんの紐は、結果的に実践者前に立ちはだかる「拒絶の壁」のように見えたのかもしれない。

　　その「拒絶の壁」が崩れさえすれば、うえだくんの「発動機」が動き出すのではないか。それに成功すれば北病棟をおおっている金網も崩すことができる、そんな思いが伝わってくる場面である（シーン22　園外療育活動――5月22日第3日目――0:45:00）。

　　うえだくん以外にも、「石運び学習」に箒をもって参加した女の子がいる。「石運び学習」の場面で彼女は、他の子どもとすれ違いざまに、箒を取られると急に歩みを止め、うずくまってしまう姿をみて、田中はその箒やうえだくんの紐を「心の杖」と呼ぶ。つまり、「石運び学習」に参加して、「心の窓」をひらいたとき、不安定な心を支える「杖」として、箒やヒモを求める、そういう理解だったのだろう。

　　私たちも、問題行動を解消しようとせっかちにかかわってしまうことがありがちだ。そして、「石を運んだからヒモをあげる」というように、いわば"ご褒美"として「心の杖」を利用する、そんなかかわりも一つの方法として用いられるこ

165

とがないわけではない。それに対し、"ご褒美"として与えられた紐を拒否し、自動車の中にこもってしまったうえだくんの姿を、田中は「精神医学的問題があるとは言われながらも、人間的な心の働きを読みとることができました。『心の杖』をただ他のものに置きかえよう、そのことだけに一生懸命になって、焦らしてしまうことになると、結局うえだくんは『心の杖』を"自動車の中に入る"という形で自分よりもっと大きな世界を杖にしてしまう。そうゆうふうになってしまったんでは、北病棟を野洲川に作ってしまうことになるんじゃないか。それではいけないんだ、というところまではわかってきた」という田中のことばは、実に重く私たちに突き刺さる。

そうして、こうした鋭い分析も、「北病棟を野洲川に作ってしまうことになるんじゃないか。それではいけないんだ、というところまではわかってきた訳ですけれども、さあ次にまだどうしていいかわからない」、つまりうえだくんの紐を「心の杖」として大切にするべきであることは了解できたけれども、紐という「拒絶の壁」をのりこえて、どのようにして実践における発達的交流関係を構築していくかは、この場面ではまだ見えてこない。

(2) 求められていたのは、どのような実践における発達的交流関係か？

ここで「心の杖」と呼ばれているような姿は、一次元可逆操作前後に見られやすい姿である。その「心の杖」をここではまず実践的な概念として取り出している。

後年『みんなのねがい』誌で田中は、この問題をめぐる議論を「初心にたちかえって、子どもたちの心がもっとわかるようになることへのむずかしさにたじろぎかけました。しかし、それは子どもが変わってくれることへの問題である前に、私たちが変わっていくことのむずかしさの問題でした。働きかけかたを変えていくことがこのむずかしさを解いてくれます」[23]とふりかえり、「心の杖」について「心（自我）」と議論を一歩展開し、具体的には「一歩退いて『心の杖』を渡して、いっしょに前進していくこと（傍点引用者）」、そのようにうえだくんのヒモを捉え返すことで、「子どもの心がわかっていく第一歩になる」のであって「子どもたちの『心の杖』は、私たちと（子どもたちとが：引用者）"心を結ぶ杖"としての役割」を果たしている、と述べている[24]。

さて、実践における発達的交流関係という面では、その関係の担い手の一方の主体である子どもについて「自我」と読み替え、関係をより具体的に検討しようとしている（図⑫）。では、実践者と生活主体（ここでは「自我」）はどう結ば

---

23) 田中昌人「連載　人間の発達」『みんなのねがい』No.253、1989年、p.70
24) 田中昌人「連載　人間の発達」『みんなのねがい』No.253、1989年、p.71

れているのだろうか。

　少なくとも、実践者がうえだくんにさからわず紐を返して石運びに参加するという場合、その実践者とうえだくんのあいだの結びつきは、本当の結びつきといえるのだろうか。先に「交換可能性」について述べた（第3部第2章）。この場合、交換とは、実践主体と自我の位置を入れ替え可能であるということだ。

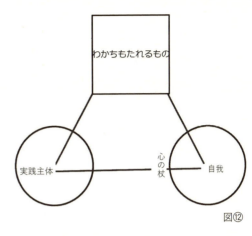

図⑫

だから、実践主体にとっては、「心の杖」は必要がない。したがって、このままでは交換可能性が成立していない。

　ここに、「石運び学習」場面における、うえだくんと実践者との関係の危うさが潜んでいる。

　すくなくともうえだくんは、職員の指さしなど動作をみて、その方をふりかえるというように、周囲の人の意図をつかもうとしているし、その意図に応じようともする。「石を運ぶ」という場面で、容器に石を入れる、あるいは石を運ぶ目標地点の箱に石を入れる、というように、目標は意識している。しかし、目的はどうだろうか。

　うえだくんにとって、目的は二重のつかみにくさが存在している。まず第一に前節のなべちゃんの部分で述べたように「石運び学習」という場面そのものに実践としての目的（必然性）が存在していないこと、第二には、おそらくうえだくんはことばの世界に入り切っていない、したがって目的を目的として成立させる基盤がととのっていない、この二つの制約が、うえだくんと実践者の実践における発達的交流関係を「目当て・目的」を分かちもつという水準で展開させにくくしている。

　ただ、まだ目的的活動期（第3部第2章）にしっかりと入れていないとすると、逆に「石運び学習」の目当てのつかみにくさは、うえだくんにとっては決定的な制約にはならないということでもある。そこで、うえだくんと実践者との実践における発達的交流関係を、目的的活動期の手前の志向的活動期のものとして構成し直すと、どうなるだろうか。動作に埋め込まれた意図を分かちもつ、つまり"いっしょの行動"が焦点になってくるのではないか。

　うえだくんに紐を渡すのは、「うえだくんに逆らわない」のではなく、うえだくんが必要としている発達的交流関係にチャンネルをあわすという点で欠かせないということだったのではないか？

一緒に目標地点まで歩く楽しさ、心地よさなどが、この「石運び学習」で追求されるべき実践における発達的交流関係だったのではないか。うえだくんがヒモを放せるようにとかかわった職員は、当時の第一びわこ学園の指導主任の森敏樹。森敏樹は、本書第1部にもあるように、その後、宮崎のつよし学園の園長として赴任する。

　その森さんが後年つくったつよし学園の園運営の方針の中には、「園教育の基本姿勢」として第一に「何時もこの人たちの目の輝きや生き生きとした表情を大切にしよう。そのためには、われわれ自身が、まず、本気でこの人たちとの生活や活動を楽しむことである」とあげられている。「われわれ自身が、まず、本気でこの人たちとの生活や活動を楽しむ（傍点引用者）」とは、おそらく、ここで述べた実践における発達的交流関係の交換可能性という論点にかかわった教訓を、びわこ学園において学び、それをつよし学園の実践へとつなごうとされたのではないか。

5　おわりにかえて
——「発達保障」と「実践における発達的交流関係」

　かつて学校教育や施設が、国のサボタージュによって充分に整わない中、障害のある人たちのさまざまな事情を理由にしながら、正当化することが続いていた。

　しかし、残念ながら、それは、過去のできごとではない。

　2004（平成16）年に発達障害者支援法が成立した。人間の「発達の支援」が掲げられた初めての法律だが、知的障害者については、知的障害者福祉法には、発達支援はおろか、発達という言葉すら存在しない。障害の有無を問わず普遍的に存在するはずの人間発達の事実を一部の障害については除外し、支援を分断する実態はなお続いている。

　さらにいえば、行政的概念としての知的障害は、いまなお知能指数で操作的に定義されるという実態がかわらず存在し、その点に関して言えば知的障害概念は「精神薄弱概念」とおなし論理構造の上に構成されている。1913年に知能指数概念が登場し、知能指数概念が優生学と深く結びついてきた歴史をかかえながら、100年以上経過してもその克服が完全にはできていないことは、早急に解決すべき発達研究のかかえる重要課題であるといえよう。

　また教育や福祉を人間の基本的な権利として位置づけるのではなく、国の権限や市場における便益にすり替える動きもなくなっていない。こうした現実のなかで、障害のある人たちに学校教育の機会が保障され、またさまざまなサービスが提供されたとしても、実践における発達的交流関係において見たとき、「味方

第 3 章　しもちゃん・りょうちゃん・なべちゃん・うえだくん、そして私たちの発達……

のつもりが敵になりかねない」という状態もまだ根底のところで続いている言わざるをえない。

　以上のような状況をふまえるならば、「発達保障」ということばは、なおいっそう大きな意味をもっている。「発達保障」の「保障」は「保証」とよく似たことばだが、そこで成立している関係がちがう。「保証」は、第三者がまもる、その間接的な証し、であるのに対し、「保障」は、外部からの侵入に際し、ともに自分たちをまもるため、それにあらがう拠点をつくること、である。

　これまで『夜明け前の子どもたち』をとおして、いわばその胸をかりながら論じてきた本稿一つのテーマは、「実践における発達的交流関係」であったが、それは「味方のつもりが敵になる」という非人間的な状況をくみかえるための実践概念検討の試みでもあった。しかし、実は田中昌人の「心の発見」「心の杖」、さらに後年の「心の窓」という実践概念の積み上げに学びながら、それとは異なる視点から再構成しようとした私流の試みに過ぎない。

　『夜明け前の子どもたち』はすでに完成後半世紀がたっているが、いまでもなおその映像を舞台にして多様な発達の理解の試みが可能な「私たち自身の学びと発達の舞台」になりうる生命力をもっている。多くの方のさらに多様で創造性豊かな試みを期待するものである。

　この映画を"プラットフォーム"に、読者のみなさんそれぞれの豊かな『夜明け前の子どもたち』深掘りの試みを、積極的に展開していただけることを願っている。読者のみなさんが、そうした試みをこの映画を舞台にして展開していただけることを願っている。

注：第3部で用いた写真は『夜明け前の子どもたち』（DVD版）から社会福祉法人びわこ学園のご了解を得て掲載している。右のうえだくんの写真（「石運び学習」時の休み時間）は、スチールを担当した田村俊樹さんによるもの。

障害の重い子どもたちの発達の「事実」を通して「発達保障」とはなにかを表象した療育記録映画『夜明け前の子どもたち』。当時この映画は各地の集会や学習会で上映され、障害のある人びとの発達と権利を保障しようとする人びとの理論と実践を励まし、とりわけ不就学のまま放置されてきた障害のある子どもの教育権保障運動における原動力となったことはよく知られている（玉村、2015）。

コラム

『夜明け前の子どもたち』の社会史にむけて

河合隆平

将来、障害のある人びとの発達研究の道に進み出ていくことになる男子高校生の回想。学校の文化祭でこの映画の自主上映会に参加した彼は「その内容はまったく知らなかったが、進学校のうんざりするような雰囲気とは対極の匂い」を嗅ぎ取り、「初めて触れた重症心身障害児の療育の重さに圧倒され」、「がらんとした教室で無言で座り込んで」しまったという（中村、2016）。「大学受験競争からこぼれ落ちた」彼の目には、自身が経験した能力主義の教育とは異なる「対極」の世界がどのように映っていたのか。あの時代、こうした無名の人びとによる「子どもたち」との出会いの経験が多様に生み出されながら、発達保障の「夜明け」が拓かれていったのだと思う。

「ウエダくん」や「ナベちゃん」の「人間的な心のはたらき」を読み取ろうと苦闘し、「シモちゃんの笑顔」に明日への希望を見出そうとした人びとは、全国無数に存在していたであろう。しかし、『夜明け前の子どもたち』が表象する障害の重い子どもたちの発達の「事実」や発達保障の思想は、社会の側に一方的に浸透していったわけではない。それらは、障害のある子どもたちと共に生きようとねがう人びとのささやかな生活や実践を媒介に、広範な人びとによる経験との相互作用を通じて発達保障の実践や文化としてかたちづくられ、共有されていったと捉えられないか。

これまで発達保障とは何かをめぐって研究や論究が試みられてきたのに比して、発達保障の思想の受けとめを可能にした人びとの主体性、社会の土壌や歴史的基盤はそれほど明らかにされてはいない。だから、発達保障を「自らのものとする」（シャルチエ、1992）という主体的な経験を明らかにすることは、発達保障の担い手の能動性と主体的条件に光を当てるばかりではない。今日の私たちの想像や感覚をはるかに超えていたであろう、あの時代に「発達保障」が放っていた輝きと独自の意味への

想像力を鍛えるうえでも大きな意味をもつはずだ。

「私は障害児の母です。しかし、不就学児の母にはなりません」「学校へ行けるようになった朝、私はこの子が家で荒れて壊したふすまに、憲法二六条と教育基本法を拡大した紙を貼り付けました。それを読んで、私は涙が止まりませんでした」(田中、2003)。たとえば、わが子の不就学の経験から教育の権利を捉え返していく母親たちのこうした主体性は、発達保障との出会いと相互作用にまつわる経験に接近することによって、その歴史的な「事実」と時代性を適切に理解することができるだろう。それは翻って発達保障の民衆的基盤を明らかにすることにつながる。

学園職員として映画の製作に携わった田中昌人は当時、「『夜明け前の子どもたち』が石運び作業で展開した人間の連帯の発達を学んでいった夏、全国のなかまの力は、全国障害者問題研究会を結成して、障害種別や地域をこえた自主的・民主的研究運動を生みだしました」と述べた(玉村、2016)。学園の内と外を超えて、障害の有無にかかわりなく、人びとが「なかま」を求めてつながり、共に生きることに価値を見出していった時代性に光を当てること。『夜明け前の子どもたち』の社会史の課題はここにある。

この映画は約半世紀にわたり発達保障の実践や理論の拠りどころとされてきた。今日、映画に関する映像フィルムの発掘と分析が進んでいるけれども、「つぎつぎとつくりなおされる後知恵」(安丸、2012)である歴史研究の側から、映像が記録し

石を運ばない石運び学習をしている田中昌人。なべちゃんも、ほほえんでいる(撮影・田村俊樹)

た発達保障をめぐる表象と意識に接近し、いくつもの表象をつなぎあわせていくなかで、私たちが未だ知り得ぬ「極微の世界」に出会うことができるのだと思う。

(金沢大学人間社会学域学校教育系准教授)

[文献]
田中昌人『障害のある人びとと創る人間教育』大月書店、2003。
玉村公二彦「すべての障害児の発達と『権利としての障害児教育』」中村隆一・渡部昭男編『人間発達研究の創出と展開―田中昌人・田中杉恵の仕事をとおして歴史をつなぐ』群青社、2016。
中村隆一「〈発達の旅〉のすすめ」『人間発達研究の創出と展開―田中昌人・田中杉恵の仕事をとおして歴史をつなぐ』群青社、2016。
安丸良夫『現代日本思想論―歴史意識とイデオロギー(岩波現代文庫)』岩波書店、2012。
ロジェ・シャルチエ(1992)「表象としての世界」ジャック・ルゴフほか(二宮宏之編訳)『歴史・文化・表象―アナール派と歴史人類学』岩波書店、1992。

資料編　記録映画『夜明け前の子どもたち』ナレーション

目次

シーン1：協力タイトル　173

シーン2：企画タイトル 0:00:26　173

シーン3：プロローグ 0:00:37　推定 1967-10-04　173

シーン4：メイン・タイトル 0:04:33　174

シーン5：みついくんの入園 0:04:47　1967-04-20　174

シーン6：第二びわこ学園西病棟 0:06:57　1967-04-20　174

シーン7：第二びわこ学園東病棟 0:10:49　推定 1967-04-19〜26　175

シーン8：東病棟の散歩 0:12:52　日付不明　176

シーン9：鯉のぼり 0:15:36　1967-04-30　176

シーン10：子どもの日 0:18:35　1967-05-07　176

シーン11：林田先生の別れ 0:23:43　日付不明　176

シーン12：みついくんの友だち関係 0:26:00　日付不明　177

シーン13：歩行訓練 0:27:41　日付不明　177

シーン14：作業員とのかかわり 0:28:09　1967-05-15〜16　177

シーン15：友だちどうしの食事 0:30:30　1967-05-18　178

シーン16：リズム運動遊び 0:32:15　日付不明　178

シーン17：小林君の死 0:33:17　1967-05-18　178

シーン18：第一びわこ学園南病棟 0:36:02　日付不明　178

シーン19：第一びわこ学園北病棟 0:39:08　1967-08-03〜04?　179

シーン20：不思議な太陽 0:40:27　1967-05-17　179

シーン21：園外療育活動──第1日目──0:40:44　1967-05-17　179

シーン22：園外療育活動──第3日目──0:45:00　1967-05-22　180

シーン23：べっきくんの場合 0:52:51　日付不明　181

シーン24：いくまくんの場合 0:53:41　1967-05-16　182

シーン25：園外療育活動──第4日目　共同作業──0:54:33　1967-05-24　182

シーン26：参加できないわたなべくん 0:56:31　日付不明　182

シーン27：園外療育活動──第5日目──0:59:44　1967-05-25　183

シーン28：容器づくり 1:01:53　1967-07-19　184

シーン29：東病棟療育会議 1:04:33　1967-06-06　184

シーン30：園外療育活動──第8日目──1:07:29　1967-06-08　185

シーン31：園外療育活動──第9日目──1:08:57　1967-06-10　186

シーン32：園外療育活動──最終日──1:13:49　1967-06-29　187

シーン33：梅雨の季節 1:18:35　日付不明　188

シーン34：ガラス拭き 1:19:54　1967-06-17　188

シーン35：園内療育活動──麦寮参加──1:22:17　1967-07-20〜08-10　188

シーン36：シャワー遊び 1:26:13　1967-07-31　188

シーン37：渡辺君の病気 1:26:53　日付不明　189
シーン38：園内活動　歩けない子ども―― 1:27:48　1967-07-20~-08-10　189
シーン39：プールびらき 1:32:53　1967-08-14　189
シーン40：水泳 1:34:52　1967-07-28　189
シーン41：花火買い 1:35:41　1967-08-26　189
シーン42：盆おどり・花火大会 1:37:45　1967-08-26　189
シーン43：ワイドレンズで見たプレールーム 1:39:13　1967-08-27　189
シーン44：南病棟――朝の時間―― 1:42:19　日付不明　191
シーン45：秋の琵琶湖畔 1:43:34　日付不明　191
シーン46：名神高速道路とびわこ学園 1:44:08　日付不明　192
シーン47：南病棟日光浴 1:44:40　1967-10-09~12　192
シーン48：下出口君の笑い 1:46:59　1967-10-13　192
シーン49：西病棟――深夜勤務―― 1:49:36　日付不明　192
シーン50：冬 1:51:41　1968-02-09~11　193

1　全国障害者問題研究会第37回全国大会（滋賀）田中昌人記念講演特別資料　完成台本　療育記録映画『夜明け前の子どもたち』（全国障害者問題研究会　2003）より、ナレーション部分のみ。
2　シーンの見出しはシナリオを参照したが、映像のシーンごとに日時を、そして園外療育活動については回数も付け加えた。日時の推定には、残された未使用フィルムのリールに付された日時を、また同一場面のものは、服装などで類推したものもある。〇は、脚本担当の秋浜悟史による台本にもとづいたナレーション（植田譲）、□は田中昌人による解説を示す。また「保母」などの表現は脚本段階のままとした。
3　シーンの時間は、映像の切り替わりを指標にした。
4　典拠した全国障害者問題研究会第37回全国大会（滋賀）田中昌人記念講演特別資料　完成台本　療育記録映画『夜明け前の子どもたち』（全国障害者問題研究会　2003）では、「プールびらき」が34となっているが、前後のシーン番号が38、40となっているので、ここでは39としてあげている。
5　最終校訂は中村隆一（2016年12月15日）。

シーン1：協力タイトル

シーン2：企画タイトル 0:00:26

シーン3：プロローグ 0:00:37　推定1967-10-04

〇光を感じているが、見えてはいない。音を感じているようだが、聞えない。口は、――口はただたべものを流しこまれるためにだけあるようで、そうして十年間をねたきりで暮らしてきた。

重症心身障害児と呼ばれている。

○歩むことのできる子どもたちがいる。動きまわる重症心身障害児と呼ばれている。今、音楽にのって歩を刻んでいる。そのはずだ。

　そのはずだ、というのは、子どもたちの心のうずきを、体のひずみをうかがい知るのが非常にむずかしいから——。

　○わからないことが多過ぎる。しかしこの子どもたちも、人に生れて人間になるための発達の道すじを歩んでいることに変りはない。そう考える人たちがいる。障害をうけている子どもたちから、発達する権利を奪ってはならない。どんなにわからないことが多くても、どんなに歩みが遅くても、社会がこの権利を保障しなければならない、そう考える人たちがいる。

　○琵琶湖と大津市を望む山ふところに1963年病院の形をとりながら、病院以上のものをと期待してたてられた。

　第一びわこ学園——。70人の子どもに63人のおとな。このうち、看護婦、指導員、保母など、直接の療育者は、子どもの数の二分の一。

　1日24時間を三交替で働いている。

　○琵琶湖をへだてて、30キロはなれた野洲の里、高速道路わきのかたいなかにも、90人の子どもたちとの生活がある。

　第二びわこ学園——。

　○重症心身障害児と呼ばれている子どもたちへ、医療に加えて教育を。医療の"療"と教育の"育"はおたがいに結びつかなければならない。そのびわこ学園の療育活動に映画が参加することになった。

シーン4：メイン・タイトル 0:04:33

シーン5：みついくんの入園 0:04:47　1967-04-20

　○1967年4月、第二びわこ学園で、ベッドが一つあいた。一つのベッドに入園待ちの子ども100人以上、順番がきて、入園できたのはみついかずお君だった。

　○はじめに園長が診察する。

　かつて健康優良児になったこともあるみついくん。

　9年の間、自分の手一つで育ててこられたお母さんは連れて帰れるものなら、と迷いに迷う。

　○私たち映画のスタッフは一緒に入園し、一緒に学んでいきたい気持だった。

　○解剖承諾書の壁に、私たちはあらためて身をひきしめた。

　「もちろん強制はしない」と聞かされ、お母さんはサインしなかった。

　○誰が名付けたのか、この道はたしかに"白い長い廊下"だった。施設と外の社会を、この道一本だけがつないでいるように、私たちには思えた。

　○白い長い廊下を渡りきると、おしっこ、よだれに薬の入り交った重いにおいが、私たちの体に満ちてくる。

シーン6：第二びわこ学園西病棟 0:06:57　1967-04-20

　○第二びわこ学園は、東と西の病棟にわかれている。みついくんは西病棟に入った。

○西の子どもの多くは、まだ自分で歩いたり、動きまわったりすることができにくい、しかし寝たきりのままでもない。言葉をかわし合う前の段階でつまずいている。
○みついくんの発達段階は生後9か月目に相当するそうだ。
○入園したてのせいだろう。ことさらにみついくんの心は開かないようにみえた。
○他の子どもたちになじめず、心を内にとざす時、特徴的に示すという同じような動きのくり返しがあるばかり。
（看護婦）
「あの子、自分で頭たたきます、あれすごい力ですね。手なんかこうすると、パーンってたたかれると痛いくらい、頭たたいている。あの時どうしてかしら、と思いますね。オムツじゃないかとか、坐らしてみたりってこと。そんなにしても泣きやまないと、何が気にくわないのかしらって思いますね、いったいどうしたのかしらって。しょっちゅうありますね。あの頭たたくのは……」
（医師）
「向うからの壁は割に厚いという感じがしますけどね。それだけに、そいつを破るというのは、なかなか根気がいるということでしょうけど……。ここ1か月位はある意味では全て試み的な性格をもつんじゃないか、という気がするんです。
子どもとの関係にしても、オモチャとの関係にしても、日課の流れにのせるというふうなことにしても、どういう反応をおこすかという試み的な関係がある……」
○医師と機能訓練の先生が足の機能をさぐる。
○生れて初めて歩行器を使う。
（機能訓練士）
「あの、人間の知能いうもんはね、こう動きと平行してね、やはり進むもんなんですね、あの、こう歩けるようになるとね、あの視界が広くなりますからね。視界が広がることによって、知能があの、進歩すると思うんです。
あの歩行器でもそうなんです。最初いやがってねぇ、あののらないんですね、歩行器に。それをまあ無理に訓練しよると、興味がわいてきて、やはり自分で動かすようになりますね」

シーン7：第二びわこ学園東病棟 0:10:49　推定 1967-04-19～26

○第二びわこ学園のもう一つの病棟の朝。
○東には、西病棟的発達の段階をのりこえていきつつある、あるいはのりこえて、次の世界をひらきつつある子どもたちがいる。
だが体の上のさまざまな障害がもつれを強めて、そこから先の発達の道すじは決して平らではない、そう私たちは知らされていた。
○なべちゃん――。耳がきこえない。ヒモをほどいたらどこへ行くかわからないという。事故があったらたいへんだ。命を守る必要悪として、縛られている。
子どもをヒモで縛ることが要するに気にくわなかった。
なぜ？　どうして？　とだれかれかまわずに私たちは質問してまわった。
○先生たちの願いも、私たちと全く同じだった。保母や看護婦の先生達もどうしたらよいか、と訴えていた。なべちゃんだけにかまっていられないことをなげき苦しんでいた。

　　　　○子どもがまた一人発作をおこした。つみあげていったものがあっという間もなくくずれ
　　　　る。子どもたちの発達のかまえと、病気に対するかまえを両立させる難しさがここにあった。

シーン8：東病棟の散歩 0:12:52　日付不明
　　　　○子どもたちは、自分の体を動かして外へ出て行くことが好きだ。
　　　　なべちゃんにしても外へ出たい要求を思いきりかなえてやったら、そこからヒモで縛らず
　　　　にすむ療育の方向がみつかるかもしれない。縛るからとびだしたくなるのだ。
　　　　○先生の手をはなす。
　　　　○とびだしたら、どこへ行くかわからないはずだったが、この時はみんなのいるところへ
　　　　戻っていくことができた。
　　　　○歩行車を押す時には、途中で決してすっぽかさない。
　　　　○先生たちとそんな発見をたしかめあった。生後一歳半頃にあたる発達の壁を破ろうとし
　　　　ている。しかし、これから後もなべちゃんはあいかわらずヒモにくくられ、私たちもなべちゃ
　　　　んのヒモにきつく縛られ続けた。

シーン9：鯉のぼり 0:15:36　1967-04-30
　　　　○鯉のぼりが泳ぐ季節。西病棟の先生たちがあげた。
　　　　○一方、東病棟では、大胆な計画がねられていた。子どもたちの手で、鯉のぼりをあげよ
　　　　うというのだ。
　　　　○遠くに見ているだけではつまらない。自分の体ごとさわって、感じて、はっきり見るこ
　　　　とができる。光がある。かげりがある。あたたかみがある。おもたさがある。変化がある──。
　　　　いつも首を床につけている子どもが世界をタテに見るように、おのずと姿勢をかえた。
　　　　○舌をこう動かすと喜びの合図。
　　　　○なべちゃんはこの喜びの仲間に入らなかった。もれていった子どもを巻きこむだけのゆ
　　　　とりは先生たちにまだなかった。

シーン10：子どもの日 0:18:35　1967-05-07
　　　　○子どもの日。
　　　　父母の面会日。
　　　　○白い長い廊下は、子どもたちの期待の道。
　　　　○みついくんのお母さん　　お父さんと弟さん。
　　　　○誰も会いに来てくれなかった子どももいる。
　　　　○みついくんの散髪をする。お母さんは美容師をしておられたそうだ。
　　　　○他の子どもにも、わけへだてなく心をかよわす親たち。
　　　　○東病棟でも子どもの日があった。
　　　　さようならの時がきた。

シーン11：林田先生の別れ 0:23:43　日付不明
　　　　○先生がおやめになる。

○悲しみがこんなにわかる。こんなに感情を語ることができたのか――。
私たちはひどく驚かされた。
○ともあれ、白い長い廊下を渡って、また一人、先生が去って行った。

シーン12：みついくんの友だち関係　0:26:00　日付不明
○みついくんがそろそろ受身のままから抜け出しはじめた。
（看護婦）
「あの子、いつも思うんですけど、こう子どもにかぶさって行くでしょ、他の子どもに。ああいう時は不思議だなと思って顔をのぞきこみに行くと、何か全然無関心な顔をしてやっているんですね。その子には全然無関心なくせに離すときはアーと泣きだす。どうしてかしらと思って何回か乗せたり離したりということをしてみたことあるんですが、やっぱりあの子でも、対人関係というものがありそうな気がししてきますね」
○私たちも少しずつ能動的に子どもたちと接することができるようになってきた。
これまで撮影してきたフィルムを学園の先生たちとたびたび見て、話合い、いくつかの提案ができるようになってきた。
（療育会議での提案）
（□田中昌人解説）
□「プレイルームでですけれども、やはり子どもと子どもをできるだけ関係をもたせるような"こんにちは"とかあるいは何かこう向い合せて言ってあげるようにした方がいいんじゃないかと思います。
それから指導者も、前にちゃんと立って、そして支えを入れる。つまり手をだすとかあるいは道具をだすとかというふうに、あるいは声をかけるというふうな向い合った関係で、そうゆう基本的な関係をまず最初の基本姿勢としてね、ちゃんとおさえておく。それからいろんなことが始まるんじゃないかと思います。
そうゆういつも関係をきちんきちんと単位として作るようなことが機能訓練なんかの場合にも必要じゃないかと話し合っております」

シーン13：歩行訓練　0:27:41　日付不明
○みついくんをひきとりたいといってこられたお母さんがこのフイルムの歩行訓練を見て、思い直して下さった。

シーン14：作業員とのかかわり　0:28:09　1967-05-15～16
○動くものに、働く人に強い関心を示すのは、この子どもたちも子どもたちなりに動くものが、働くことが大好きだからなのだろう。
○学園の拡張工事現場に働く人達が、柵越しに子どもたちと交流した。
意図してではないだろうが、子どもたちの気持を上へ向ける関係をつくる。
○ついに越境してまで子どもたちと遊んでくれる。仕事へとりくむ態度がそうさせるのか、子どもたちへも子どもの目の高さで働きかける。
○子どもたちは今、してもらったことを友だちどうしでたどっていた。

シーン15：友だちどうしの食事 0:30:30　1967-05-18
　　○自分にマヒがあって、リズムをこなしにくい。相手もそうだ。
　　○先生は注意深く見守る。もちろんマヒのある子どもたちにはたいへんな冒険だからだ。
　　○相手のリズムにふれて、自分のリズムをひきだし、相手のリズムに自分を合わせる。

シーン16：リズム運動遊び 0:32:15　日付不明
　　○みついくんと同じような発達の課題にたちむかっているグループのリズム運動遊び。
　　○さそいだしのリズムをかける。子どもたちはそれに共鳴して自分のリズムを、自分の感情を表にだす。
　　友だちから友だちへ、呼び、応え、それがみんなのリズムになって、高まり、ひろがる。

シーン17：小林君の死 0:33:17　1967-05-18
　　○5月18日。
　　友だちが一人急に病気で亡くなった。
　　○子どもたちは、まわりに起きていくことから学び、育つ。
　　この子どもたちの場合は今このことを知り、のり越えなければならない、と先生たちは考える。
　　（看護婦）
　　「可愛いです。私自身すごく助かるっていうんでしょうか、子どもがいるから。あたりまえのことですが、びわこ学園に子どもがいなかったら、勤める気にならない」
　　（別の看護婦）
　　「子どもが可愛いです。すごく。素直で」
　　（ある指導員）
　　「可能性というのを信じたいと思います、私は。どんな子どもでも何かしら、何かあるんじゃないか、それをまあ見つけなければならないんでしょうけれども私たちが。無限の可能性をもっている子どもなんだって。でもなんらかの形でそうゆうものが一つでもいいから、例えば手が、指が、一本でも今まで全然動かなかったのが動くとか、歩ける……、歩けることは可能じゃなくても廊下をゴロゴロころがれるとかね。ほんとに一つ一つの小さな進歩でもいいから共に喜び合えるような子どもに育って欲しいなあとは考えます。でもなかなかそれは……。現実的じゃないもんで……」

シーン18：第一びわこ学園南病棟 0:36:02　日付不明
　　○私たちは、大津の第一びわこ学園に通いだした。
　　第一びわこ学園は北と南の病棟にわかれ、南にはいわゆる寝たきりの重症心身障害児がいた。
　　寝たきりだからといってベッドから離さないのはていのいい縛りつけだ。
　　この子どもたちも、この子どもたちなりの豊かさをつくるはずだ。
　　どこに療育の糸口を見いだしたらいいのか。
　　○しもちゃん。目も耳も私たちをこばんでいる。表情にはそよぎもない。

表情を通して、働きかけの効果を確かめてきた私たちは、ここで拒絶の壁にぶつかったようなもどかしさを感じた。
○入浴後の水分補給。
○ほほを指でつついた時の応え方、3か月までの赤ちゃんによくみられるという。
○上を向いて寝かされている子どもだ。下を向いて寝ることもできるんじゃないか。上を向いているとき、いつも体全体がまどろんでいるようなしもちゃんだったのに──。
○夕ごはんの後、はってころがって、テレビを見にくる子どもたちにびっくりした。
○しかし私たちにとって、南病棟はなんとしても拒絶の壁であり、迷路だった。

シーン19：第一びわこ学園北病棟 0:39:08　1967-08-03～04？
○北病棟ではもっとひどいことになった。
○私たちはここでまた金網に縛られた。はじめは緊張し、手も足もでなかったというのが正直なところだ。
○北病棟の子どもたちは運動機能には障害がない。あっても軽い。精神医学的にみて問題のある子どもが多い。
○このままではやりきれない。子どももおとなもがんじがらめだ。味方のつもりが敵になりかねない。第一狭すぎるのだ。
○もっと心と体を解き放とう。この身動きのとれない状態を抜け出す手がかりとして、療育の場を学園の外へひろげてみよう。それを新しい友だちを得て行く中でやっていこう。
園外療育活動を共同でしようという呼びかけが、北病棟から東病棟に向ってなされた。

シーン20：不思議な太陽 0:40:27　1967-05-17
○子どもたちはメガネにいつも興味がある。世界をどうかえてみたいのか。

シーン21：園外療育活動──第1日目──0:40:44　1967-05-17
○園外療育活動へ、東病棟からは足で歩ける子どもたちが参加した。
○野洲の里は田植えが始まっていた。
第一びわこ学園のバスが来た。
そして園外の療育が野洲の川原に展開されることになった。
それはまさに歴史的な大事業だった。
（以下□は田中昌人の解説）
□野洲の川原で石を集めて、どうなるかわからないけれども、とにかくたくさんある石を運んで、最終的には東病棟の庭にプールをつくろう。そうゆうことで、学園の先生も、それから映画班の人たちもみんなが中に参加して具体的に学びあっていこう。そうゆうことになった訳です。
□私もまずりょうちゃんととり組みました。20分作業をして、20分休憩をする。また次に20分作業をするというふうな計画で進められました。
□なかなか手ごわかったんです。石を入れても立ちあがってくれません。やれやれと思って持たした、ところが進んでくれない。

なんか無理矢理やらせているような、いやそうじゃないんだ、と思いながら、とにかく石を運ばなければ、ということでいろいろやってみました。
　あとで先生がたに聞いてみますと、とてもそうゆう風な気持が強く感じられたそうです。
　□後から、横から、かかえるようにして、石を入れさせて、坂をのぼって、上にある石置場までもって行く。
　入れたらまたもとのところへ戻って行く、という、そういうふうにして、まず石運び学習の流れを会得させようとしました。
　□先生がたがこうして大勢こちらにつくと、病棟の中では人手が足りなくなる訳ですけれども、とても大切な事業なんだ。そうゆうことで踏みきったわけです。
【うえだくん】
　□最初の日は大変とまどいました。どうしたんだろう。先生にきいてみたところ、いつもこのヒモをもっているので、石運び作業に入って行く中で、このヒモが離せるようにならないだろうか、そう思ってんだ、っていうことでした。
　□力いっぱいやってくれる子もいる訳ですけれども、こうゆうふうに、他の子どももいけるもんだろうか、期待しながら、とても不安な気持で私もどんなふうに参加していいかわからなくて、どちらかというともたもたしていました。

シーン22：園外療育活動──第3日目──0:45:00　1967-05-22

　○5月22日、東病棟から4人の子どもがバスに乗る。
　□お気づきだったかもしれませんが、バスにのる時から箸を持っていましたが、川原に来ても箸を離しません。左手にしっかりと持っています。
　なかなか石運び学習の流れに入っていこうとしません。
　□なんだこんなものを持って、持たなきゃならないものはちゃんと持って、というふうな感じでした。
　先生に手をひかれて、ようやく行きかけたんですけれども、箸を、行き交う友だちにとられてしまう。そうするとあれほどやわらかかった体がとてもかたくなって行くことに驚かされました。
　不思議な魔法の杖のような働きをしています。
　またそれを持つと動きはじめる。
　□子どもをただ学習に連れこむというだけでなくして、なにかこうして心の支えになるものがどの子どもにもあるのかなめということを考えさせられました。
　「心の杖」というふうに呼んでみました。
　□第一日目にヒモをもっていたうえだくんです。今日はバスに乗る時にヒモを離してきたということでした。
　ヒモを持つ手がちゃんと道具を持って作業に参加しているのをみて、「心の杖」というものが他のものにかわっていけるように、そうゆうふうに私たちは働きかけていかなければいけないんだなあと思ったんです。
　□でも、うまく入っていかない。なんか険しい心のはたらきをみました。ヒモを離したから、だから自分の心の中で自分と闘っているんじゃないか、そうゆう風に先生は見ておられ

ました。
　□休憩時間、作業がなくなって、うえだくんは草をヒモのかわりに持っています。やっぱり「心の杖」というものを急に離させようとしてもそれは難しいんじゃないか、なにか徐々におきかえて行く、あるいは自然にかさぶたがとれていくように、心をしっかりしたものにして行くことが大切なんだなあ……と。
　草から紙へ、紙から帽子のヒモへと闘っていたそのうえだくん、なかなかそうなると作業に入ってきません。
　私たちはヒモをもたして、なんとか作業の中に入れてやろうじゃないか、そんなふうに思って「石を運ぼう、運んだらヒモをあげるから」そんなふうに考えてみました。
　□「それはちょっと難しいぞ」、先生はそうおっしゃってましたけど、まあそれで、いっぺん試みてみようじゃないか、ということになって、今度は学園の先生がかわりをして下さることになりました。
　でも難しそうです。
　向うへ行ったらヒモをあげるから。
　しゃあないなあ、ということで、あまりうえだくんに逆らわず、しかしやっぱり一度は目的地へまでいってから渡そうということを貫こうとしました。
　□また木ぎれを拾って……、どうもうまくいきません。
　□ま、なんとか運ばしては来たんですけれども一人で行かない。後から押し上げて行かなければならないような、不承不承という感じでした。
　□それからあと、私たちは大変考えさせられたんです。約束通り運んだからヒモをあげよう。あげよう。そう言ってもせっかく渡されたヒモを捨て、缶を捨ててしまいました。
　無条件にくれるんでなければいやなんだ。そんな焦らされるような形でもらったんでは、もらっても納得しません。
　精神医学的問題があるとは言われながらも、人間的な心の働きを読みとることができました。
　□「心の杖」をただ他のものに置きかえよう、そのことだけに一生懸命になって、焦らしてしまうことになると、結局うえだくんは「心の杖」を"自動車の中に入る"という形で自分よりもっと大きな世界を杖にしてしまう。そうゆうふうになってしまったんでは、北病棟を野洲川に作ってしまうことになるんじゃないか。それではいけないんだ、というところまではわかってきた訳ですけれども、さあ次にまだどうしていいかわからない。

シーン23：べっきくんの場合 0:52:51　日付不明
　【べっきくん】
　　□べっきくんです。北病棟にいて、友だち関係がうまくできません。
　　それは狭い中にとじこめられているせいかもしれない。
　　（指導主任の話）
　　○「病棟としては入園当初から、むしろ少しうちの子としては程度が高過ぎるんじゃないか、むしろ相手になる子どもがいないもんだから一人勝手なことをしたり、一人離れてしまった形での動きが多くなってきている。

あの子を見ている範囲の中で、やっぱりもう少しいい相棒がいるといいんじゃないかと、しょっちゅう話題にでてた訳です」

シーン24：いくまくんの場合 0:53:41　1967-05-16
【いくまくん】
□東病棟のいくまくんです。耳がきこえないんです。学校へ入学を申込んだんですが教育の対象ではない、受けとめれない、ということで断られています。
□人に気持が通じないもんですから、マジックで壁やガラスやあちこちに自分の気持を書きまくっています。
□顔に強いチックがありますけれども、なにか私たちに訴えかけているようにみえます。

シーン25：園外療育活動──第4日目　共同作業──0:54:33　1967-05-24
□先生は、園外活動の場で、この二人を組ませてみよう。
お互いに知らない、心の病気があり、あるいは耳が聞えないという関係で友だちになることができるかどうか大変難しいように思えたんですけれども、この川原の広さは思いきったことをやらせることに踏みきらせてくれました。
□先生が居なくとも二人だけで作業ができ、さらに他のやっている人にも、ちょっかいをかけて行くという。なるほどうまくいった。こりゃあすごいじゃないか、というふうに皆で話し合って、働くことを通して関係が、仲間どうしの関係がつくられていくことをもっと大切にしてみよう、先生たち、私たち、ともどもそういったことも話し合いました。
□きまりきった関係だけではなくて、その関係を他の人ともついていけるということで、そうゆうことで、閉ざされていた心を、それが豊かになっていかないだろうか。

シーン26：参加できないわたなべくん 0:56:31　日付不明
【なべちゃん】
□こいつが出たら、どないなことになるかわからへんで、という気持が支配していました。
□東病棟のなべちゃんは野洲川の石運び学習、園外学習に参加できずにいます。
□なべちゃんをやっぱり参加させるべきじゃないかという意見と、それはちょっと難しい、とてもたいへんなことなんだという意見とがあって、なかなか病棟の中でまとまりがつきません。
（療育会議での討議）
（ある看護婦の意見）
「それから園外活動に対しての考えですけれども、私自身、子ども自身にとっては、あの園外活動が日常生活に対して直結しないとは思っていません。直結してくるものだと思います。
問題にしたいのは、おとなの方の療育の考え方で、そうゆう外に出さなければ、友だち関係が作れないとか、そうゆうふうに思い、思っていかれそうなのが心配なわけで、そして日常生活の中ではそうゆう工夫とかをしないで、今のような外に出さなければ、ということがありますと、人手不足でもありますし、ますます減って行く状態ですし、ない状態でいか

にしたらいいかっていうのを、そうゆうことをね、考えるのが案外ここの場合少ないので、ちょっと心配だったわけです」
（ある保母の意見）
「あの、病棟の中で、なべちゃんの友だち関係をつくるのに、くくった中で友だち関係を作らせる。そうゆう試みっていうものをおっしゃいましたけど、私はなべちゃんに対して、一番考えなくちゃならないのは、くくる状態から離すというのが一番大切だと思います」
（別の保母の意見）
「あの、私も縛らないのが一番いいと思います。縛らなくてもいい状態でも縛ってる時もあるように思うし、そうゆう面で、あの、縛るのをほどくことが第一条件になるんだ、なるんじゃないか。それから何かが考えられていくんじゃないかと思うんです」
（看護婦の意見）
「あの離すことが大事だっていうことは充分わかっているんです。ただ今離したら、あの離しっぱなしにだったら、どこへ行くかわからない。職員が彼を探す、彼がいないことに気がついて探し出す人はほんの少ししかいない訳です。そこらへんのみんなの監視能力っていうものも足りない訳です。そんなところで、離すことだけが大事だっていうことは私は充分わかりながらゆっているつもりですから、そうゆうつもりで聞いて下さい。中のことをしっかりしないで、外にばかり目を向けるっていうのも、どうか、ていうだけです。

それから、そうゆう友だち関係とかを作るのに川原でのあれがいかにも出さなければつかないんだというようにちょっと聞こえるわけですが、今実際私なんかが試みていることは、あのなべをくくるとしたら、一本のヒモに充分動きがとれるように、一本のひもに二人とか三人とか、こうくっつけているんですけど、そしてその間におもちゃを置いたりして、そしてそのおもちゃを取ったり取られたり、あるいはのぞきこんだりすることによって人間関係というものが作られていくことができると思います」

シーン27：園外療育活動──第5日目──0:59:44　1967-05-25

○園外療育活動は、週に一度か二度、天気のよい日を選んでおこなわれた。
その5日目。
5月25日。
東と北の子ども合わせて11人が参加、指導者集団は8人。
（指導主任森敏樹の話）
「やっぱり園外活動なんかで、石をひろってポトンポトンと容器に入れることはできる。しかしある程度入れ終わったところで、その容器を持って運びだすにはやっぱりその子自身にとってみれば、なかなかこう、──なんていうんですか──、発動機がかからんという場合があるんです。

そこで職員がちょっと手をそえてやるとか、"サァ運ぼうか"と声をかけてやるとか、そうすると持ちあげることができる。それから容器をもって、運んでいる途中で職員が前に立って笛を吹いたり、手をたたいたりしなければ途中で缶をポトンと落としてサッサと違うところへ逃げてしまう、と。

しかしそこで職員が声をかけて、またあらためて持ちなおすとか、ひろいなおすとか、そ

してまた運び始める。そうゆう職員と子どもとのかかわりがあって、子どもが逃げない訳ですよね。
　ヒモで縛る場合には職員がそうゆうかかわりを、もう、放棄してしもうとる訳ですよね。
　そうゆう意味で、それはいろいろな条件があります。そうゆう中で縛らざるを得ない条件もありますけれども、そうゆう中で、できるだけ縛ることにかわる、ヒモにかわる何かが見いだせんか、これが絶えざる悩みですよね」
　（田中昌人）
　□「なるほどね、そのかかわり合って行くということ、それが自分の方から自発的に発動機が動いて行くように、そのためにぼくたちはどんな風な工夫ができるだろうか。
　例えば前に立つとか、手をたたくとか、笛を吹くとか、あるいはもっと他のことが考えれるかも知れない。
　そうゆうふうなことを、もっともっと考えていったらいいんじゃないか、そうゆうことなんやね。
　そうゆうことで、子ども子どもによって、どうゆうふうなかかわりをつくっていったらいいか、とてもいろんな発見できるんじゃないか、いろんなことが考えられていくんじゃないか、子どもの見方がまた新しく展開していくんじゃないかということなんやな」

シーン28：容器づくり　1:01:53　1967-07-19

　□まあこういったようなことで、道具も、とても大切なんだ。ただカンカンに針金をつけてぶらさげるっていうだけじゃなくして、もっと把手をつけてやるとか、大きさもいろいろ変えてみるとか、いろんな道具を作ってみよう、そうゆうことになった訳です。
　□病棟の参加できない子どもたち、とても先生たちが、そうゆうふうな生き生きと働いているところへ来て、手伝ってやろうということで、なんでこんなものを作るのか、とか、どうやって作るのか、というふうなことを……〈たずねてくる〉。
　□そうゆう中になべちゃんもとびでてくる。なべちゃんも、きっと聞きたかったんだろうと思いますけれども、まあ耳がきこえないということで、そこらへんに作られているものを、よし、これがよさそうだ、ということで、そうゆう「言葉」で入ってきてくれました。砂をすくったり、大好きな水をすくったり、とてもこの容れ物はよさそうだ……。
　□まあ来てくれるのはいい訳ですけれども、あんまり、その、"パンツぐらいはいておけや"、ということで、先生が履かしてます。
　石運び学習の中でいろんな子どもとの関わり合い、その中で発動機が自分の方から自発的に発動機がかかって行くことの大切さを学んでいた時でしたので……。
　ふとしたことなんですけれども、なべちゃんとの関わりの中で、右側の後からパンツを履かせようとして、履かなかったのが、前にまわって、そして手こそたたきませんでしたけれども、左側の足をたたいて履かしてみたら、うまくいった。なんかそこに面白いことがありそうだなあというふうに、気づかされました。

シーン29：東病棟療育会議　1:04:33　1967-06-06

　□できる子どもだけを石運び学習に参加させるだけではなくして、なんか困っている問題

がある子ども、そうゆう人たちを思いきって出してみようじゃないか。
　でもいけるだろうか。
（療育会議での討議）
（ある保母の話）
　「その次にヒモをなくすことって声が出たんですけど、それはあの行動半径にしても、前のようにどこまで行くかわからないっていうようなことでなくて、ある程度予測できるようになったっていうことが言えると思うんです。
　遊び方が自分で考えた遊びをするようになってきた。
　水遊びにしても、砂をかけて水を流して、そのくりかえしとか、それからあの何か水の上に手のひらをつけて音をたてて喜んでというか、そうゆう遊び方は、前はなかったのが、みえます。すごく変化してきたことは言えると思います。
　渡辺君は一人遊びが得意だったんですけれども、子どもどうしっていうことで、お互いに笑いあいっこしてたっていうことがみられたそうです」
（別の保母の話）
　「なべちゃんの場合なんか、最近砂遊びでもね、その水っていうもので、だいぶ変ったっていうか、それがすごく大切で、なんか太鼓とか、ああいうものね、卒業するっておかしいけれども、もっと違うものを与える。
　それは何かってことをみんなで話し合って……私はわからないけど……そうゆうもんが今のなべちゃんに必要になってくるんじゃないか……」
　□私はなべちゃんのこうゆう行動が、とても不思議に思われました。
　ヒモで縛られるとほどくとか。
　砂を入れてはこぼすとか。
　水を入れてはこぼすとか。
　車を押していっては戻るとか。
　しかも、ただそれをするだけではなくして砂を入れてはちょっとこぼして、とめて、またちょっとこぼしてとめる。
　あるいは車を押していって、ちょっと方向をかえて、もどって、また出して、またもどっていくというような、刻む行動がある。
　なんかそこに決まりきった行動を、自分の力で切り離して行く、解き放して行く力を、自分なりにつかんでいっている。つかめていってるぞ！、と訴えているように思えたんです。とても何かがある。きっと何かがあるはずだ、という気持を強くもって、そうゆう見方でなべちゃんの参加を期待しました。

シーン30：園外療育活動──第8日目──1:07:29　1967-06-08
　○6月8日。8日目になって、ついになべちゃん初参加。
　□どうなるかしらん、ということで、不安に思いながら、しかしこれだけの広さがあるから少々のことをしても構わない。なんかしてくれるだろう。
　みんなの流れに入ってきませんでしたけれども、とび出ていって、そして石を拾って、それで太鼓をたたいて、またそれを捨てて、新しい石を拾う、というふうな、なにか刻んでい

くという行動が、この広い広さの中でやっぱり展開して行く。
　前のことを思いかえし、そして今のことを思って、不思議だなあと思いました。
　□何もあんなふうに後からついていかなくてもいいのに、つい、あの、仲間の先生がしていることを、やぁ、やっぱり俺たちは、いつも学園の中でしていることを、同じようになべちゃんを追いかけてってしまうんだなあ、と思いながら、みんなの中に入れてやろうや、というふうなことを言いあったもんです。

シーン31：園外療育活動──第9日目──1:08:57　1967-06-10
　□で、この頃になりますと、できるといいますか、前から参加している人たちは、友だちどうしで、あの石を運んで行くということができていました。で、いくまくん、君ちょっと来てくれへんか、ていうことで、なべちゃんと組ませてみました。
　なべちゃん車を押すのがとても好きだから、それと同じようなとってをつけて、押させてみる。まあ車はありませんけれども……。いくまくんや、それから私が、かじとりをしてやれないだろうかと思ったわけです。
　坂のところで行動がとぎれてしまう。難物だなあ、と思ったんですけれども、坂へかかってくると、ひっぱっているようにみえますけれども、ものすごい力で押してきたのでびっくりしました。
　衝突、あっちこち衝突してしまうほどでした。
　"いけた！"って、この時に思ったんです。何がいけたのか、よくわかりませんけれども、とにかくその押しまくってくれたっていうことが、これだけのことがあれば、何かできるんじゃないか。
　でも、その上り坂で発揮してくれた力は、下りの坂道ではうまくいきませんでした。両方とも耳が聞こえないっていう障害をもっているもんだから、こちらの言うことも、なかなか通じません。で、前にもう一台機関車に来てもらって、やったんですが……、坂道のもつ意味というものは、上り道の場合と、それから下ってくる場合とでは、少し違いそうだなあ、と。
　□やっぱり坂の入口でこの人、立ち止っています。
　先生が姿勢をかえて、目の高さになって、ぐっと、心でひく。
　ずーっと坂のところを離れていっても止まらずにいっています。いろんな笛を入れたり言葉を入れたり、手を入れたり、あるいは道具を様々に変えたり、友だちどうしで運んだりというふうなことをして、その関わり合いが変って行く。
　ま、つまり子どもだけが発達していくんじゃなくして、子どもと私たち、そういった関係が発達していくといってもいいんだと思いますし、またそうなんだと思ったんですけれども、そのために、それが、かかわりが発達していく場として、この坂道に象徴される、まあ抵抗といったらいいでしょうか、そうゆうものを、状況として作っていかなければならない。これがこれから考えていかなければならんことになる、そうゆうものを抜きにしては、教育的な効果がそれほどあがらないんじゃないか、というふうなことを学びました。
　まあ、なんかいいことばっかり学んだように言いますけれども、なべちゃんにこうゆう駅弁の形で道具をもたせてしまったということ、道具に縛りつけてしまった。そうゆう形では、あの道具をたとえ離さなかったにしても、子どもに必要なことを作りだしたことにならない

んじゃないか。
　ともすると、子どもに必要な道具を工夫していくんじゃなくして、手っ取り早く道具で子どもを縛ってしまうというふうなことをしがちなんです。
　この日はいい試みと貧しい試みが同居した日だというふうにあとで話し合いました。

シーン32：園外療育活動──最終日──1:13:49　1967-06-29
　〇6月29日、曇りのち晴れ。13人の子どもと7人のおとな、それに私たち。
　□坂道のあったこれまでの場所に工事が始まったので、学習の場を変えました。
　うえだくん、あ、やっぱり「心の杖」としてのヒモをもっています。でも一人でやっているのではなくして、仲間と一緒に働くことができています。「心の杖」の意味が変わっているんだ、そのように私たちに言っているように思えます。
　一人の時の杖ではなくして、仲間と組むための杖に変わっている訳です。それだったら、ヒモをもっていたっていいじゃないか。ヒモをもっていると、そのヒモをはずさせようとするように、そうゆうふうにだけ私たちは見がちです。
　できないことをできるようにさせようとする。そのことによって相手の気持を無視して、できることをすら、できないようにさせてしまっていたのではないか。できることが、いろいろな仲間の中で、できるようにして行く。決まりきった関係の中ではなくて、仲間をかえていく中で、仕事をかえていく中でやって行こう。これがとても発達に働きかけて行く、そしてそのことをとり組んでいくことによって、私たちが子どもの見方をかえて行くことができる、という意味で、大切な方向じゃないか。
　上の方へ引っ張りあげていこうとすることによって、根っこが抜けたようにさせてしまう、そうなるんじゃなくして、先生たちの中で合言葉として、いわば「横への発達」というものを追求していこうじゃないか。
　□道具を担架のような形にしてみました。掴むところがしっかりしていて、そして両方の手から相手の動きが伝わってくる。そうゆうふうにして心が聞こえるようになるかもしれない、という訳で、作ったんですけれども、どうもその中に閉じ込められてしまうように受けとられたようです。なかなか入って来ませんでした。
　しかも具合の悪いことに、ここでは坂道がないということ、平坦な道であるということが、石運び学習を展開させるきかっけを作らせずにいるようです。
　□でもふとしたことから、先生が容器の中に石を入れてやると、それをこぼす、また入れるとまた捨てる。また入れるとまた捨てる、という関係を作っていく中で、どんどん自発的に、結果として、友だち関係を運んでいけていることに気がつきました。
　で、そのことに気がついた先生が、「石運びをしない石運び学習」、というふうな言葉をつけましたけれども、石運びというのは、とにかく石を運ばなきゃならないんだという見方しかできなかった私たちに、石を捨てて行く、そうゆうふうな石運びをしていって、人間関係を運んだというなべちゃんは、私たちにこの縛られた関係を解き放して行くということが、どうゆうことなのか、問題を投げかけてくれました。
　私たち自身の心を縛っていたものを開き放つんじゃなくして、こうして働いていくことを通して、解き放して行くんだ。

子どももそうなんだ、そうゆう方向をさまざまに工夫して行くことが、私たちの創造性を
発揮して行くことになるんだ、というふうに学びました。

シーン33：梅雨の季節 1:18:35　日付不明
○本格的な梅雨になった。
○仕事が終れば、引き上げるんでしょう。先生たちのふとした言葉が私たちにはつらかっ
た。私たちには長く続いた園外療育活動も、実は6週間のものでしかなかった。
田植えがまだ続いていた。

シーン34：ガラス拭き 1:19:54　1967-06-17
○はるばる白い長い廊下を越えて、大津にあるあざみ寮から、ガラスふきの応援がきた。
あざみ寮は、いわゆる精薄施設。
梅雨でガラスが曇ったんじゃないか、と心配してのことだそうだ。
○近づきたい。
だけどなんだかはずかしい。
東病棟の子どもたちが仲間に入った。
○あれだけ書きまくっていたいくまくんが、自分から消し始めている。
一人で書いていた時には、神経症的症状があったのに、消す時には、ほとんどなかった。
○園外の療育活動は、似たものどうしだけでなく、いろんな発達段階の違う子どもたちが
共通の場をつくり、触れ合うことに、豊かな成長のカギがあることを教えてくれた。それが
他の施設との頻繁な交流という形で具体的に展開されだした。

シーン35：園内療育活動──一麦寮参加──1:22:17　1967-07-20～08-10
○坂道なおしに一麦寮の青年たち。
○第二びわこ学園では、この坂道を使って、園内で石運びの学習をすることになった。
野洲の川原の経験を、今度は自分たちの生活の場で深めようというわけだ。
「進歩における極微の世界」には大きな装置が必要なのだ。
病棟と病棟との柵が、施設と施設との柵が、一緒に働く中で破られていった。
○足で歩ける子どもたちは、できるだけ参加する。
○七夕が過ぎた。
もう夏だ。
各地から集まってきた学生たちがこの療育活動の強力な支え手になってくれた。「進歩に
おける極微の世界」にはたくさんの人手が必要なのだ。

シーン36：シャワー遊び 1:26:13　1967-07-31
○石運びは10時から11時まで、雨の降らない限り、毎日続けられた。
○シャワーの工夫にも、空間の立体化が計られ、子どもたちの心は上へふくらんでいく。
○みついくん、入園4か月目──。

シーン37：渡辺君の病気 1:26:53　日付不明
　　　　○いいことずくめでことは進まなかった。なべちゃんが病気になった。
　　　　○仕方がない。例の手だ。また縛られた。ベッドから離すわけにはいかない。外へ出たい。

シーン38：園内活動　歩けない子ども――1:27:48　1967-07-20〜08-10
　　　　○ここに、こうやってプールをつくる、と教えているのだろう。
　　　　なべちゃんの悲しみの外側では歩けない子どもたちも石運びに参加するようになっていた。
　　　　○8月に入った。
　　　　プールが早く欲しいがそのために子どもをのけて工事を急いだってなんにもならない。

シーン39：プールびらき 1:32:53　1967-08-14
　　　　○8月14日をようやく迎える。
　　　　プールびらき。
　　　　○なべちゃん、元気になる。
　　　　○ヒモで縛ることだけに、子どもも先生も私たちも、もう心を縛られなくなっていた。
　　　　事実なべちゃんは、このあとヒモとの関係を完全にたちきるようになる。
　　　　○さあ、そうして貯えてきた力を、大海原に発揮しよう。
　　　　琵琶湖に泳ぎにきた。

シーン40：水泳 1:34:52　1967-07-28

シーン41：花火買い 1:35:41　1967-08-26
　　　　○子どもたちの代表が野洲の里から大津の街まで花火を買いにきた。
　　　　子どもたちみんなが来たかったのだが、なかなかそうは、簡単にいかないのが残念だ。
　　　　施設は街から遠い。社会から遠ざけられてあっては、この子どもたちだって先細ってしまう。
　　　　子どもたちがもっと社会へ出て行くような機会が欲しい。
　　　　子どもたちがそのことによって成長して行くために、社会がそれを受け入れることによって成長していくためにも――。

シーン42：盆おどり・花火大会 1:37:45　1967-08-26
　　　　○盆おどりに、地元の人たちが駆けつけてくれた。
　　　　他の施設とのつながりだけでなしに、施設の外の世界とも、まるい輪がつくれるようになってきた。

シーン43：ワイドレンズで見たプレールーム 1:39:13　1967-08-27
　　　　○8月27日、1日の流れを時間で刻み撮影した。
　　　　（園長と保母、看護婦たちの話合い）

ある指導員の話
　「本当にね、毎日していることは、あの子たちのために療育活動に取っている時間ていったら、午前中30分、午後30分が限度で、あとは全部集中管理みたいな形で、御飯をたべさせるとか、オシッコかえる時とか、歯をみがく時とか。あんな時はさせられている子以外は全部押しこめられている訳ですね。あとは他になんか準備する時間も押しこめられているし、押しこめられている時間ばっかりです」
　園長
　「それはそうでしょうね。現実には」
　指導員
　「でも、それをね」
　看護婦
　「結局、子どもたちがそうゆう長い時間押しこめられて、職員がその中でいろんな苦しみをもっているっていうものが、結局子どもと職員がなんか行き詰まり、いつも人手不足とか、そうゆう面で行き詰まり、結局流れにのらない訳です。だからやっぱり、その、ある、いろんな意味で例えば……」
　園長
　「金があればという意味ですか？」
　看護婦
　「お金がないということで、いつも頭うちされている訳ですけども、だからそういったことを同時に考えていかなかったら、もちろんその意味をもつそういった、あの、まあ、ああいうプレイルームの中の時間っていうのも、意味がなくなってしまう。しまってるっていう面が現在では強いと思うんです。確かに意味を……」
　園長
　「それはそうだと思います」
　看護婦
　「だからね。わかってるっておっしゃいますけれども、どんなふうに園長先生はわかっているのか、私にはよくわからないです」
　園長
　「わかっているとか、わかっていないとかいうのは、つまりそれがあればできる、とあるいは、しなければならないことがわかっているという意味ですか？」
　看護婦
　「いいえ、違います。その、そういった現実をわかっているっておっしゃるけれども、現実に、いつも欠員があったり、病欠者のかわりがなかったり、という中でやっているわけですからね」
　園長
　「そうそう」
　看護婦
　「だからそういったことの、こう改善していかなかったら、本当にわかっているっていう意味にならないと思います」

園長
　　「その通りだと思います。それはまあ、全く、まさしくその通りだと思います」
　　　指導員・看護婦
　　「それはまあ……、そうゆうふうに言ったら……。園長先生はそういってたらいいと思うけど……」
　　　混乱
　　　指導員
　　「今日みた映画、本当に恐ろしくなったわ」
　　　園長
　　「だけどさ、それはさ、その例えば今の僕なら僕が確かにできるのに、あるいは努力すれば届くのに、やっていない。ということであれば、ね……」
　　○野洲川の川原であんなに活躍していた子どもや　先生たちなのに、いつも生活している場へ帰ったら、後向きに歩み始めたようにしかみえない。外で、短い時間で学んだことを、いつも生活している場へ直線的に持ち込むのは、それは口でいうほど生やさしいことではないだろう。
　　○この８月、この国には、いわゆる重症心身障害児の生命が親の手で絶たれるという四つのケースがあった。

シーン44：南病棟──朝の時間──1:42:19　日付不明

　　　別の看護婦
　　「まわりをみていたら、耐えられなくなることがあんまり沢山あって、見ないようにしよう、見ないようにしようと思って。おとなのこと、仕事の流れ、学園自体のなんていうんでしょう、方針ですか。たくさんあり過ぎてわかりません。考えたくないんです」
　　　指導員
　　「本当に私らがどんなに毎日苦しい思いで勤務しているかということをわかってほしい」
　　　園長
　　「わかってほしいということは、それができるということですか」
　　　看護婦
　　「できる。もちろんしなければならないと思います。するように努力をね」
　　　園長
　　「努力はね。けどできるということと、努力をするということは、必ずしもイコールにならないから」
　　　看護婦
　　「ただそのために、みんなが力を合せて努力をして行くという姿勢というものが、なかなかびわこ学園というところを今まで見てきてもできない。なぜできない？……」

シーン45：秋の琵琶湖畔 1:43:34　日付不明

シーン46：名神高速道路とびわこ学園 1:44:08　日付不明
　　　〇いつまでも後を向いて眠ってばかりはいられない。子どもたちは人に生れて人間になるための発達の道すじを歩んでいる。その原則にたってたじろがない。その時、指導者集団は、見た目には変らない子どもたちの前でも、いさぎよく楽天的になれる。

シーン47：南病棟日光浴 1:44:40　1967-10-09～12
　　　〇南病棟では10月から日光浴のグループが編成された。先生たちの力仕事の負担がまた増した。6割の先生に腰痛症のあることが調べた結果わかった。積極的な取り組みが先生たちの体の犠牲の上でしか実現しないという問題を重くかかえ、子どものためにも、おとなの力がこわれないようにしよう、そうゆう運動が先生たちの間で組織されてきはじめた。そんなに人手がかかるのなら、もっとてっとり早く、効果のあがる子どもから手がけたらいいんじゃないか。
　　　しかしあえて言おう——。
　　　この子どもたちこそ、私たちみんなの発達の道すじのたえず一歩前を歩み、進む導き手なのだ。障害を受けている子どもたちが正しく保障される時、社会全体が健康になって行く体質ができるのだし、その逆も成立するのだ。
　　　ここは未知へ向う列車の始発駅だ。
　　　ここでは看護婦の先生も、保母の先生も専門の仕事にだけ視野を限っていられない。
　　　一人ひとりが主体的に行動できる療育者に自分を変えていかなければならない。
　　　寝かせておけば、あるいは眼に見えるヒモで、眼に見えないヒモで縛っておけば、それで一日一日が過ぎていく子どもたちに、そうでない何かを期待し、創り出そうとする意志で、自分をたえず発達的に解き放っていかなければならない。

シーン48：下出口君の笑い 1:46:59　1967-10-13
　　　〇しもちゃんが笑った。先生たちも、私たちもとてもうれしかった。
　　　姿勢をかえ、体全体をゆさぶる試みを続け、そして末端の手の先に与えられたリズムが体の中のエネルギーをほころびさせ、花をひらかせた。笑顔とみるのは、もしかしたら間違いかも知れない。だが先生たちに笑顔は確かに貯えられた。
　　　私たちにはそれがすばらしかった。
　　　〇もしかしたら、耳も聞こえるようになったんじゃないか。しもちゃんへの取り組みに次への明るい期待が生れていった。

シーン49：西病棟——深夜勤務——1:49:36　日付不明
　　　〇深夜勤務。夜の12時から、朝の8時まで。看護婦の先生と保母の先生の二人が病棟の真夜中の責任をとる。
　　　〇びわこ学園の報告書によると、実情を調査した結論として、次の二つの実現がとりあえず要請されている。
　　　一、児童の療育にたずさわる職員の数を少なくとも児童数1.5人に対して一人位になるよう計画すること。

二、病室以外の屋内屋外の空間を充分に確保するよう配慮すること。
　そして、そのつましい願いも、現実の場では　裏切られるためにあるようなものだ。
　○1年間に39人の療育者が退職した。多くの人の勤務年数は2年に満たなかった。疑問と溜息がわいてくるが、それに抗して私たちはこう考えることにした。
　辞めていってもいいじゃないか。
　2年たらずしか勤められなくてもいいじゃないか。
　人間の発達の道すじには激しく短くしか燃焼できない時もあるだろう。
　その青春の時が、このような施設に結びついたことを喜び合うべきだろう。
　子どもたちに学んだことが、もっと広い社会を解き放って行く土台になってくれるだろう。
　明日は沢山の若い人たちが学園を訪れてくれることだろう。
　○それでもなお、決して単純には明るくなろうとしない空だ。深い夜の刻々にも、どこかで子どもが生れ、重症心身障害児と呼ばれるだろう人もいることになるのだ。

シーン50：冬 1:51:41　1968-02-09～11

　○1968年2月9日積雪30センチメートル。
　子どもたちの発言
　「あのね、みんなね、先生たちね、だんだんやめていくの」「みん先生はようついしょ、ようついしょう」（腰痛症で？）「結婚して」（あ、結婚して？）「ウン、やめんの、やめんの、ぼくたちは、もう、おこってる」
　「先生がね、先生がみんなやめたらね、みんながね勉強できない」「政府は……」「うー、学校へ」（学校へ）「行きたいんですけど」（学校へ行きたいってこと？）「ウン、他の」（他の）「ウー、学園とも」（他の学園とも）「ン、知りあいに」（知りあいに）「なりたい」
　（今一番困ってることってのはどういうことだ？）「先生が少ないんです」（先生方が少ないこと？）「それ。から、ン、だから……」「先生を、先生を、もっとふやしてほしい」「もっとふやすの、ふやすの、ふやすの」（ふやすの？　その問題について園長先生からお話しがありましたか？）「ない、ないです」「いえ」（ないです？）「ないです」（それでは園長先生とお話しをしなければいけないね）「ハイ」（みんなそういうふうなつもりでいるの？）「ハイ、いつか機会があるまで」（あるまで）「だいたい、いうつもりです」（いうつもりです、その機会があるまでいうつもりです）「先生たちがね、先生たちが、みんなね、やめたらね、御飯も、机も……ハミガキも、できなくなっちゃう」「政府は、政府は、政府は……」（政府は？）「ぼくたちは、もう、おこってる、おこってる、おこってる」「考えてほしい」（考えてくれ？）「ほしいの」（考えてほしいの？）「うん、先生たちもっとふやして、いうて」（ふやして下さいって？）「うん、なんでや、先生たち、かわっていくの、なんでや、先生たち、やめんの、やめんの、なんでや、先生、なんでや……なんでや……なんでや……なんで……なんで……」
　（　）内はインタビュアー

エピローグ

　あしかけ3年をかけて本書をようやく発行することができました。私たちがあらためて『夜明け前の子どもたち』に格闘することになった発端は、田中昌人先生のご自宅の資料の整理作業を通してでした。人間発達研究所では、田中昌人先生、田中杉恵先生があいついで亡くなられ、両先生の業績の整理・保管を「故田中昌人・杉恵両氏の発達研究・発達保障論関係業績・資料保存プロジェクト」として取り組んできました。約800箱の段ボールを整理する作業となりますが、その過程で、書籍や資料だけではなく、さまざまなフィルムも見つかりました。その一つに『夜明け前の子どもたち』撮影時のテープやフィルムなどがありました。そうした残されているものの意味を探るためには、制作過程を理解する必要がありました。また、なによりも映画フィルムやVTRの場合、その内容を見るための機材も限定をされるという状況の中で、障害児教育関係の映像資料の保存に関心をお持ちの玉村公二彦さんにご相談をしたところ、こうした古いメディアをデジタル化する作業をお引き受けいただいたのです。

　同時にそのようにして甦ってくる当時の制作過程を前にしてどんどん「謎」がひろがり、その「謎」を追いかけてとうとう一冊の本になった、というのが本音です。そして、「謎」はまだまだたくさんあります。たとえば、園内でプールづくりの場面（シーン35）、ちょうど全障研結成大会と重なっている時期ですが、果たして田中昌人はその場面をリアルタイムで見ていたのだろうか、あるいはしもちゃんが笑った場面（シーン48）、しもちゃんの手を持ってゆするというかかわりをだれが思いついたのか、などなど。ご存じの方がおられたらぜひ、お教えいただきたいと思います。

　もう一つは、映画づくりを通して、そこにかかわった「人」に迫りたいとの想いがこの作業をとおしてふつふつとわいてきました。この映画のスチール写真を担当された田村俊樹さんは、近江学園を創設された二人の一人、田村一二先生のご子息で、近江学園の中で育ってこられました。ちょうどその青春時代にこの映画制作にかかわりをもたれたわけですが、ずいぶんと貴重なお話しをうかがいました。田村一二先生が家族に話されていた「施設に発達という観点がなくなったら、それは収容所とちがわない」ということばと、「発達保障という視点がなければ収容所になりかねない」という警告として重くうけとめました。

　また、第二部で玉村さんも取り上げていますが、助監督だった梅田克己さんに最初のコンタクトを取ったときにいただいた手紙に綴られた「この映画を撮ることで、障害のある

人たちの問題にどう向き合うべきかという重い宿題をもらった」ということばは、それが半世紀のときを経てなおわいてくる思いの吐露であるだけに衝撃的でした。

　こんな経過をふりかえるにつけ、『夜明け前の子どもたち』という映画は、今の時代にもう一度出番を求めているという実感が強まりました。あたかも半世紀前、重症心身障害児をとりまいている闇の深さを前に、「その闇の深さは夜明け前を告げている」と喝破した制作スタッフの強さにも打たれます。同時に、この映画を見るたびに、「その闇のとばりはしっかりとひらかれたか？」という重い問いが私たちに突き刺さります。

　こんな思いを、厳しい出版業界の中で、出版社として正面から受けとめてくださったクリエイツかもがわの田島英二さんに感謝の気持ちでいっぱいです。

注：本書に掲載している写真は、著作権者社会福祉法人びわこ学園の了解を得て、特に注記がないものはすべて『夜明け前の子どもたち』より画像変換したもの。

写真・図版出典一覧

カバー・表紙：療育記録映画『夜明け前の子どもたち』より

第1部
10頁：療育記録映画『夜明け前の子どもたち』より
24頁：療育記録映画『夜明け前の子どもたち』より
28頁：田村俊樹撮影（人間発達研究所田中昌人・田中杉恵業績資料アーカイブプロジェクト）
31頁：田村俊樹撮影（人間発達研究所田中昌人・田中杉恵業績資料アーカイブプロジェクト）
34頁：療育記録映画『夜明け前の子どもたち』より
37頁：療育記録映画『夜明け前の子どもたち』より
38頁：人間発達研究所での学習会で撮影

第2部
57頁：田村俊樹撮影（人間発達研究所田中昌人・田中杉恵業績資料アーカイブプロジェクト）
59頁：人間発達研究所田中昌人・田中杉恵業績資料アーカイブプロジェクト田中昌人・田中杉恵業績資料アーカイブプロジェクト
61頁：田村俊樹撮影（人間発達研究所田中昌人・田中杉恵業績資料アーカイブプロジェクト）
65頁：人間発達研究所田中昌人・田中杉恵業績資料アーカイブプロジェクト
71頁：田村俊樹撮影（人間発達研究所田中昌人・田中杉恵業績資料アーカイブプロジェクト）
74頁：田村俊樹撮影（人間発達研究所田中昌人・田中杉恵業績資料アーカイブプロジェクト）
95頁：田村俊樹撮影（人間発達研究所田中昌人・田中杉恵業績資料アーカイブプロジェクト）
103頁：療育記録映画『夜明け前の子どもたち』より
105頁：療育記録映画『夜明け前の子どもたち』より

第3部
133頁：療育記録映画『夜明け前の子どもたち』より
135頁：10枚　療育記録映画『夜明け前の子どもたち』より
136頁：10枚　療育記録映画『夜明け前の子どもたち』より
137頁：3枚　療育記録映画『夜明け前の子どもたち』より
144頁：8枚　療育記録映画『夜明け前の子どもたち』より
145頁：10枚　療育記録映画『夜明け前の子どもたち』より
146頁：10枚　療育記録映画『夜明け前の子どもたち』より
147頁：10枚　療育記録映画『夜明け前の子どもたち』より
148頁：10枚　療育記録映画『夜明け前の子どもたち』より
159頁：4枚　療育記録映画『夜明け前の子どもたち』より
160頁：5枚　療育記録映画『夜明け前の子どもたち』より
163頁：8枚　療育記録映画『夜明け前の子どもたち』より
164頁：10枚　療育記録映画『夜明け前の子どもたち』より
169頁：田村俊樹撮影（人間発達研究所田中昌人・田中杉恵業績資料アーカイブプロジェクト）
171頁：田村俊樹撮影（人間発達研究所田中昌人・田中杉恵業績資料アーカイブプロジェクト）

＊上記以外の図は執筆者作成のもの
　療育記録映画『夜明け前の子どもたち』は、社会福祉法人びわこ学園に著作権は帰属する。
　『夜明け前の子どもたち』よりの画像は、本書の出版にあたって社会福祉法人びわこ学園の許可を得て転載している。

著者プロフィール

田村　和宏（たむら　かずひろ）

「経済白書」で高成長・高福祉を唱われるその前年、またびわこ学園ができる前年の1962年に生まれる。
大学のゼミ・サークルなどで障害者福祉や人間発達の科学にふれ、障害者福祉の世界へ。卒業後、社会福祉法人びわこ学園に就職し重症児施設指導員、通所施設支援員、相談支援、びわこ学園障害者支援センター所長などに従事する。
2015年、立命館大学産業社会学部に着任、准教授。障害者福祉論を講義する。
連絡先 E-mail：k-tamura@fc.ritsumei.ac.jp

玉村　公二彦（たまむら　くにひこ）

森永ヒ素ミルク中毒事件が起こった翌年、経済企画庁が「もはや戦後ではない」といった1956年に出生。
養護学校教育の義務制実施、国際障害者年、国連障害者の10年の時期に、大学・大学院で学ぶ。教育方法史から児童問題史へ志向し、障害児教育実践の歴史把握を課題とするにいたる。
1988年、奈良教育大学着任。障害児教育方法学を講義。教材・教具の製作から授業研究、障害者権利条約の研究まで広がることとなる。現在、障害のある子どもの教育の蓄積の歴史的な整理へ収斂するよう修正中。奈良教育大学教授。
連絡先 E-mail：tamamura@nara-edu.ac.jp

中村　隆一（なかむら　りゅういち）

日本の人々が3度目の原水爆の被害に遭った年、1954年に出生。
1977年、大学卒業後、大津市役所で乳幼児の発達相談に携わる。
2006年、大津市役所を退職。退職後、大津市立知的障害者地域生活支援センターで主として成人期の発達相談を担当。
同時に、立命館大学応用人間科学研究科教授。
他に人間発達研究所長。
連絡先 E-mail：reach.nakamura@nifty.com

発達のひかりは時代に充ちたか?
療育記録映画「夜明け前の子どもたち」から学ぶ

2017年2月28日　初版発行

編著者　©田村和宏・玉村公二彦・中村隆一
発行者　田島英二
発行所　株式会社 クリエイツかもがわ
　　　〒601-8382 京都市南区吉祥院石原上川原町21
　　　電話 075(661)5741　FAX 075(693)6605
　　　ホームページ　http://www.creates-k.co.jp
　　　メール　info@creates-k.co.jp
　　　郵便振替 00990-7-150584

印刷所　モリモト印刷株式会社

ISBN978-4-86342-204-9 C0036　　　　printed in japan

好評既刊

障行動障害が穏やかになる「心のケア」　障害の重い人、関わりの難しい人への実践
藤本真二／著
●「心のケア」のノウハウと実践例
感覚過敏や強度のこだわり、感情のコントロール困難など、さまざまな生きづらさをかかえる方たちでも心を支えれば乗り越えて普通の生活ができる――
2000円

障害の重い子どもの発達診断　基礎と応用
白石正久／著
●障害に焦点化して理解されがちな「障害の重い子ども」
発達検査の手技、発達診断の視点の検討を通して、何がどのように見えるのか、何を見落とさず読み取るべきかを議論しよう。
2400円

よくわかる子どものリハビリテーション
栗原まな／著
●子どものリハビリテーション基礎知識の入門書　リハビリを必要とする子どもの家族、施設や学校関係者などの支える人たちへ、検査方法やどんなスタッフがどのように関わるか、疾患別にみたリハビリテーションなど、基礎的な知識をやさしく解説。
1400円

未来につなぐ療育・介護労働　生活支援と発達保障の視点から
北垣智基・鴻上圭太・藤本文朗／編
●発達保障の視点を高齢者介護に、障害者の高齢化に新たな支援のあり方を探る！
重症児者療育で積み重ねられてきた発達保障の実践を高齢者介護実践につなげる。支援実践の共通点と具体的な視点や方法、考え方の相互応用の可能性を探る。
2200円

生きることが光になる　重症児者福祉と入所施設の将来を考える
國森康弘・日浦美智江・中村隆一・大塚晃・社会福祉法人びわこ学園／編著
いのちや存在そのもの、教育、発達保障、人権、地域生活支援・システムの視点から重症児者支援の展望を探る。療育の歴史を振り返り、入所施設・機能の今後の展開から新たな重症児者支援のあり方を考える。
2000円

医療的ケア児者の地域生活保障　特定（第3号）研修を全国各地に拡げよう
高木憲司・杉本健郎・NPO法人医療的ケアネット／編著
24時間地域で安心、安全に医療的ケアが必要な人たちの支援の連携をどうつくるか、大きい地域格差解消などの課題を提起する。
1200円

医療的ケア児者の地域生活支援の行方　法制化の検証と課題
NPO法人医療的ケアネット／編著
医療的ケアは、障害児者の在宅支援、教育支援のコア（核）である。医療的ケアの原点と制度の理解、超重症児者の地域・在宅支援、学校の医療的ケア、地域での住処ケアホームなど、法制化の検証と課題を明らかにする。
2000円

「医療的ケア」はじめの一歩［増補改訂版］　介護職の「医療的ケア」マニュアル
NPO法人医療的ケアネット　杉本健郎／編著
「医療的ケアって何？」から、体のしくみ、障害、医療的ケアの具体的な内容、在宅支援、主治医の連携、介護職の心構えまで、医療的ケアに関心のある人、これから取り組もうとする人への画期的な入門書！
〈付録● DVD「医療的ケア」実技研修の手引き〉
2200円

新版 医療的ケア研修テキスト［CD-ROM付］
日本小児神経学会社会活動委員会
北住映二・杉本健郎／編
重症児者の教育・福祉・社会的生活の援助のために
一部の医療的ケアが法制化されるという節目の時期に、介護職、教員などの実践に役立ち、指導看護師、医師のためのテキスト。初版から大幅なページ増・全面改訂！
〈付録● CD-R付き―多数の動画、テキストに掲載していないデータも収録〉
3400円

※本体価格で表示